핀테크가 강한 나라

석학 9인의 금융 플랫폼 미래 통찰

핀테크가 강한 나라

석학 9인의
금융 플랫폼 미래 통찰

강형구·김솔·김우진·류혁선·안수현·윤민섭·이효섭·정준혁·최재원 지음

한울
아카데미

추천사

국회 정무위원회 소속 국민의힘 윤창현 의원입니다.

   글로벌 금융환경이 빠르게 변화하고 있습니다. 혁신하지 않으면 도태된다는 큰 전환점 앞에 한국 금융이 서 있습니다. 디지털 금융은 그 혁신과제의 중심입니다. 한국 금융이 글로벌 시장을 압도할 원천이자, 국민에게 더 효율적이고 안전한 금융서비스 제공의 대동맥이기도 합니다.

   누구도 결과를 장담할 수 없는 전환점 앞에서 우리는 이 책을 통해 거인의 지혜를 빌릴 수 있게 되었습니다. 각 분야의 전문가들과 연구진의 치밀한 분석은 혁신의 방향성과 한국금융의 도약과제를 정밀하게 들여다보고 있습니다. 무엇보다 현대 금융 플랫폼의 역할과 복잡성에 대한 내실 있는 연구결과가 무척이나 흥미롭습니다. 금융의 플랫폼화, 글로벌 빅테크의 도전, 데이터와 프라이버시, 핀테크, 디지털 자산에 이르기까지, 다양한 분야의 전문가와 연구진들은 금융산업이 어떻게 변화하고 있으며 이러한 변화가 우리 사회와 경제에 어떤 영향을 미칠 것인지에 대해 친절하지만 간결한 시사점을 던지고 있습니다. 나아가 금융 플랫폼의 미래에 대한 통찰력으로 한국 금융산업이 세계적인 트렌드와 함께 어떻게 발전해 나가야 하는지 방향성을 제시한 점은 우리에게 큰 울림이 됩니다. 금융산업의 전문가뿐만 아니라, 이 분야에 관심 있는 모든 이들에게 강력히 추천합니다. 좋은 책은 바른 정책의 바탕입니다. 정책당국과 더불어 한국 금융의 압도적인 글로벌 경쟁력 확보를 위한 노력에 함께하겠습니다. 감사합니다.

2024. 봄

국회의원 윤창현

추천사

지난 30여 년간 금융산업의 변화 과정을 지켜보고 연구해 온 학자로서 새롭게 부상하는 디지털 금융 분야에 깊은 관심이 있으며, 디지털 기술에 기반한 금융혁신을 활성화하기 위한 제도개선 작업에도 참여한 경험이 있습니다. 이러한 경험에 비추어 볼 때 급속히 변화하는 글로벌 금융 환경하에서 우리 경제의 경쟁력을 유지하기 위해서는 금융혁신이 절실하게 요구되며, 디지털 금융은 그 혁신의 요체입니다. 디지털 기술의 접목을 통해 우리 금융산업은 더욱 효율적이고 접근하기 쉬운 금융서비스를 국민들에게 제공할 수 있을 것입니다.

이러한 시대적 요구에 부응하기 위해 대내외적으로 활발히 진행되고 있는 다양한 이론적·실무적 논의들을 지켜보면서, 우리 금융 분야에서도 이러한 변화의 기저적 흐름을 보다 심도 있게 분석하고 체계적으로 조망할 수 있는 학술적 이정표가 제시될 수 있으면 하는 아쉬움이 있었습니다. 이러한 점에서 『핀테크가 강한 나라: 석학 9인의 금융 플랫폼 미래 통찰』은 매우 의미 있고 소중한 자료가 될 것이라고 생각합니다.

이 책은 현대 금융 플랫폼의 복잡성과 더불어 그 중요성을 명확히 드러내는 주요 이슈들을 깊이 있게 탐구하고 있습니다. 관련 전공 분야별 교수와 연구진으로 구성된 집필진은 금융의 플랫폼화, 글로벌 빅테크의 도전, 데이터와 프라이버시, 핀테크, 디지털 자산 등 다양한 주제에 대해 국내외 규제와 당면 이슈는 물론, 금융 포용의 중요성까지 다루며 깊이 있는 분석을 제공합니다.

디지털 혁신에 기반하여 금융산업이 어떻게 변화하고 있으며, 이러한 변화가 우리 사회와 경제에 어떠한 영향을 미칠 것인지를 이해하는 데 있어 이 책은 소중한 시사점을 제공하고 있습니다. 나아가 금융 플랫폼의 미래에 대한 혜안과 통찰을 통해 한국의 금융산업이 글로벌 변화 트렌드를 어떻게 수용하며 발전해 나갈지에 대한 구체적인 방향성을 제시하고 있습니다.

『핀테크가 강한 나라』는 금융산업의 전문가뿐만 아니라, 이 분야에 관심 있는 모든 이들에게 적극 추천하는 필독서입니다. 앞으로 한국 금융산업의 혁신과 이를 바탕으로 한 글로벌 경쟁력 강화를 위해 지혜를 모으고 다 함께 노력하는 데 유용한 길잡이가 될 것으로 믿어 의심치 않습니다.

감사합니다.

2024. 1.
한국금융학회 회장 함준호

머리말

기술과 금융의 결합은 다양한 발전 양상을 보이며 방대한 양의 데이터를 소화하고 또 생산해 내며 금융서비스가 제공되는 방식에 급격한 변화와 혁신을 가져오고 있다. 그리고 핀테크가 플랫폼과 만나면서 다시 한번 혁신과 격변의 기로에 서 있다. 글로벌 주가 총액 상위 10위 기업 중 절반 이상이 플랫폼 기업인 시대 속에서 금융산업이 도태되지 않고 혁신을 거듭하기 위해서 플랫폼의 도래는 필수불가결하고, 멈출 수 없는 진화이기도 하다. 그리고 수요와 공급을 연결해 주는 플랫폼 모델은 다른 산업에서와 마찬가지로 금융산업에서 사업과 전략, 정책과 규제, 영향과 결과에 대한 많은 질문과 답을 요구하고 있다.

금융 플랫폼이 지급결제에서 시작해 대출, 예금, 보험 등으로 영역을 확대했거나 확대를 추진하는 동안 기대와 우려가 교차하고 있다. 특히 '빅테크', '동일기능, 동일규제'와 같은 프레임들이 설정되며 금융 플랫폼에 대한 논의가 건설적인 방향보다는 흑백 논리에 갇히거나 규제 일변도로 수렴되고 있다. 금융산업이 플랫폼화에 접어들면서 생겨나는 많은 변화를 어떻게 분석할 것인가 하는 데 대한 종합적이고 균형 잡힌 담론이 없다는 것은 아쉬운 짐이었다.

금융의 플랫폼화는 금융소비자와 전통 금융기업에게 어떤 도전 혹은 기회인가. 글로벌 빅테크와 그들의 규모와 영향력에 따른 논란은 과연 국내 금융 플랫폼 사업자들에게도 동일하게 적용할 수 있는가. 금융 플랫폼의 사업 모델과 서비스의 기능적 유사성, 야기하는 위험 수준, 요구되는 규제의 정도는 어니까지인가.

금융 플랫폼의 시장 진입은 금융 상품과 서비스의 혁신, 품질 향상, 가격 인하와 경쟁 촉진을 약속하는가 아니면 플레이어들의 종속화, 알고리즘 편향, 독과점화 같은 위험을 초래하는가. 금융 플랫폼의 지속가능한 성장을 위해서는 어떠한 법제도가 정립되어야 하며 플랫폼 사업자들은 어떤 노력을 기울여야 할까.

이 책은 금융 플랫폼이 제기하는 다양한 이슈를 종합적이고 균형 있게 탐색하고자 오랜 기간 경제·금융 분야에 몸담은 전문가들의 시선을 담았다. 총 아홉 명이 참여한 집필진은 각기 전문 분야와 경험을 토대로 금융 플랫폼이라는 존재와 현상을 우리나라 금융산업의 미래를 바라보며 분석하고 시사점을 제시하고 있다. 한국뿐만 아니라 국제적 차원의 거대한 규제 흐름과 부합하면서도 디지털 플랫폼과 새로운 사업모델이 부상하는 시대에 뒤처지지 않고, 시장을 왜곡하지 않으면서 혁신을 촉진할 수 있는 법제도의 방향성을 제안했다. 국내외 금융 플랫폼과 핀테크 기술 사례를 보여주고 그 잠재력과 장단점을 비교하며 혁신에 기반한 금융산업 발전의 길을 모색했다.

그리고 이 책은 금융 플랫폼의 중요성을 인식하고 도움을 준 여러 분들의 성원에 빚진 것이다. 이 책의 출간을 결정해 주시고 발간 과정을 함께해 주신 한울엠플러스에 감사를 표한다. 무엇보다도 바쁜 시간을 쪼개 이 책의 의미에 공감하여 깊은 통찰력을 글로 담아내 주신 필자 여러분에게 깊은 감사의 말씀을 전한다.

금융 플랫폼이 확산되고 발전됨에 따라 금융소비자들의 편익이 크게 향상될 수 있지만, 금융산업에 부정적 영향을 미치는 것은 아닌지 우려 또한 제기되고 있다. 이 책의 제언들이 우리나라 금융감독 정책 논의에 균형과 미래지향적인 관점을 더할 수 있기를 희망한다.

2024년 1월
필자를 대표하여
류혁선

차례

추천사   4
추천사   5
머리말   7

1장   금융 플랫폼, 일상을 바꾸다   정준혁   13
    온라인 플랫폼 전성시대   15
    온라인 금융 플랫폼과 IT 기업들의 진출   16

2장   금융산업 혁신을 주도하는 핀테크   김솔   39
    서론   41
    핀테크의 진화와 성장   42
    핀테크의 핵심 기술   50
    뱅킹 분야의 핀테크   64
    결제 및 송금 분야의 핀테크   76
    자산관리 및 투자 분야의 핀테크   84
    보험 분야의 핀테크   94
    핀테크 규제 환경   101
    향후 핀테크 동향 및 시사점   104
    한국 금융 플랫폼의 성장 전략   111
    결론   119

3장   금융 플랫폼과 금융소비자   윤민섭   123
    서론   125
    금융 플랫폼과 금융소비자 관계   126
    금융 플랫폼 국내외 규제 현황   137
    결론: 금융 플랫폼 제언   141

4장   핀테크와 포용적 금융   김우진   145
   서론: 경제발전과 금융소외계층의 대두   147
   핀테크와 포용적 금융   150
   금융 플랫폼을 활용한 금융 포용성 확산 사례   153
   결론   163

5장   지속가능한 성장을 위한 금융 플랫폼 역할   최재원   167
   서론   169
   금융서비스와 플랫폼의 네트워크 효과   171
   은행 여신의 장단점   172
   플랫폼 금융서비스의 장점 1: 정확한 신용평가를 통한
      정보 비대칭성의 해결   174
   플랫폼 금융서비스의 장점 2: 네트워크 담보를 통한 대출금리 인하   175
   플랫폼 금융서비스의 장점 3:
      비용절감 및 규모의 경제의 실현을 통한 금융 포용성   176
   필수적인 은행과의 협업   177
   결론: 지속성장과 금융 안정성에 대하여   178

6장   금융 플랫폼의 미래   이효섭   181
   서론   183
   금융 플랫폼의 미래 모습   185
   결론   205

7장   데이터와 프라이버시   류혁선   209
   서론   211
   데이터의 법적 정의   213
   데이터 소유권 개념   214
   데이터 활용을 위한 법률의 제정   216
   데이터 거래와 관련된 쟁점   220

프라이버시와 개인정보 보호	225
개인정보 자기결정권	228
개인정보 활용과 보호의 균형을 위한 데이터 3법의 개정	232
가명정보 처리에 관한 특례	236
정보 이동권과 마이데이터	239
결론: 정보 활용과 보호의 균형	244

8장 금융 플랫폼 규제와 혁신   안수현   251

서론	253
그간의 금융 플랫폼 규제 경과	256
최근 금융위원회 금융 플랫폼 정책 주요 내용	260
정책 평가와 보완사항	265
해외의 금융 플랫폼 규율 내용과 특징	267
시사점 및 향후 개선과제: 결론에 갈음하여	269

9장 대한민국에 빅테크는 없다   강형구   277

서론	279
개방형 시스템의 계층 분류	285
온라인 플랫폼 분석 프레임워크	286
결론 및 향후 연구과제	292

10장 결론   강형구   299

한국 핀테크 플랫폼에 대한 빅테크 프레이밍의 문제점	301
핀테크 플랫폼의 잠재력	304
경기변동과 거시경제학적 측면	306
동일기능 동일규제 프레이밍의 문제점	308
금융시장의 안정성과 시스템 위험	310
파괴적 혁신	312
맺음말	314

1장
금융 플랫폼, 일상을 바꾸다[+]

정준혁

[+] 이 장은 정준혁, 2021, 『금융 플랫폼 규제의 과제와 전망』, BFL 108 중 I, II 부분의 내용을 발췌, 정리한 것이다.

요약 | 금융산업에서 최근 수년간 일어난 가장 큰 변화가 무엇이냐고 묻는다면 핀테크와 이를 활용한 온라인 플랫폼의 등장을 꼽을 수 있겠다. 이제는 결혼식장에 가지 않고도 모바일 메신저로 축의금을 보낼 수 있고, 은행 창구에 가지 않더라도 금융 플랫폼을 통해 금융 상품을 비교하고 구매할 수 있다. 기존에 대출을 받기 어려웠던 자영업자들은 상거래 데이터 등을 바탕으로 금융서비스를 받을 수 있고, 핀테크 기업이 등장해 금융산업에 혁신의 바람을 일으키고 있다. 이 장에서는 금융 플랫폼의 등장 배경과 금융 플랫폼이 가져오는 혁신, 향후 제도적 과제에 대해 살펴본다.

온라인 플랫폼 전성시대

바야흐로 플랫폼 전성시대다. 식료품이나 의류 주문부터 택시 운송, 식당 예약, 음식 배달에 이르기까지 이제는 우리 일상생활에 있어서 플랫폼이 관련되지 않은 곳을 찾는 것이 더 어려울 지경에 이르렀다. 그렇지만 판매상과 소비자와 같이 서로 다른 유형의 둘 이상의 집단 간에 거래가 가능한 플랫폼 사업 모델은 전혀 새로운 것이 아니다. 다양한 업체들을 건물에 입점시키고 고객을 모아 업체와 고객 간에 상품 거래가 가능한 백화점이야말로 플랫폼 사업 모델의 대표적인 예라 할 수 있다. 백화점에 다양하고 매력적인 업체들이 입점할수록 백화점을 방문하는 고객이 증가하고, 고객이 증가할수록 다양하고 매력적인 업체들이 백화점에 입점하기를 희망하게 된다. 플랫폼 사업자는 상품 매매의 직접 당사자가 되지 않고도 판매자와 소비자를 연결하는 장을 제공하는 것만으로 수익을 얻는다.

 그렇지만 백화점과 같이 물리적 공간에 의존하는 플랫폼 사업 모델은 사업 규모를 늘리는 데 한계가 있을 수밖에 없다. 새로운 건물을 짓거나 임차를 통해 물리적 공간을 늘리지 않는 이상 업체를 추가로 받거나 고객을 유치할 수 없기 때문이다. 그러나 정보통신기술(ICT)의 발전으로 기존 플랫폼 사업 모델의 물리적 제약을 극복할 수 있게 되었다. 온라인 플랫폼에서는 백화점처럼 거래의 장을 위한 물리적 공간이 필요하지 않기 때문에, 일정 수준 이상으로 업체를 유치하거나 고객을 모으더라도 이에 따른 한계비용은 크게 증가하지 않는다. 거래를 위해 일정한 장소에 모일 필요도 없고 영업시간도 제약이 거의 없으므로 플랫폼에 입점할 수 있는 업체나 상품 및 서비스의 양과 종류도 크게 증가했다.

이처럼 최근 플랫폼 사업 모델의 성장은 정보통신기술의 발전을 떼어놓고는 생각하기 어렵다. 우리가 플랫폼이라고 하면 자연스럽게 온라인 플랫폼을 떠올리는 것도 이러한 이유에서다. 온라인 플랫폼 사업 모델은 판매자와 이용자를 연결하는 기존의 전자상거래 영역뿐만 아니라 식당, 미용실 예약과 같이 대면 서비스를 온라인을 통해 연결하는 O2O(online-to-offline) 분야로 확장되었다. 이제는 B2C 거래가 이뤄지는 거의 모든 산업 분야에 온라인 플랫폼이 영향력을 미치고 있다.

온라인 금융 플랫폼과 IT 기업들의 진출

금융산업에서도 소매금융을 중심으로 온라인 플랫폼 사업 모델이 활발하게 활용되고 있다. 간편결제와 간편송금 사업으로 시작된 핀테크 업무는 온라인 플랫폼에 접속하는 이용자들이 여러 금융회사의 다양한 금융 상품을 비교할 수 있는 온라인 금융 플랫폼 형태로 발전했다. 우리나라에서도 몇년 전부터 대출이나 보험 등 다양한 금융 상품을 취급하는 온라인 금융 플랫폼이 등장했고, 활발하게 사업 영역을 확장하고 있다.

이용자의 정보를 바탕으로 이용자 개개인에게 필요한 금융 상품을 추천하는 맞춤형 광고, 추천 서비스나 이용자의 성향 등을 바탕으로 알고리즘을 통해 투자 관련 자문을 제공하는 로보어드바이저 서비스 등이 발전하면서 온라인 금융 플랫폼이 제공하는 서비스의 질도 점차 높아지고 있다. 이제는 기존 금융회사들도 플랫폼 사업 모델을 앞다투어 도입하고 있다. 온라인 금융 플랫폼 등이 금융소비자들의 효용을 높이고 금융산업에 혁신을 가져오고 있음은 분명하다.

온라인 플랫폼을 기반으로 하는 대형 IT 기업들도 금융 플랫폼 업무에 활발하게 진출하고 있다. 이들 기업은 기존의 고객 기반과 다른 산업 분야에서의 온라인 플랫폼 운영 경험, 뛰어난 기술력을 바탕으로 비교적 단기간에 금융 분야에서 높은 경쟁력을 발휘하고 있다. 그런데 금융산업은 그 어느 산업보다 규제 수준이 높다. 금융업을 영위하기 위해서는 금융 관련 법령에 따른 요건을 갖추어 인허가를 받아야 하고, 여기에 금산 분리, 금융시스템 안정, 금융소비자 보호와 관련된 여러 영업 관련 규제가 적용된다. 상황이 이렇다 보니 플랫폼 사업자들이 금융 관련 인허가 없이 어느 범위 내에서 금융 플랫폼 사업을 수행할 수 있는지, IT 기업들이 기존 금융회사에 비해 규제 차익을 누리는 것은 아닌지 등에 대한 기존 금융회사와 플랫폼 사업자 간에 이견이 존재하는 것이 현실이다.

그렇다면 온라인 금융 플랫폼 관련 제도들은 어떻게 정립되어야 하는가? 금융 플랫폼은 금융산업에 어떠한 변화를 가져오고 있는가? IT 기업들의 금융업 진출은 어떻게 이뤄지고 있고 어떻게 전개될 것으로 예상하는가? 이 장에서는 금융 플랫폼의 의미와 종류, 사업 특징과 성장 배경을 살피고, 금융 플랫폼이 금융산업에 미치는 영향과 제도적 과제에 대해 알아본다.

금융 플랫폼의 의미와 종류

플랫폼에 대해서는 매우 다양한 정의가 가능하지만[1] 일반적으로 "서로 다른 유형의 둘 이상의 집단 간에 직접적인 상호작용을 가능하게 하

> 「전자금융거래법」 개정안(2020.11)
>
> 제2조(정의) 이 법에서 사용하는 용어의 정의는 다음과 같다.
>
> 23. "금융 플랫폼"이란 이용자 또는 금융회사나 전자금융업자로 이루어진 둘 이상의 집단 사이에 상호작용을 목적으로 금융 상품 및 서비스의 제공에 대하여 다음 각 목의 어느 하나에 해당하는 행위를 할 수 있도록 하는 인터넷 홈페이지[스마트·모바일 기기에서 사용되는 애플리케이션(Application), 그 밖에 이와 비슷한 응용프로그램을 통하여 가상의 공간에 개설하는 장소를 포함한다] 및 이에 준하는 전자적 시스템을 말한다.
>
> 가. 금융회사나 전자금융업자와 이용자 사이에 금융 상품 및 서비스에 대한 대리, 중개나 주선을 하는 행위
>
> 나. 금융회사나 전자금융업자로부터 요청을 받아 이용자에게 금융 상품 및 서비스에 대한 광고, 홍보나 정보제공 등을 하는 행위
>
> 다. 이용자에게 금융 상품 및 서비스에 대한 비교분석, 추천 등을 하는 행위
>
> 라. 가목부터 다목까지와 유사한 행위로서 대통령령으로 정하는 행위

는 방법을 통해 주로 가치를 창출하는 조직"이라 규정할 수 있다. 이를 금융산업에 적용하면, 금융 플랫폼은 "금융기관과 이용자, 이용자와 이용자 등 서로 다른 둘 이상의 집단 사이에 금융 상품의 거래나 금융서비스의 제공을 가능하게 하거나 촉진시키는 체계"라고 정의할 수 있다. 2020년 11월에 제출된 「전자금융거래법」 개정안은 금융 플랫폼을 위와 같이 규정하고 있다. 이 역시 이러한 정의에 기초하고 있는 것으로 이해된다.

---

1 다면플랫폼(multi-sided platform, MSP)의 다양한 정의 및 기능에 대해서는 Hagiu, A., and Wright, J., 2015, Multi-sided platforms. *International Journal of Industrial Organization*, 43, 162-174; 163~0164.

금융 플랫폼은 다시 ① 금융소비자와 금융소비자 간에 상호작용을 가능하게 하는 모델과, ② 금융기관과 금융소비자 간에 상호작용을 가능하게 하는 모델로 나눌 수 있다. 전자의 대표적인 예로는 P2P 대출 플랫폼이나 크라우드펀딩 플랫폼, P2P 보험을 들 수 있다. 금융의 탈중개기관화 현상을 보여주는 대표적인 사례라 하겠다. 각종 금융 상품 비교나 자문, 광고 등의 서비스를 제공하는 금융 상품 플랫폼은 후자에 해당한다. 특히 국내외적으로 검색엔진, 메신저, 소셜미디어, 전자상거래 등을 주로 영위하는 대형 IT 기업들이 기존의 고객 네트워크와 기술력을 바탕으로 금융 상품 플랫폼으로 진출하는 경우가 늘고 있다.

대형 IT 기업들은 기존 금융기관과 제휴하거나(네이버파이낸셜과 하나은행의 '네이버페이 머니 하나 통장' 등), 금융기관을 직접 설립·인수하는 방식으로(카카오뱅크의 설립이나 카카오페이증권의 인수 등) 금융업에 진출하여 금융 플랫폼을 금융 상품의 판매와 광고 채널로 활용하고 있다. 최근 많은 관심의 대상이 되고 있는 금융 플랫폼은 주로 후자를 말한다. 이 글에서도 금융기관과 금융소비자를 연결하는 금융 상품 플랫폼을 중심으로 검토한다.

금융 플랫폼 사업의 특징과 경쟁력

플랫폼 사업의 특징으로는 사업 모델의 다면성(multi-sideness), 네트워크 효과의 내부화 등이 일반적으로 언급된다.[2] 플랫폼에서는 전통적

---

2   Katz, M. L., and Shapiro, C., 1985, Network externalities, competition, and compatibility. *The American economic review*, 75(3), 424-440; Armstrong, M., 2006, Competition in two-sided markets. *The RAND journal of economics*, 37(3), 668-691; Rochet, J. C.,

인 도매업 등과 다르게 플랫폼 사업자가 거래의 주체가 되거나 거래의 조건을 결정하지 않고, 플랫폼을 통해 둘 이상의 집단이 직접 상호작용(interaction)을 하면서 그 주요 조건을 결정한다.3 금융 플랫폼에서는 금융 플랫폼 사업자가 금융 상품을 이용자에게 직접 판매하지 않고, 다만 이용자의 정보를 바탕으로 이용자가 선호할 만한 금융 상품을 추천하거나 광고한다. 금융 상품의 주요 조건은 플랫폼에 입점한 금융회사가 이용자의 신용정보 등을 바탕으로 결정하고 이용자가 구매 여부를 결정한다.

이러한 다른 유형의 둘 이상의 집단은 상호작용을 하기 위해 플랫폼에 가입(affiliation)을 하는 등 플랫폼 특유 투자(asset specific investment)를 실행하고,4 플랫폼은 이 과정에서 발생하는 네트워크 효과를 내부화함으로써 성장하게 된다. 금융 플랫폼에서는 금융회사가 다양한 금융상품 관련 정보를 API 등을 통해 표준화하는 등의 특유 투자가 이루어진다. 금융 플랫폼은 다양한 서비스를 제공하는 등의 방법으로 이용자들을 자사 플랫폼에 최대한 오래 머무르게 하려고 노력한다. 그렇지만 온라인 플랫폼의 특성상 이용자들이 여러 온라인 플랫폼을 함께 이용하거나(multihoming), 좋은 조건이나 인터페이스를 제공하는 다른 플랫폼으로 이전하는 것이 쉬운 것도 현실이다.5

2019년 국제결제은행(BIS) 보고서는 플랫폼을 중심으로 하는 빅테크 기업의 사업 모델은 많은 이용자 간에 직접 상호작용을 가능하게 한다

---

    and Tirole, J., 2006, Two-sided markets: a progress report. *The RAND journal of economics*, 37(3), 645-667.

3   Hagiu, A., and Wright, J., 2015, 163.
4   Hagiu, A., and Wright, J., 2015, 163-164.
5   최근 온라인 플랫폼 사업의 양상 및 법제도와 관련하여서는 박상철, 2022, 플랫폼법. 저스티스, 188, 347-406. 참조.

그림 1.1 데이터-사용자-네트워크 활동 순환

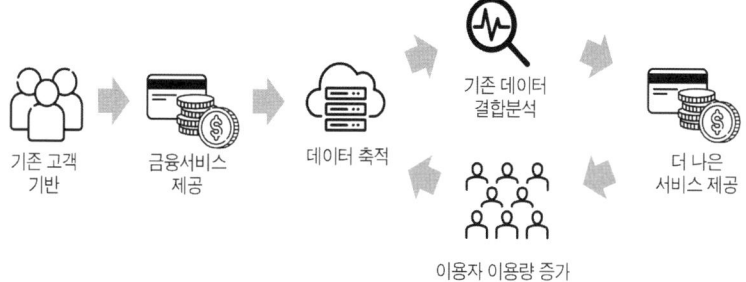

는 점에 기반을 둔다고 하면서, 데이터-네트워크-이용자 활동이 서로 순환(data-network-activities(DNA) loop)하면서 사업 모델을 강화한다고 주장한다.[6] 즉, 플랫폼은 상품 및 서비스 이용자의 네트워크에서 수집한 데이터를 분석하여 더욱 다양하고 개별적인 상품과 서비스를 이용자에게 제공하고, 이를 통해 이용자의 네트워크 내 활동이 증가하면서 그 부산물로 더 많은 정보를 축적할 수 있다는 것이다. 플랫폼은 이렇게 축적되는 더 많은 정보를 바탕으로 더 강한 네트워크 효과를 창출하고 이는 다시 이용자 활동의 증가로 이어진다.

대형 IT 기업의 금융 플랫폼 진출

1. 대형 IT 기업의 금융업 진출과 플랫폼에서의 경쟁력

온라인 금융 플랫폼 사업은 정보통신기술과 사업 모델을 갖춘 핀테크

---

[6] BIS, 2019, *BIS Annual Economic Report 2019*, "III. Big tech in finance: opportunities and risks", 62.

(fintech) 기업뿐만 아니라 기존의 IT 기업들도 활발하게 수행하고 있다. 특히 여러 IT 기업 중에서도 인터넷 검색엔진, 모바일 메신저 등의 사업을 영위하는 기업들이 온라인 금융 플랫폼 사업에 적극적으로 진출하고 있는 양상이다.

금융산업의 경우 다른 산업에 비해 데이터가 자연스럽게 축적되고,[7] 신용정보 등 데이터가 금융 상품의 거래조건 결정이나 거래 진행 여부 등에 결정적인 기능을 한다. 이러한 점에서 보면 이미 많은 데이터를 확보하고 있고 데이터 처리 및 분석 기술을 보유한 IT 기업들이 금융 플랫폼을 바탕으로 금융산업에 진출할 경우 큰 영향력을 발휘할 것이라는 점은 어렵지 않게 예상할 수 있다.

특히 검색엔진, 소셜미디어, 메신저 등 기존 플랫폼을 갖고 있는 IT 기업이라면 고객 기반도 탄탄하고, 모바일 앱과 같이 많은 소비자가 이용하는 온라인 채널도 이미 갖고 있다. 이러한 점에서 적어도 온라인 금융 환경에서는 금융회사들에 비해 온라인 플랫폼을 운영하는 IT 기업들의 경쟁력이 높을 수 있다. 금융업을 영위한 경험은 기존 금융회사에 비해 많이 부족함에도 불구하고 금융산업에 진출하는 즉시 강력한 경쟁력을 갖추는 것은 이러한 점에서 전혀 놀랍지 않다.

미국이나 유럽에서는 IT 기업들 중 규모가 크고 전 세계적으로 시장지배력이 높은 기업들을 빅테크 기업이라 부르면서, 경쟁법 등을 통해 이들의 사업 분야 확장에 대해 규율하고자 하는 시도들이 이뤄지고 있다. 2023년 9월 유럽 집행위원회는 '디지털시장법(Digital Market Act)'에

---

[7] 정성구·조연수·소윤주, 2021, 금융데이터의 법적규제 및 금융데이터 관련 정보산업, *BFL* 107, 54.

따라 여섯 개 회사(알파벳, 아마존, 애플, 바이트댄스, 메타, 마이크로소프트)를 게이트키퍼(gatekeeper)로 지정하기도 했다.[8] 국제결제은행(BIS)도 몇년 전부터 빅테크 기업들의 금융산업 진출이 금융 포용성이나 금융시스템 안정 등에 미치는 영향에 대해 주목하고 있다. 대표적인 빅테크 기업으로 손꼽히는 미국의 GAFAM(구글(현 알파벳), 애플, 페이스북(현 메타), 아마존, 마이크로소프트)이나 중국의 BAT(바이두, 알리바바, 텐센트) 등에 비해 규모나 시장지배력 측면에서 상당한 차이가 있는 우리나라의 삼성전자, 네이버, 카카오를 과연 빅테크로 볼 수 있을지에 대해서는 논란이 있지만,[9] 대형 IT 기업들이 금융산업으로 사업영역을 넓히는 것만큼은 분명한 현상으로 보인다.

2. IT 기업들의 금융업 진출 동기 및 양상

IT 기업들은 왜 금융산업에 진출할까? 여기에는 크게 두 가지 이유를 생각할 수 있다. 먼저 금융서비스를 제공함으로써 기존 핵심 사업을 보다 강화할 수 있다는 점이다. 플랫폼은 이용자들이 다른 플랫폼으로 넘어가지 않고 자사 플랫폼에 최대한 오래 머무르도록 다양한 원스톱 서비스를 제공한다. 플랫폼이 금융서비스를 포함한 전방위적인 서비스를 제공하면 이용자들의 편의성이 높아짐은 물론, 이용자들이 해당 기업들이 제공하는 생태계 안에 최대한 머무르게 된다. 예를 들어 온라인 전자상거래를 수행하는 기업이라면 이용자들이 대금결제 시 자사가 제공하

---

8 European Commission, Digital Markets Act: Commission designates six gatekeepers, Press Release, 6, September 2023.
9 실제 삼성전자는 2023년 9월 유럽 집행위원회로부터 gatekeeper로 지정되지 않았다. 빅테크에 관한 자세한 내용은 10장 참조.

는 간편결제 서비스를 활용하게 함으로써 상거래 관련 편의성을 제고함은 물론, 이 과정에서 데이터를 확보하여 추가 서비스를 제공할 수 있는 기반을 닦을 수 있다. 입점업체에 대한 대출 등을 통해 우수한 입점업체를 플랫폼에 유치하고 육성할 수도 있다.

금융업 진출 자체가 해당 IT 기업의 수익성 증대에 도움이 되기도 한다. 이들 기업들은 이미 탄탄한 고객 기반과 우수한 플랫폼을 갖추고 있기 때문에 온라인 금융 관련 업무에 비교적 큰 비용을 들이지 않고도 진출할 수 있다. 비금융데이터, 비정형데이터 처리 등에 있어서는 금융회사보다 우위에 있다. IT 기업들은 처음에는 자사 플랫폼에 이용자들을 유치할 의도로 간편결제, 간편송금 등의 업무를 시작해 이후 금융 플랫폼 등으로 사업 범위를 확대는 양상을 보인다. 나아가 금융회사를 아예 인수하는 경우도 있다.

온라인 금융 플랫폼 성장의 배경

그렇다면 지난 몇 년간 우리나라에서 온라인 금융 플랫폼 사업 모델이 크게 성장한 이유는 무엇일까? 여기에는 여러 가지 이유를 들 수 있겠지만 크게 ① 정보통신기술의 발전 및 스마트폰의 보급, ② 데이터 처리 기술의 발전, ③ 이를 뒷받침하는 정책 당국의 적극적인 제도 개선 노력을 들 수 있다. 차례대로 살펴보자.

1. 정보통신기술의 발전과 스마트폰의 보급

먼저 기술과 사업 모델 발전 측면에서는 스마트폰의 광범위한 보급과 모바일 인터넷 기술의 발전은 물론, 이른바 간편결제와 간편송금 서비스 및 다양한 비대면 인증 수단의 등장, 데이터 분석기술의 발전에 따라 비금융데이터와 비정형데이터를 활용한 신용평가시스템 등의 등장, 맞춤형 광고의 고도화를 그 예로 들 수 있다.[10]

우리가 쉽게 인식할 수 있는 것처럼 모바일 인터넷의 발전 및 스마트폰의 보급은 우리 일상을 크게 변화시켰다. 우리가 기존에 은행 점포를 방문하여 직원의 안내와 권유, 서류 작성 지원 등에 따라 펀드 상품을 구매하던 것과 비교하면, 스마트폰이 금융회사 점포를 대체하고 있고, 맞춤형 광고, 금융 상품 추천, IT 기술을 통한 인증, 전자서명 등이 점포의 현장 직원 역할을 대신하고 있다.

이처럼 금융회사들의 금융소비자에 대한 접점은 지점 중심의 오프라인 채널에서 스마트폰을 통한 온라인 플랫폼 중심의 온라인 채널로 전환되고 있다. 금융회사 입장에서는 온라인 플랫폼을 통해 이용자를 확보하는 것이 날로 중요해지는 것은 물론이고, 이용자 수가 많은 온라인 플랫폼을 확보하고 있는지가 디지털 금융 경쟁력에 직결된다.

2. 데이터 처리 기술의 발전

금융에서는 본래 정보가 중요하다. 예를 들어 대출을 받으려는 차주의 신용정보는 대출 여부는 물론, 이자율이나 만기와 같은 거래조건을 결정하는 데 필수적이다. 즉, 정보는 금융 거래의 진행 여부와 금융 상품의 거래조건을 정하는 데 핵심적이다.

---

10 핀테크의 발전에 기여한 요소에 대해서는 정순섭, 2021, 기술발전과 금융규제법의 전망, BFL 107, 7. AI 등 관련 기술의 발전과 금융 규범적 평가에 대해서는 박상철, 2021, 금융 AI의 활용과 금융소비자 보호: 차별금지, 설명요구권, 6대 판매규제 준수를 중심으로, *BFL* 107, 29~31쪽.

그런데 지난 몇 년간 데이터 처리 기술이 획기적으로 발전하며 금융에서 활용할 수 있는 정보의 양이 크게 늘어났다. 우리가 흔히 신용정보라고 부르는 기존 금융데이터 이외에도 플랫폼 입점사업자의 상거래 관련 정보 등의 비금융데이터를 금융 거래에 활용할 수 있는 형태로 가공하는 경우가 크게 증가했다. 이외에도 소셜미디어에 게재한 정보 등의 소위 비정형 데이터를 금융 거래에 활용하고자 하는 시도도 늘고 있다. 기존의 정형화된 신용정보뿐만 아니라 이러한 비금융데이터, 비정형데이터를 활용하는 이른바 대안신용평가시스템(alternative credit scoring system)도 등장했다.

이러한 기술 발전 덕분에 온라인 금융 플랫폼, 특히 많은 상거래 정보와 비정형 데이터를 갖고 있는 IT 기업들이 금융산업에서 경쟁력을 높일 수 있었다. 금융포용 측면에서도 이는 긍정적으로 평가할 수 있다. 과거 금융서비스 혜택을 받지 못하던 금융소외계층이나 사회 초년생 등에 대한 신용평가 및 소액대출이 가능해졌고, 금융거래가 아니라 상거래 내역을 바탕으로 신용등급을 산정함으로써 전자상거래 업체가 입점업체에 대해 자금을 지원하는 경우도 생겼다. 아울러 개인별 데이터를 활용하여 고객별 맞춤형 광고, 금융 상품 추천 등이 가능해짐에 따라 금융소비자들의 효용도 높아졌다.

3. 정부의 제도적 뒷받침

온라인 금융 플랫폼이 활성화되기 위해서는 앞서 살펴본 바와 같이 기술 발전만으로는 부족하고 여러 제도적 뒷받침이 필요하다. 금융산업은 금융시스템 안정과 금융소비자 보호라는 목적 달성을 위해 어느 산업에 비해서도 규제 수준이 높다. 그 때문에 새로운 사업 모델이 실제 시장에서 작동하기 위해서는 제도적 뒷받침이 필수적이다.

이러한 점에서 보면, 우리나라 금융 당국의 여러 제도 개선이 없었다면 지금의 온라인 금융 플랫폼 사업 모델은 등장하기 어려웠을 것이다. 대표적으로 '금융규제 샌드박스 제도'를 통해 현행 법률하에서 허용되지 않는 사업자의 진출과 새로운 사업 모델의 출시를 허용한 것을 들 수 있고, '마이데이터 사업'을 통해 고객 맞춤형 정보를 확보하고 활용하게 된 것도 금융 플랫폼 사업 모델에 크게 기여했다. 특히 하나의 중개, 판매사는 하나의 금융회사 상품만 판매해야 한다는, 이른바 1사 전속주의에 대해 일정한 예외를 인정하지 않았다면 한자리에서 여러 상품을 비교할 수 있는 금융 플랫폼 사업 모델은 불가능했을 것이다. 이외에도 비대면 인증과 전자서명을 통한 온라인 금융거래의 활성화라든지, 오픈뱅킹 인프라 구축을 통한 지급결제의 효율화, 선불전자지급수단 등에 대한 금융 당국의 적극적 해석을 통한 간편송금 사업 모델의 허용 등 다양한 제도적 뒷받침과 금융 당국의 노력으로 우리나라 핀테크 산업이 크게 발전했다.

온라인 금융 플랫폼이 금융산업에 가져오는 변화

온라인 금융 플랫폼의 확산은 금융 산업에도 많은 영향을 미치고 있다. 특히 금융 상품의 판매 양상 등이 근본적으로 변화되고 있어 소비자 보호 제도 정비 등 많은 과제들이 제기되고 있다.

1. 소매 채널의 오프라인에서 온라인으로의 전환

온라인 금융 플랫폼의 등장으로 금융회사들이 개인 고객을 대상으로

그림 1.2 은행 소매채널의 온라인 전환 추이

시중 은행 영업점 수
자료: 금융감독원 보도자료(2022.3.31)

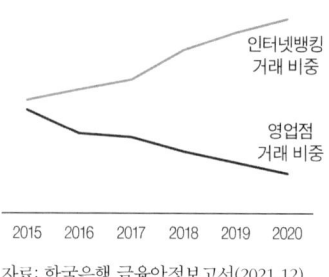
은행 온라인 오프라인 거래비중
자료: 한국은행 금융안정보고서(2021.12)

운영하는 소매 금융 채널이 오프라인에서 온라인으로 급격하게 전환되고 있다. 개인 고객 입장에서는 금융회사 점포에 가지 않고도 금융 상품을 구매할 수 있고, 여러 금융회사 점포를 방문하지 않고도 플랫폼을 통해 다양한 금융 상품을 비교하고 구매할 수 있게 됐다. 금융위원회는 대출 및 대환 플랫폼을 통해 기존 대출을 상환하고 이용자가 유리한 조건으로 새로운 대출을 받는 사업을 활성화하기도 했다. 예전에 여러 은행 점포들을 다니면서 일일이 대출 조건을 확인하고 서류를 준비하던 것과 비교하면 소비자의 편이성이 비교할 수 없을 정도로 높아졌다. 개인고객 입장에서는 금융회사 점포를 방문할 유인이 갈수록 적어지고 있다.

소매 채널이 온라인으로 전환되면서 자연스럽게 금융회사 점포도 폐쇄되고 있다. 실제로 일반은행(시중은행, 지방은행, 외국은행의 국내 지점)의 점포 수는 2012년 말 5736개에서 2020년 말 4492개로 8년 사이에 20% 이상 줄었다. 은행의 인터넷뱅킹 거래 비중도 영업점 거래 비중을 크게 앞서고 있는 것이 현실이다.

그렇지만 온라인 플랫폼에 익숙하지 않은 소비자들은 이러한 전환이 반갑기만 하지는 않을 것이다. 금융 플랫폼을 포함한 핀테크 사업으로 기존에 금융서비스를 받지 못하던 사람들도 금융서비스를 누리게 되었다는 점에서 금융의 영역이 확장되었지만, 반대로 기존 오프라인 채널에 익숙했던 사람들에게는 서비스가 축소될 수도 있다. 금융 포용의 양면이라 하겠다. 금융 당국도 점포 수 감소에 대비해 은행 대리업 제도 등을 통해 우체국 점포를 이용하거나 여러 은행들이 공동으로 점포를 운영할 수 있도록 제도를 정비하고 있다.

더 큰 문제는 온라인 플랫폼하에서의 금융소비자 보호 문제다. 온라인 플랫폼하에서는 금융소비자가 누구에게서 금융 상품을 구매하는지 쉽게 파악하기가 어렵다. 오프라인 채널에서는 소비자가 금융회사 점포를 방문하면 금융회사 직원이 소비자에게 일정한 금융 상품을 권유하고 판매한다. 혹시 금융 상품이나 판매 과정에서 문제가 있더라도 판매가 이뤄지는 공간이 물리적으로 구분되기 때문에 소비자 입장에서 누구를 상대로 책임을 추궁할 수 있는지를 쉽게 알 수 있다.

반면 온라인 금융 플랫폼에서는 플랫폼 사업자가 다양한 금융 상품을 광고·소개하는 역할을 수행할 뿐, 금융 상품을 직접 제조·판매하지는 않는다. 금융 상품을 제조·판매하는 것은 금융회사다. 플랫폼에서는 일정 단계가 되면 소비자가 플랫폼 웹사이트에서 금융회사 웹사이트로 넘어가서 금융 상품을 구매하는데, 소비자 입장에서는 내가 플랫폼으로부터 플랫폼이 제조한 금융 상품을 구매하는지, 아니면 금융회사로부터 금융회사가 제조한 금융 상품을 구매하는지 뚜렷하게 구분되지 않을 수 있다. 금융 플랫폼과 금융회사의 앱 또는 웹사이트 형식이 유사한 경우에는 더욱 그러할 것이다.

나아가 금융 플랫폼과 금융회사 간 앱 또는 웹사이트 전환이 명확할

지라도 금융소비자는 금융 플랫폼이 단순한 매체로서 광고행위만 한다는 점을 충분히 인식하지 못할 수도 있다. 금융소비자는 금융 플랫폼의 평판이나 명성을 믿고 금융 플랫폼을 통해 금융 상품을 구매하기 때문에 금융소비자로서는 금융 플랫폼이 충분히 검토하여 양질의 금융 상품만을 소비자들에게 소개했을 것이라 믿을 수 있고, 금융 상품 손실 발생 시 금융 플랫폼이 일정한 책임을 부담하거나 자신들을 대신해 금융회사에 필요한 조치를 취할 것이라는 막연한 기대감을 가질 수도 있다. 이처럼 온라인 플랫폼하에서의 금융소비자 보호가 문제되자 금융위원회는 온라인 플랫폼의 금융 상품 비교, 추천 등이 금융 관련 인허가가 필요한 중개에 해당할 수 있고, '금융소비자보호법'이 적용됨을 밝히기도 했다.[11]

2. 금융 상품의 제조와 판매의 분리

금융 플랫폼의 등장으로 금융 상품의 제조는 금융기관이, 금융소비자에게 판매는 금융 플랫폼이 담당하는 제조와 판매 분리 현상도 가속화되고 있다.[12] 과거에는 금융회사가 금융 상품을 설계, 제조하고 금융회사 점포에서 직원이 소비자에게 판매하는 경우가 많았다. 이제는 금융회사가 금융 상품을 만들고 빅테크 기업이나 핀테크 기업이 운영하는 온라인 금융 플랫폼에서 광고, 판매하는 경우가 증가하고 있다.

여기에서 나아가 온라인 금융 플랫폼은 금융회사가 수행하던 일부 업

---

[11] 금융위원회, 2021년 9월 7일 자 보도자료(온라인 금융 플랫폼의 건전한 시장질서 확립을 위해 관련 금융소비자보호법 적용 사례를 전파했습니다). 다만 이러한 해석에 따라 기존의 온라인 금융 플랫폼들의 사업에 제한이 발생하기도 했다. 일부 서비스의 경우 금융규제 샌드박스 제도 등을 통해 운영되고 있는 실정이다.

[12] 정순섭, 2021, 기술발전과 금융규제법의 전망, *BFL* 107, 11.

그림 1.3 금융서비스의 해체 및 재결합

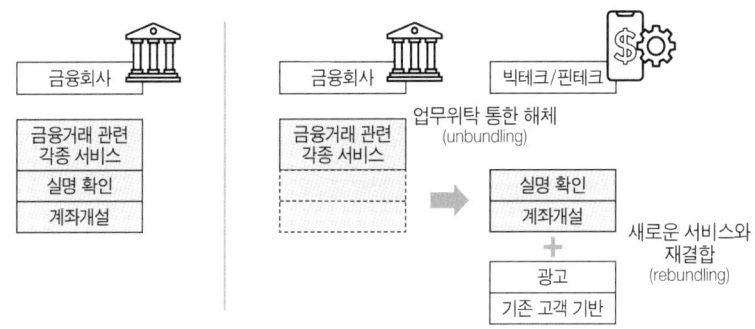

무를 위탁받아 수행하면서 자사 서비스와 결합하기도 한다. 이른바 금융상품, 금융서비스의 해체(unbundling) 및 재결합(rebundling) 현상이다.

3. 기존 금융회사의 핀테크 혁신

기존 금융회사들도 플랫폼 기업들과 경쟁하기 위해 다양한 사업 전략을 도입하고 있다. 2020년경부터 우리나라 금융지주회사들은 플랫폼 사업 모델 도입을 핵심 전략으로 추진하고 있다.[13] 신한은행은 얼핏 보기에 금융과 관계없어 보이는 배달 서비스(땡겨요)를 금융규제 샌드박스 제도를 통해 운영하고 있다. 이용자들을 보다 오랜 시간 플랫폼에 머무르게 하고, 배달 서비스와 관련한 비금융 데이터를 확보하려는 전략의 일환으로 보인다.

대형 IT 기업이라는 강력한 경쟁자가 등장하여 기존 금융회사들의 핀테크 혁신에 박차를 가하게 된 것은 분명하다. 그러나 우리나라의 경우

---

13 《한국경제》, "4대 금융지주 올해 화두는 '플랫폼' 'ESG' '회복 탄력성'", 2021년 1월 4일자 기사.

금융회사가 비금융 관련 업무를 영위하거나 비금융회사를 지배하는 것이 엄격하게 금지된다. 이는 금융회사가 무분별하게 확장하는 것을 방지하고 건전하게 운영될 수 있게 하는 데 제도의 취지가 있지만, 경우에 따라 핀테크로의 확산에 장애가 되기도 한다. 예를 들어 금융회사가 플랫폼 사업 및 핀테크 서비스 고도화를 위해 IT 회사를 자회사로 보유하는 것은 원칙적으로 허용되지 않는다. 비슷한 문제로 대형 IT 기업과 핀테크 기업은 금융 플랫폼 운영이 가능한 반면, 금융회사는 비금융 플랫폼 운영이 제한된다. 금융 당국도 디지털 금융 환경에서 우리나라 금융산업의 경쟁력 유지를 위해 다양한 정책들을 모색하고 있다.

온라인 금융 플랫폼의 긍정적 기능

온라인 금융 플랫폼은 금융소비자 및 금융산업 전반에 걸쳐 많은 긍정적인 영향을 주고 있다. 앞서 살펴본 바와 같이 소비자들은 하나의 앱을 통해 여러 금융회사의 금융 상품들을 비교하고 구매할 수 있게 되었다. 소비자가 여러 금융 상품들을 한자리에서 비교함으로써 정보 불균형 문제가 완화되고 거래 비용이 감소된다.

단독 온라인 채널을 갖추기 어려운 지방은행과 같은 중소형 금융회사들은 금융 플랫폼과 제휴하여 평소에 접근할 수 없었던 이용자에게 접근할 수 있는 기회를 얻는다. 전북은행은 네이버파이낸셜과 협업하여 네이버페이×JB적금, 스마트플레이스 사업자 대출 등을 출시하기도 했다. 금융산업 내 경쟁이 치열해지면서 기존 금융회사들도 디지털 전환과 혁신을 진행하고 있다. 이는 창업가들에게 창업과 성공의 기회가 되기도 한다. 데이터 처리, 모바일 인터넷 기술과 같이 범용적으로 활용할 수 있는 기술을 금융 플랫폼과 같은 핀테크에 활용함으로써 새로운 사업 기회들이 생겨나고 있다.

금융 플랫폼은 채권자와 채무자 간 정보 비대칭성을 완화하여 보다 정확한 신용평가를 가능하게 한다. 발전된 기술을 바탕으로 저비용 금융서비스를 제공함으로써 금융 혜택을 더 많은 소비자들에게 제공할 수 있다.[14] 핀테크와 온라인 금융 플랫폼이 가져오는 혁신은 금융소비자, 금융산업, 스타트업 등 우리나라 경제 전반에 긍정적인 영향을 주고 있음에 틀림없다.

잠재적 리스크

그런 반면 온라인 금융 플랫폼으로 인해 새로운 도전 과제들 역시 대두되고 있다. 이에 대해 금융소비자, 금융회사 및 금융산업, 금융시스템으로 나누어 살펴본다.

1. 금융소비자에 미치는 영향

앞서 살펴본 바와 같이 오프라인 채널과 비교할 때 온라인 채널의 경우 누가 판매 및 책임의 주체인지 등에 대해 소비자가 오인할 가능성이 있다. 금융 상품에 하자가 있는 경우 소비자는 금융회사와 금융 플랫폼 중 누구에게 책임을 추궁해야 하는지가 분명하지 않을 수 있다. 금융 규제에서는 어느 행위가 광고에 해당하는지 아니면 중개나 판매에 해당하

---

[14] '핀테크와 포용적 금융(제4장)'과 '금융 플랫폼과 지속가능한 성장(제5장)'에서 자세히 다룬다.

는지에 따라 적용 여부가 달라진다. 그런데 온라인 환경에서는 광고, 중개, 판매 등의 성격을 일부 갖고 있는 맞춤형 광고 등이 등장하여 기존 기준으로는 해결하기 어려운 상황들이 나타난다. 알고리즘을 이용한 거래 과정에서 소비자에 대한 차별적 취급 가능성에 대해 대비할 필요성도 있다. 오프라인 환경을 전제로 제정된 금융소비자보호법이 온라인 환경, 디지털 환경에서도 잘 작동할 수 있도록 적절한 정비가 필요하다.

2. 금융회사 및 금융산업에 미치는 영향

IT 기업들이 금융산업에 진출하면서 대형 금융 플랫폼의 과도한 시장 지배력과 금융회사의 종속 가능성이 우려된다. 기존 금융회사들은 IT 기업들이 은행업이나 증권업 등 인허가를 받지 않고도 금융회사와 사실상 비슷한 업무를 수행한다고 주장하기도 한다. 반면 온라인 금융 플랫폼 기업들은 자사가 수행하는 업무와 금융회사가 수행하는 업무는 분명하게 다르기 때문에, 해당 라이선스를 받을 것을 요구하는 것은 과하다고 본다. 동일한 기능에 대해 동일한 규제를 해야 한다는 이른바 '동일기능 동일규제' 원칙에 대해서 어떠한 것을 동일한 기능과 업무로 볼지에 대해 이견이 있다. 이러한 문제를 해결하기 위해서는 디지털 금융 환경을 고려한 새로운 인허가, 이른바 '스몰 라이선스(small license)' 도입을 적극적으로 검토할 필요가 있다.

3. 금융시스템에 미치는 영향

금융 플랫폼의 등장, 핀테크 사업 모델의 활용 등으로 금융과 비금융의 경계가 예전보다 흐려지고 있다. 예를 들어 고도의 데이터 처리 기술을 바탕으로 운영되는 핀테크 기업을 금융회사로 볼지, 아니면 비금융회사로 볼지에 대해서는 이견이 있다. 금융 규제의 핵심 중 하나인 금산분리원칙을 실제 적용함에 있어 어느 회사가 금융업을 수행하는지, 아니면 비금융업을 수행하는지가 중요할 수밖에 없다. 금융회사가 일정한 요건하에 금융업을 수행하는 회사를 인수하면 금산분리원칙에 배치되지 않지만, 비금융업을 수행하는 회사를 인수하는 것은 사실상 어렵다. 우리나라 규제는 표준산업분류표상의 분류를 기준으로 금융과 비금융을 구별하고 있는데, 때로는 이러한 기계적인 분류가 타당하지 않은 경우가 많다. 시대적인 변화에 발맞추어 재검토가 필요하다.

이외에도 고객들이 급격하게 이동하거나 쏠릴 가능성 등 금융시스템에 미칠 수 있는 영향에 대비해야 한다. 이는 비단 핀테크 기업뿐만 아니라 디지털 금융 환경하에서 금융산업 전반에 발생하는 영향이다. 미국의 실리콘밸리은행(SVB) 사례에서도 확인되었듯이, 온라인을 통한 예금의 자유로운 입출금은 뱅크런(bank run) 현상을 가속화할 수도 있다. 비금융 분야의 리스크가 금융 분야로 전이되는 것에 대비하여 금융뿐만 아니라 경쟁, 데이터, 정보통신 등 다양한 분야의 감독기관들이 서로 정보를 교류하는 등 협업해야 할 필요성도 커지고 있다.[15]

디지털 금융의 발전을 위한 균형 있는 제도의 설계

우리나라는 개방 경제를 운영하는 주요 국가들 중 미국의 빅테크 기업에 플랫폼 관련 시장의 지배력을 넘겨주지 않은 거의 유일한 나라다.

---

15 다양한 분야 감독기관의 협업 사례로는 영국의 Digital Regulation Cooperation Forum (DRCF)을 예로 들 수 있다.

자국 플랫폼의 존재는 고용 창출은 물론 한국어 자연어 처리, 거시 리스크 관리의 용이성 등 많은 분야에서 우리나라 경제에 기여할 수 있다(박상철, 2022). 여러 나라의 정부들이 핀테크 기업의 육성이나 스타트업 진흥 방안들을 내놓고 있지만 우리나라만큼 정보통신 기업들이 미국이나 중국의 빅테크 기업과 경쟁하여 경쟁력을 유지하고 있는 나라는 많지 않다.

금융은 항상 당시 최고의 기술을 활용하여 발전해 왔다. 새로운 기술이나 사업 모델의 활용을 원천적으로 제한하는 것보다는 금융 혁신의 제도적 기반을 제공하면서도 소비자 보호, 금융회사와 플랫폼 간 공정한 협업과 경쟁, 금융시스템의 안정 등을 뒷받침할 수 있는 제도를 수립하는 것이 우리에게 주어진 과제라 하겠다. 온라인 금융 플랫폼을 운영하는 대형 IT 기업들이 시장 지위를 남용할 가능성 등을 효과적으로 방지하면서도, 핀테크 기업들과 IT 기업들의 금융 플랫폼 진출을 통한 소비자 효용 증대, 기술 혁신, 금융산업 발전을 달성할 수 있는 혁신에 중점을 두고 균형 있게 접근해야 한다.

이러한 배경하에, 이 책은 디지털 금융과 관련하여 국내 학계와 연구계의 최고 전문가들이 제시하는 핀테크의 현황과 발전 방안을 담았다. 먼저 2장에서는 핀테크가 가져오는 혁신과 이를 위한 제도 개선 방안을 살핀다(김솔 교수). 3장에서는 금융소비자들을 어떻게 보호해야 하는지를 자세히 검토한다(윤민섭 박사). 4정에서는 핀테크가 금융 포용성에 어떻게 기여하는지, 특히 저소득청, 청년층의 금융 상품 접근성을 어떻게 변화시키는지를 보고(김우진 교수), 5장에서 핀테크가 지속가능한 성장에 어떠한 기여를 하는지를 살핀다(최재원 교수). 6장에서 혁신을 위해 금융 플랫폼이 어떻게 발전해야 하는지(이효섭 실장)와 7장에서 디지털 금융의 핵심인 데이터를 어떻게 활용할지에 대해 살핀다(류혁선 교수). 8장에서는 디지털 혁신을 계속하기 위해 금융 플랫폼의 규율체계가 어떻게 자리 잡아야 하는지를 검토한다(안수현 교수). 마지막으로 9장과 10장에서는 한국에 빅테크가 없는 이유와 핀테크 시사점과 결론을 검토한다(강형구 교수).

참고문헌

박상철. 2021. 금융AI의 활용과 금융소비자 보호: 차별금지, 설명요구권, 6대 판매규제 준수를 중심으로. *BFL*, 107.
박상철. 2022. 플랫폼법. ≪저스티스≫, 188, 347-406.
정성구·조연수·소윤주. 2021. 금융데이터의 법적규제 및 금융데이터 관련 정보산업. *BFL*, 107.
정순섭. 2021. 기술발전과 금융규제법의 전망. *BFL*, 107.
정준혁. 2021. 금융 플랫폼 규제의 과제와 전망. *BFL*, 108.

Armstrong, M. 2006. Competition in two-sided markets. *The RAND journal of economics*, 37(3), 668-691.
BIS. 2019. *BIS Annual Economic Report 2019*, "III. Big tech in finance: opportunities and risks".
Hagiu, A., & Wright, J. 2015. Multi-sided platforms. *International Journal of Industrial Organization*, 43, 162-174.
Katz, M. L., & Shapiro, C. 1985. Network externalities, competition, and compatibility. *The American economic review*, 75(3), 424-440.
Rochet, J. C., & Tirole, J. 2006. Two-sided markets: a progress report. *The RAND journal of economics*, 37(3), 645-667.

2장

금융산업 혁신을 주도하는 핀테크

김솔

요약 | 핀테크의 역사는 금융산업의 지속적인 디지털 전환을 반영한다. 핀테크는 기술의 발전, 소비자 니즈의 변화, 규제의 발전으로 인해 진화해 왔으며, 기존 금융기관과 핀테크 신생 기업 간 협업으로 혁신을 일으키고 있다. 핀테크는 기술의 발전, 변화하는 소비자의 니즈, 데이터에 대한 접근성 증가, 금융 포용성 이니셔티브, 비용 효율성, 정책 지원, 파괴와 경쟁, 세계화 및 국경 간 거래에 의해 성장하고 있다. 핀테크는 금융소비자의 경험, 금융서비스 접근성, 운영 효율성, 리스크 관리, 규제 프레임워크를 변화시키면서 금융산업에 지대한 영향을 미친다. 블록체인과 분산원장기술, 인공지능과 머신러닝, 빅데이터 분석, 로봇 프로세스 자동화, 생체인식 및 신원확인 기술 등의 핵심기술로 디지털 뱅킹, P2P 대출 플랫폼, 개인재정관리 앱, 모바일 결제 및 디지털 지갑, 로보어드바이저와 알고리즘 트레이딩, 온라인 증권거래 플랫폼, 크라우드펀딩과 P2P 투자, 인슈어테크와 디지털 보험 플랫폼 등이 출현하여 기존의 은행, 증권회사, 보험회사 등의 금융기관과 자본시장을 혁신하고 있다. 핀테크의 급속한 성장으로 인해 규제 당국은 소비자 보호를 보장하고 금융 안정성을 유지하며 새로운 리스크를 해결하기 위한 프레임워크와 지침을 개발하고 있다. 핀테크의 미래는 양자컴퓨팅, 사물인터넷, 5G 연결, 탈중앙화 금융(DeFi)을 포함한 새로운 기술이 만들어가고 있다. 핀테크와 전통적인 금융기관 간의 협력의 목적은 각각의 강점을 활용하고, 혁신을 포용하고, 규제 준수를 촉진하고, 고객을 우선시하는 데 있다. 핀테크의 포용성과 접근성은 사회적으로 중요한 문제다. 기존 IT 회사는 핀테크 분야에서의 혁신을 이루고 경쟁에서 이기기 위해 협력, 파트너십, 인수, 합병 등을 적극적으로 추구하거나 자체적인 핀테크 서비스를 개발함으로써 금융 분야에서 경쟁력을 높일 수 있다. 핀테크 특별법 또한 기술 환경 변화에 발맞춰 설계, 개정함으로써 핀테크 분야의 발전을 촉진하는 데 기여할 수 있다. 스마트 규제는 금융 기술의 혁신과 발전을 촉진하고, 기존 규제 방식의 한계를 극복하기 위해 도입되고 있다. 핀테크를 통해 금융산업은 더욱 혁신적이고 유연한 방향으로 발전할 수 있으며, 경제 활동과 금융서비스의 효율성을 향상할 수 있다.

서론

금융산업은 그동안 중대한 변화를 경험했다. 금융 관련 IT 기술의 발전과 금융소비자들의 니즈(needs) 변화 때문이다. 핀테크는 금융(finance)과 기술(technology)의 합성어로 정보통신기술을 기반으로 하는 금융서비스를 일컫는다. 이러한 핀테크의 출현은 금융서비스가 제공되고 소비되고 경험되는 방식을 재구성했다.

핀테크는 혁신적인 기술과 디지털 솔루션을 사용하여 금융과 관련된 일련의 프로세스 및 서비스를 개선하고 자동화하는 것을 의미한다. 여기에는 뱅킹, 지급 및 송금, 투자, 보험, 개인재정관리를 포함한 광범위한 영역이 해당된다. 핀테크 기업은 모바일 앱, 인공지능, 블록체인, 빅데이터 분석, 클라우드 컴퓨팅과 같은 기술을 활용하여 사용자가 금융서비스에 효율적으로 접근 가능하도록 하여 사용자 친화적인 서비스를 제공한다. 핀테크는 여러 관련 기술을 활용하여 고객 경험을 향상하고, 금융 포용성을 높이고, 운영을 간소화하고, 비용을 절감하고, 금융산업의 혁신을 주도하는 것을 목표로 한다.

우선 핀테크의 역사, 성장을 이끄는 요인, 금융산업에 미치는 영향을 살펴본다. 블록체인, 인공지능, 빅데이터 분석 등의 핀테크 관련 기술을 제시하고 이들이 핀테크 산업 발전에 미친 영향을 분석한다. 핀테크가 뱅킹, 보험, 결제 및 송금, 자산관리 분야에 적용된 사례와 특징들을 살펴보며 핀테크의 확장성을 검토한다. 이를 통해 핀테크의 향후 동향과 시사점을 도출하고 최종적으로 한국 금융 플랫폼의 성장 전략을 제시한다.

핀테크의 진화와 성장

역사적 개요

핀테크의 뿌리는 1950년대 신용카드의 도입과 전자자금이체의 등장으로 거슬러 올라간다. 그러나 핀테크의 진정한 잠재력은 인터넷의 부상, 닷컴붐과 함께 20세기 후반에 구체화되기 시작했다. 이 시기에 우리는 온라인 뱅킹과 전자상거래 플랫폼의 출현, 금융 프로세스 디지털화를 경험했다. 핀테크의 역사적 발전은 현대 기술과 인터넷의 출현으로 거슬러 올라간다. 핀테크가 발전해 온 주요 이정표에 관한 역사적 개요는 다음과 같다.

- 초기 디지털화(1970~1990년대): 금융기관에서 컴퓨터와 전자 시스템을 사용함으로써 금융 프로세스의 디지털화가 가능해졌다. ATM, 전자자금이체, 온라인 뱅킹 시스템의 도입으로 금융서비스의 디지털화를 위한 토대가 마련되었다.
- 온라인 거래 및 중개(1990년대 후반): 1990년대 후반에는 온라인 거래 플랫폼과 온라인 전용 증권회사가 등장했다. 이트레이드(E*Trade), 찰스슈왑(Charles Schwab)과 같은 회사는 개인 투자자가 주식을 포함한 여러 증권을 온라인으로 거래할 수 있도록 하여 투자자들이 주식시장에 투자하는 방식을 혁신했다.
- 결제 솔루션의 등장(2000년대 초반): 페이팔(PayPal)과 같은 회사는 2000년대 초반에 등장하여 인터넷을 통해 안전하고 편리한 거래를 가능하게 하는 온라인 결제 솔루션을 제공했다. 이러한 결제 솔루션으

로 전자상거래 및 온라인 비즈니스 거래의 새로운 가능성이 열렸다.
- P2P 대출(2000년대 중반): 2000년대 중반에는 프로스퍼(Prosper), 렌딩클럽(LendingClub)과 같은 P2P 대출 플랫폼이 등장했다. 이러한 플랫폼은 전통적인 금융기관을 우회하여 대출을 원하는 자금 수요자들을 개별 대출기관과 직접 연결했다. P2P 대출은 기존 은행들의 대안으로서의 금융 기회를 제공하고 전통적인 대출 환경에 혁신을 불러왔다.
- 모바일 결제 및 디지털 지갑(2000년대 후반~2010년대): 스마트폰 및 모바일 기술의 확산으로 모바일 결제 솔루션이 등장했다. 애플페이(Apple Pay), 구글월렛(Google Wallet) 등 모바일 지갑 앱이 출시되어 모바일 장치를 통해 결제할 수 있는 기능이 제공되었다. 이러한 모바일 결제로의 변화는 금융소비자들이 거래하는 방식에 혁명을 일으켰다.
- 블록체인 및 암호화폐(2010년대): 2009년 비트코인 출시와 함께 블록체인 기술이 도입되면서 핀테크 분야에서 중요한 이정표를 세웠다. 안전하게 분산된 원장인 블록체인은 암호화폐의 기반이 되었고 투명하고 안전한 P2P 거래의 가능성을 열었다. 비트코인, 이더리움과 같은 암호화폐의 등장과 그에 따른 블록체인 응용 분야의 성장으로 금융의 다양한 영역이 재구성되었다.
- 핀테크 스타트업의 부상(2010년대): 2010년대에는 핀테크 기술의 발전, 벤처 캐피털 자금의 증가, 소비자의 니즈 변화에 발맞추어 핀테크 스타트업이 급증했다. 핀테크 스타트업은 디지털 뱅킹, 대출, 지급 및 송금, 투자, 개인재정관리 같은 분야에서 혁신적인 솔루션을 제공하여 기존 금융서비스를 혁신하는 데 중점을 두었다.

최근 핀테크 산업은 기존 금융기관과의 협업, 각국 정부의 규제 및 정책 개발 등으로 빠르게 성장하고 있다.

- 핀테크 기업과 기존 금융기관 간의 협업: 핀테크가 두각을 나타내면서 기존 금융기관은 협업의 잠재적 이점을 인식하기 시작했다. 핀테크 신생 기업과 기존 금융기관 간의 파트너십, 투자 및 인수가 더욱 보편화되어 혁신 기술을 기존 금융서비스에 통합할 수 있게 되었다.
- 지속적인 혁신 및 확장: 핀테크는 인공지능, 빅데이터 분석, 블록체인, 사이버 보안과 같은 분야에서 지속적인 혁신을 통해 빠르게 발전하고 있다. 탈중앙화금융(DeFi) 및 대체 불가능한 토큰(non- fungible token, NFT)과 같은 새로운 기술과 시장 트렌드는 핀테크의 미래를 형성하고 금융서비스의 새로운 가능성을 열어가고 있다.
- 규제 및 정책 개발: 전 세계의 규제기관은 소비자 보호 및 금융 안정성을 보장하면서 혁신을 촉진하기 위한 규제 체계를 구축함으로써 핀테크의 성장에 대응해 왔다. 핀테크 기업을 지원하는 환경을 조성하기 위해 규제 샌드박스, 오픈뱅킹 이니셔티브, 핀테크 친화적인 정책이 등장했다.

핀테크의 역사는 금융산업의 지속적인 디지털 전환을 반영한다. 핀테크는 기술의 발전, 소비자 니즈의 변화, 규제의 발전으로 인해 진화해 왔으며, 기존 금융기관과 핀테크 신생 기업 간 협업으로 혁신을 일으키고 있다. 핀테크를 통해 앞으로 금융서비스가 제공되고 소비되는 방식이 더 발전하고 더 혁신적으로 변화할 것으로 기대된다.

핀테크의 성장을 이끄는 요인

핀테크의 성장에 기여한 몇 가지 요인이 있다. 스마트폰의 확산, 인터넷 연결 속도의 개선, 빅데이터의 활용 또는 분석과 같은 기술의 발전은 혁신을 위한 기반이 되었다. 편의성, 개인화된 경험, 투명한 금융서비스에 대한 요구를 포함하여 변화하는 소비자 니즈로 인해 기존 금융기관은 핀테크 신생 기업에 대응하고 협력하게 되었다. 핀테크는 몇 가지 핵심 요소에 의해 급속히 성장 및 확장하고 있다.

- 기술의 발전: 모바일 장치, 클라우드 컴퓨팅, 인공지능, 빅데이터 분석, 블록체인과 같은 기술의 발전은 혁신적인 핀테크 솔루션 개발을 위한 기반이 된다. 이러한 기술은 더 빠르고 안전하며 편리한 금융서비스를 가능하게 하여 소비자와 기업 모두 핀테크 솔루션을 채택하도록 유도한다.
- 변화하는 금융소비자의 니즈: 디지털화가 보편화되며 금융소비자의 니즈도 변화하고 있다. 이제 금융소비자는 언제 어디서나 접근할 수 있는 편리하고 개인화되고 사용자 친화적인 금융서비스를 요구한다. 핀테크 기업은 디지털 뱅킹, 모바일 결제, 투자 플랫폼, 진화하는 소비자 니즈에 맞는 혁신적인 금융 솔루션을 제공함으로써 이러한 수요를 활용한다.
- 데이터에 대한 접근성 증가: 디지털 거래의 확산과 방대한 양의 데이터 가용성으로 인해 핀테크 기업이 데이터를 분석하고 인공지능을 활용할 수 있는 기회가 생긴다. 고객 데이터, 금융시장의 동향, 시장 통찰력을 분석하는 기능을 통해 핀테크 기업은 개인화된 금융 상품,

특화된 마케팅, 정교화된 리스크 평가를 제공하여 금융소비자의 참여와 만족도를 높일 수 있다.

- 금융 포용성: 핀테크는 이전에 금융서비스에서 소외된 사람들에게 금융서비스를 쉽게 접근 가능하도록 제공함으로써 금융 포용성을 촉진하는 데 중요한 역할을 한다. 디지털 뱅킹, 모바일 지갑, 소액으로도 이용할 수 있는 금융 플랫폼을 통해 소외된 지역에 있거나 전통적인 금융서비스를 이용할 수 없던 개인과 기업이 공식적인 금융시스템을 이용할 수 있다.

- 비용 효율성: 핀테크 솔루션은 종종 전통적인 금융서비스 대비 비용 효율적인 대안을 제공한다. 핀테크 기업은 기술, 자동화 및 간소화된 프로세스를 활용하여 운영비를 줄임으로써 경쟁력 있는 이자율과 저렴한 금융 상품을 고객에게 제공할 수 있다. 이러한 비용 효율성은 보다 저렴하고 이용 가능한 금융서비스를 찾는 고객을 끌어들인다.

- 정책 지원 및 혁신 이니셔티브: 정부와 규제기관은 경제 성장을 주도하고 금융서비스를 개선할 수 있는 핀테크의 잠재력을 인식해 왔다. 여러 국가에서 규제 샌드박스, 혁신 허브, 지원 정책을 도입하여 핀테크 혁신을 장려하는 동시에 소비자 보호, 데이터 프라이버시, 금융 안정성을 보장하고 있다. 이러한 이니셔티브는 핀테크 스타트업을 위한 지원 환경을 조성하고 전통적인 금융기관과 핀테크 기업 간의 협업을 장려한다.

- 파괴와 경쟁: 핀테크는 전통적인 비즈니스 모델에 도전하고 혁신적인 솔루션을 제공함으로써 전통적인 금융서비스를 대체하고 있다. 이는 금융산업의 경쟁을 격화하여 기존 금융기관이 새로운 환경에 적응하고 혁신하도록 밀어붙인다. 핀테크 스타트업의 경쟁으로 인해 서비스

와 고객 경험이 개선되고, 금융소비자의 선택의 폭이 넓어진다.
- 세계화 및 국경 간 거래: 핀테크는 세계화 및 국경 간 거래를 촉진한다. 예를 들어 블록체인 기술은 국제 결제를 간소화하고 송금 수수료를 줄일 수 있는 잠재력이 있다. 국경 간 결제 플랫폼, 외환 서비스, 글로벌 투자 기회를 제공하는 핀테크 솔루션은 개인과 기업이 글로벌 거래에 더 쉽게 참여할 수 있게 한다.

핀테크는 기술의 발전, 변화하는 소비자의 니즈, 데이터에 대한 접근성 증가, 금융 포용성 이니셔티브, 비용 효율성, 정책 지원, 파괴와 경쟁, 세계화 및 국경 간 거래에 의해 성장한다. 이러한 요인들이 비옥한 기반이 되어 핀테크 솔루션이 혁신되고 채택됨으로써 금융산업의 미래를 열어가고 있다.

핀테크가 금융산업에 미치는 영향

핀테크는 기존 금융산업에 커다란 영향을 미치고 있다. 전통적인 금융기관은 민첩하고 고객 중심적인 핀테크 스타트업과 치열한 경쟁에 직면해 있다. 이로 인해 기존 금융기관은 디지털 혁신에 투자하고 기술 역량을 강화하며 오픈뱅킹 원칙을 수용하게 되었다. 또한 핀테크는 금융 포용성을 확대하므로 소외계층의 금융서비스 접근성과 글로벌한 경제 참여를 가능하게 한다. 핀테크가 금융산업에 미치는 영향은 확대되고 있으며 금융산업의 다양한 측면을 지속적으로 재구성하고 있다. 핀테크가 금융산업에 미치는 주요 영향을 살펴보자.

- 향상된 고객 경험: 핀테크는 금융소비자가 금융서비스와 상호작용하는 방식을 혁신했다. 디지털 플랫폼과 모바일 앱은 편리하고 사용자 친화적인 인터페이스를 제공하여 고객이 언제 어디서나 금융서비스를 이용할 수 있도록 한다. 개인화된 상품 및 서비스 제안, 자동화된 프로세스, 실시간 대응으로 신속하고 맞춤화된 고객 경험을 제공한다.
- 금융서비스에 대한 접근성 향상: 핀테크는 금융 포용성을 촉진하는 데 중요한 역할을 했다. 핀테크 기업은 기술과 대체 데이터 소스를 활용하여 금융소외계층의 금융서비스 접근성을 확대했다. 디지털 뱅킹, 모바일 결제, 소액 금융 플랫폼을 통해 개인과 기업은 기존의 장벽을 넘어서 뱅킹, 결제, 대출, 투자 서비스를 받을 수 있다.
- 금융서비스의 탈중개화: 핀테크는 금융소비자에게 직접 서비스를 제공한다. P2P 대출 플랫폼, 크라우드펀딩 플랫폼, 로보어드바이저는 기존 금융기관의 필요성을 없애 개인과 기업이 금융, 투자, 자문 서비스를 직접 이용할 수 있도록 한다. 이러한 탈중개화로 경쟁이 치열해지고 거래비용이 줄어들며 금융소비자의 선택권이 확대되었다.
- 자동화 및 효율성: 핀테크는 다수의 금융 프로세스를 자동화하여 수작업을 줄이고 운영 효율성을 높인다. 자동화된 대출 인수, 알고리즘 거래, 스마트 계약, 로봇 프로세스 자동화(RPA)는 대출, 거래, 규정 준수(compliance), 백오피스 프로세스와 같은 영역에서 운영을 간소화하고 오류를 최소화하며 효율성을 향상한다.
- 데이터 기반 의사결정: 방대한 양의 데이터와 고급 분석 도구를 활용할 수 있게 됨에 따라 금융업계에서 데이터 기반 의사결정이 가능해졌다. 핀테크 기업은 빅데이터 분석, 인공지능, 머신러닝을 활용하여 고객 데이터, 시장 동향, 리스크 요인을 분석한다. 이를 통해 금융기

관은 빅데이터에 기반한 의사결정을 하고 리스크를 완화하며 개인화된 금융 상품 및 서비스를 개발할 수 있다.
- 향상된 리스크 관리: 핀테크는 금융산업에서 리스크 관리 기능을 향상한다. 정교한 분석, 실시간 모니터링, 사기 탐지 알고리즘을 통해 리스크를 조기에 식별하고 완화할 수 있다. 여기에는 신용 리스크 평가, 사기 방지, 자금 세탁 방지, 사이버 보안 조치가 포함되어 금융시스템의 보안과 안정성을 보장한다.
- 규제 문제 및 혁신: 핀테크의 출현으로 금융산업에 대한 규제 문제가 대두되었다. 규제기관은 혁신적인 금융서비스의 맥락에서 소비자 보호, 데이터 프라이버시, 사이버 보안, 규정 준수를 다루기 위해 기존 프레임워크를 조정하고 새로운 규정을 개발하기 위해 노력하고 있다. 규제 샌드박스, 규제기관과 핀테크 기업 간의 협업으로 안전하고 안정적인 금융 환경이 보장되고 혁신이 이루어진다.
- 협업 생태계: 핀테크는 전통적인 금융기관과 핀테크 스타트업 간의 협업을 촉진했다. 전략적 파트너십, 투자, 인수를 통해 지식이 공유되고, 기술이 채택되며, 혁신이 이루어진다. 금융기관은 내부 혁신을 장려하고 핀테크 기업과의 파트너십을 모색하기 위해 자체 연구소 및 인큐베이터를 만들고 있다.

핀테크는 금융소비자의 경험, 금융서비스 접근성, 운영 효율성, 리스크 관리, 규제 프레임워크를 변화시키면서 금융산업에 지대한 영향을 미친다. 금융기관은 디지털 시대에 경쟁력을 유지하고 진화하는 고객의 니즈를 충족하기 위해 혁신을 수용하고 핀테크 기업과 협력하며 변화하는 환경에 적응해야 한다.

핀테크의 핵심 기술

인공지능과 머신러닝

 인공지능과 머신러닝은 핀테크 혁신을 위한 새로운 길을 열었다. 인공지능은 추론, 문제 해결, 의사결정과 같이 일반적으로 인간 지능이 필요한 작업을 기계에서 수행할 수 있도록 하는 인간 지능의 시뮬레이션을 말한다. 인공지능의 하위 집합인 머신러닝은 기계가 데이터로 학습하고 시간이 지남에 따라 성능이 개선되는 알고리즘 및 통계 모델에 중점을 둔다. 인공지능 기반 챗봇과 가상 도우미는 고객 서비스와 지원을 강화하고 머신러닝 알고리즘은 리스크 평가, 사기 탐지, 개인화된 금융 상품 추천을 한다. 인공지능 기반 로보어드바이저는 투자, 자문 서비스를 대중화하여 더 많은 고객이 이용할 수 있다.

1. 핀테크에서의 인공지능의 응용
- 챗봇 및 가상 비서: 인공지능 기반 챗봇 및 가상 비서가 Q&A, 고객 및 금융 거래를 지원하여 고객 경험을 향상하고 서비스 비용을 절감한다.
- 자연어 처리(natural language processing, NLP): 자연어 처리는 기계가 인간의 언어를 이해하고 해석하여 감정, 음성인식, 금융데이터, 고객 피드백, 뉴스의 텍스트를 기반으로 분석한다.
- 사기 탐지: 인공지능 알고리즘은 방대한 양의 데이터를 분석하여 패턴, 이상 징후, 잠재적인 사기 사건을 실시간으로 탐지함으로써 금융 기관이 사기 행위를 식별하고 예방할 수 있도록 지원한다.
- 신용평가 및 대출 인수: 인공지능 기반 신용평가 모형은 신용도를 평

가하고 재무 데이터를 분석하며 대출 인수 프로세스를 자동화하여 대출 관리의 정확성, 효율성, 리스크 평가를 개선한다.
- 포트폴리오 관리: 인공지능 기반 시스템은 금융시장 동향, 금융 시계열 데이터, 투자 패턴을 분석하여 포트폴리오 관리, 자산 배분, 리스크 분산 전략을 최적화한다.
- 규정 준수: 인공지능 알고리즘은 거래를 모니터링하고 의심스러운 활동을 식별하며 자금 세탁 방지 및 신원확인과 같은 규정 준수를 지원한다.

2. 핀테크에서의 머신러닝의 응용

- 리스크 평가 및 예측 분석: 머신러닝 알고리즘은 과거 데이터, 시장 동향, 거시 경제 요인을 분석하여 리스크를 평가 및 예측하여 리스크 관리, 의사결정 프로세스를 향상한다.
- 사기 감지 및 예방: 머신러닝 모델은 데이터의 패턴 및 이상을 통해 학습하여 사기 활동을 식별하고 실시간 감지, 사전 사기 예방을 조치한다.
- 개인화된 금융서비스: 머신러닝 알고리즘은 고객 데이터, 행동, 니즈를 분석하여 개인화된 금융 상품을 추천하고, 타깃 마케팅을 하고, 맞춤형 금융서비스를 제공한다.
- 알고리즘 거래: 알고리즘 거래 시스템에서 머신러닝 기술을 활용하여 금융시장 데이터를 분석하고, 거래 기회를 식별하고, 빠르고 정확한 거래를 실행한다.
- 신용평가 및 대출 인수: 머신러닝 모델은 신용 기록, 재무 데이터, 대체 데이터 소스를 분석하여 신용도를 평가하고, 대출 인수 프로세스를 자동화하고, 대출 결정을 개선한다.

- 로보어드바이저: 머신러닝 알고리즘은 투자자의 프로필, 리스크 허용 범위, 시장 데이터를 분석하여 자동화된 투자 조언, 포트폴리오 관리 서비스를 제공한다.

인공지능과 머신러닝은 고객 서비스, 사기 탐지에서 리스크 관리, 개인화된 금융서비스에 이르기까지 핀테크 산업에서 중요한 의미를 갖는다. 인공지능과 머신러닝을 효과적으로 활용하는 금융기관은 경쟁 우위를 확보하고, 의사결정 프로세스를 개선하며, 고객에게 혁신적이고 맞춤화된 금융 솔루션을 제공할 수 있다. 그러나 인공지능과 머신러닝을 채택하고 구현할 때 윤리적 고려 사항, 규정 준수, 데이터 개인정보 보호 문제를 해결하는 것이 중요하다.

빅데이터 분석

빅데이터 분석은 정보에 기초한 의사 결정을 내리는 데 사용할 수 있는 패턴, 통찰력, 추세를 발견하기 위해 대량의 데이터를 검사하고 분석하는 프로세스를 의미한다. 핀테크 기업은 디지털 시대에 생성되는 풍부한 데이터를 통해 빅데이터 분석을 활용할 수 있게 되었다. 방대한 양의 정형 및 비정형 데이터를 분석함으로써 고객 행동, 시장 동향, 리스크 패턴에 대한 귀중한 통찰력을 얻을 수 있다. 이를 통해 맞춤형 금융 상품을 제공하고, 의사결정 프로세스를 개선하고, 신용평가 및 언더라이팅을 위한 예측 모델을 개발할 수 있다. 디지털 기술이 확산하고 방대한 양의 데이터를 활용할 수 있게 됨에 따라 빅데이터 분석은 핀테크 산업의 중요한 구성 요소가 되었다.

1. 빅데이터 분석의 이해

- 규모(Volume), 다양성(Variety), 속도(Velocity): 빅데이터는 대량의 데이터를 뜻하는 규모(Volume), 다양한 데이터 유형 및 출처를 뜻하는 다양성(Variety), 빠른 데이터 생성 및 처리 속도를 뜻하는 속도(Velocity)라는 3개의 V로 특징지을 수 있다. 빅데이터 분석은 데이터의 이러한 세 가지 측면에서 가치를 생성하도록 설계되었다.
- 데이터 수집 및 저장: 빅데이터 분석은 거래 기록, 고객 상호작용, 소셜미디어, 센서 데이터를 포함하여 다양한 원천에서 수집되고 저장된 정형 및 비정형 데이터를 활용한다.
- 데이터 처리 및 분석: 빅데이터 분석은 고급 알고리즘, 통계 모델, 머신러닝 기술을 사용하여 데이터를 처리하고 분석한다. 여기에는 데이터의 정리, 변환, 통합, 통계 분석이 포함된다.
- 데이터 시각화: 빅데이터 분석은 종종 데이터 시각화 기술을 통합하여 그래프 및 대시보드와 같은 의미 있고 쉽게 이해할 수 있는 형식으로 통찰력과 결과를 제시한다.

2. 금융산업에서 빅데이터 분석의 응용

- 데이터 기반 의사결정: 빅데이터에서 얻은 통찰력을 기반으로 데이터 기반 의사결정을 내릴 수 있다. 이는 기회를 식별하고 리스크를 완화하며 비즈니스 성과를 개선하는 데 도움이 된다.
- 혁신 및 금융 상품 개발: 빅데이터 분석을 통해 시장 동향을 파악하고 고객 요구를 식별하며 새로운 금융 상품 및 서비스를 개발하여 혁신을 주도할 수 있다.
- 리스크 관리: 과거 데이터를 분석하고 패턴을 식별하며 미래 리스크

를 예측함으로써 리스크를 보다 효과적으로 평가하고 관리할 수 있다. 여기에는 시장 리스크 분석, 신용 리스크 평가, 사기 탐지 등이 포함된다. 빅데이터 분석으로 실시간 모니터링, 예측 분석, 조기 경보 시스템 운영이 가능해져 리스크 관리 기능이 향상된다. 이는 잠재적인 리스크를 사전에 식별하고 완화하는 데 도움이 된다.
- 고객 통찰: 거래 내역, 온라인 행동, 인구 통계학적 정보를 포함한 고객 데이터를 분석함으로써 고객의 선호도, 행동, 요구 사항에 대한 귀중한 통찰력을 얻을 수 있다. 이는 타깃 마케팅, 개인화된 금융 상품 제공, 고객 경험 개선에 도움이 된다.
- 투자 및 거래: 퀀트(quant) 및 알고리즘 거래를 통해 대규모 데이터를 분석하고 시장 동향을 파악하며 데이터 기반 투자 결정을 내린다. 또한 투자 회사의 포트폴리오 관리, 리스크 평가를 지원한다.
- 규정 준수 및 사기 탐지: 빅데이터 분석은 돈세탁, 사기 행위와 같은 금융 범죄를 탐지하고 예방하는 데 중요한 역할을 한다. 패턴, 이상 징후, 거래 데이터를 분석하여 의심스러운 활동을 식별하고 규정 요구 사항을 준수하도록 한다.
- 운영 효율성: 빅데이터 분석을 통해 비효율성을 식별하고 워크플로를 간소화하며 수동 작업을 자동화하여 운영 프로세스를 최적화할 수 있다. 결과적으로 비용이 절감되며, 생산성과 전반적인 효율성이 향상된다.

3. 빅데이터 분석이 금융산업에 미치는 영향
- 혁신 주도 및 금융 상품 개발: 빅데이터 분석을 통해 시장 동향을 파악하고 고객 요구를 식별하며 새로운 금융 상품 및 서비스를 개발할

수 있어 혁신을 주도할 수 있다.

빅데이터 분석은 금융기관이 고객 통찰을 추출하고, 의사결정 프로세스를 개선하고, 고객 경험을 향상하고, 리스크를 완화할 수 있도록 하는 핀테크 산업에서 중요한 도구가 되었다. 그러나 성공적으로 구현하기 위해서는 데이터 프라이버시 문제를 해결하고 규정 준수를 보장하며 조직 내에서 데이터 중심 문화를 구축해야 한다. 빅데이터 분석의 힘을 활용함으로써 금융기관은 오늘날의 데이터 중심 경제에서 경쟁 우위를 확보할 수 있다.

블록체인 및 분산원장기술

블록체인 기술은 금융을 비롯한 다양한 산업을 혁신할 수 있는 잠재력으로 큰 주목을 받고 있다. 분산되고 변경 불가능한 블록체인을 통해 중개자 없이 안전하고 투명하게 거래하고 비용을 절감할 수 있다. 핀테크의 블록체인 관련 응용 분야로는 암호화폐 거래, 스마트 계약, 국경 간 결제 등이 있다. 블록체인과 분산원장기술(distributed ledger technology, DLT)은 금융 부문을 포함한 다양한 산업에 혁명을 일으킬 수 있는 잠재력을 지닌 혁신 기술로 부상했다.

1. 블록체인 및 분산원장기술의 이해

블록체인은 노드라고 하는 여러 컴퓨터에서 트랜잭션(transaction)을 기록하는 분산되고 변경 불가능한 디지털 원장이다. 각 트랜잭션은 블록에 추가되며 이전 블록과 연결되어 체인을 형성한다. 블록체인은 암호화 알고리즘을 통해 데이터의 투명성, 보안성, 불변성을 보장한다. 분산원장기술은 다양한 유형의 분산 및 분산원장을 포괄하는 더 넓은 개념으로 블록체인은 그중 하나다. 분산원장기술을 사용하면 여러 참가자가 동기화되고, 공유되고, 업데이트된 원장 버전을 가질 수 있다.

2. 핀테크에서 블록체인과 분산원장기술의 장점 및 특징

- 향상된 보안 및 신뢰: 블록체인의 분산화 및 암호화 특성으로 인해 데이터의 무결성, 불변성, 투명성이 보장되며 사기, 변조, 무단 접속의 리스크가 줄어든다.
- 효율성 향상 및 비용절감: 블록체인 및 분산원장기술로 인해 중개자 없이 자동화 프로세스로 실시간 거래를 할 수 있어 운영 효율성은 높아지고 비용은 줄어든다.
- 금융 포용성: 블록체인 기반 시스템은 뱅킹 서비스를 받기 어려운 고객들에게 금융서비스를 제공하여 디지털 통화, 안전한 거래, 금융서비스의 쉬운 이용이 가능해진다.
- 상호 운용성 및 표준화: 서로 다른 블록체인 네트워크 간의 상호 운용성과 업계 표준 개발은 핀테크 플랫폼 간의 원활한 통합 및 협업을 보장하는 데 필수적이다.
- 확장성 및 성능: 블록체인은 많은 양의 트랜잭션을 처리할 때 확장성 및 성능 측면에서 문제에 직면한다. 샤딩(sharding), 레이어 2 솔루션, 합의 알고리즘과 같은 혁신 기술은 이러한 문제를 해결하는 것을 목표로 한다.
- 협업 및 생태계 개발: 블록체인 및 분산원장기술의 성공은 강력하고 상호 운용 가능한 솔루션을 개발하기 위해 금융기관, 기술제공자, 규

제기관, 산업 컨소시엄을 포함한 이해관계자 간의 협력에 달려 있다.

3. 핀테크에서 블록체인과 분산원장기술의 적용 분야

- 디지털 통화: 블록체인 기술은 비트코인, 이더리움과 같은 암호화폐의 기반이다. 안전하고 투명하게 P2P 거래를 할 수 있어 은행과 같은 중개자가 필요하지 않다.
- 스마트 계약: 스마트 계약은 블록체인에 인코딩된 미리 정의된 규칙이 있는 자체 실행 계약이다. 계약 조건을 자동화하여 실행하므로 중개자가 필요 없고 효율성이 높다.
- 공급망 금융(supply chain finance, SCF): 블록체인은 거래를 기록하고 금융 상품의 진위를 확인하며 참가자를 위한 안전하고 효율적인 금융 옵션을 제공함으로써 투명하고 추적 가능한 공급망 금융을 촉진한다.
- 무역 금융: 블록체인은 문서 자동화, 거래 세부 정보 확인, 기존 종이 기반 시스템과 관련된 시간과 비용절감을 통해 무역 금융 프로세스를 간소화한다.
- 신원확인(know your customer, KYC): 블록체인 기반 신원확인 솔루션은 안전하고 효율적으로 신원을 확인할 수 있어 중복 작업을 줄이고 고객 온보딩[1] 프로세스를 향상한다.
- 증권 결제: 블록체인은 (거의 실시간으로) 투명하고 불변하는 소유권 및 증권 매매를 기록할 수 있어 증권 결제의 효율성을 향상한다.

---

1 신규 고객을 기업의 금융 상품과 서비스에 적용할 수 있도록 적극적으로 육성하고 교육하는 프로세스.

- 국경 간 지급 및 송금: 블록체인 기반 시스템은 중개자가 없고 수수료가 적으며 투명성이 높아 더 빠르고 저렴하며 안전하게 국경 간 지급이 이루어진다.

블록체인과 분산원장기술은 보안, 효율성, 투명성, 포용성을 강화하여 핀테크 산업을 변화시킬 엄청난 잠재력이 있다. 기술이 계속 진화하는 동안 금융기관과 규제기관은 금융 부문에서 블록체인과 분산원장기술의 이점을 최대한 활용하기 위해 협력하고 규제 문제를 해결하며 혁신을 촉진해야 한다.

로봇 프로세스 자동화

로봇 프로세스 자동화(robotic process automation, RPA)는 로봇 또는 봇 소프트웨어를 사용하여 반복적이고 규칙적인 작업 및 프로세스를 자동화하는 기술이다. 금융산업에서 RPA는 백오피스 운영을 간소화하고, 뱅킹 및 대출 처리를 가속화하며, 규정 준수 및 규제 보고를 개선하는 데 활용된다. 핀테크 기업은 수동 프로세스를 자동화하여 비용을 줄이고 효율성을 높이며 오류를 최소화할 수 있다. RPA는 효율성, 정확성, 비용 효율성을 개선할 수 있는 효과로 인해 금융 부문을 포함한 다양한 산업에서 상당한 원동력을 얻었다.

1. RPA의 이해
- 로봇 소프트웨어: RPA는 컴퓨터 시스템 내에서 작업을 수행하기 위해 인간의 행동을 모방하는 로봇 소프트웨어를 사용한다. 이러한 로

봇은 사용자 인터페이스와 상호작용하고 데이터를 추출, 조작하며 미리 정의된 작업을 실행한다.
- 규칙적인 작업: RPA는 구조화된 규칙을 따르고 반복적이고 대량의 활동을 수행하는 작업에 가장 적합하다. 예를 들면 데이터 입력, 보고서 생성, 계정 조정, 규정 준수 검사가 있다.
- 자동화 워크플로: RPA는 특정 워크플로를 따르고 작업을 순차적으로 수행하도록 프로그래밍된다. 여러 시스템 및 애플리케이션과 통합하여 복잡한 프로세스를 처리할 수 있다.
- 적응형 기술: RPA는 기본 인프라를 크게 변경하지 않고도 기존 시스템 위에서 작동한다. 시스템의 기본 코드에 직접 접속할 필요 없이 인간 사용자처럼 사용자 인터페이스와 상호작용한다.

2. 금융산업에서의 RPA 응용
- 데이터 입력 및 처리: RPA는 고객 정보 캡처, 문서 유효성 검사, 양식 입력과 같은 데이터 입력 및 처리 작업을 자동화하여 수동 입력의 오류를 줄이고 효율성을 높인다.
- 계정 조정: RPA는 여러 시스템에서 데이터를 비교하고, 불일치를 식별하고, 운영자가 추가로 검토할 수 있도록 예외를 표시하여 계정을 조정한다.
- 규정 준수 및 감사: RPA는 규제 보고 자동화, 의심스러운 활동에 대한 거래 모니터링, 내부 통제 프로세스 준수를 보장하여 규정 준수 활동을 지원한다.
- 고객 서비스 및 지원: RPA는 고객 문의 처리, 요청 처리, 계좌 잔액 조회, 거래 내역 조회 등의 일상적인 업무를 수행하여 보다 빠르고 정

확하게 답변한다.
- 모기지 및 대출 처리: RPA는 문서 확인, 신용평가, 대출 인수를 자동화하고 처리 시간을 단축하고 고객 경험을 개선함으로써 모기지 및 대출 처리를 간소화한다.
- 사기 감지: RPA는 대량의 데이터를 분석하고, 패턴을 식별하고, 추가 조사를 위해 잠재적인 사기 사건에 플래그를 지정하여 사기 탐지 기능을 실시간으로 향상한다.

3. 금융산업에서 RPA의 의미
- 효율성 및 정확성 향상: RPA는 수동적이고 반복적인 작업을 제거하여 인적 오류 가능성을 줄이고 운영 효율성을 향상한다. 이를 통해 금융기관은 작업을 더 빠르게 처리하고 더 높은 가치의 활동에 인적자원을 할당할 수 있다.
- 비용절감: RPA는 노동 집약적인 작업을 자동화하여 수동 처리, 데이터 입력 및 조정과 관련된 운영비용을 줄인다. 이를 통해 금융기관은 자원 할당을 최적화하고 비용을 절감할 수 있다.
- 확장성 및 유연성: RPA를 통해 조직은 운영을 신속하게 확장하여 인프라나 인력 확장 없이 증가한 거래를 처리할 수 있다.
- 규정 준수 및 리스크 관리 강화: RPA는 규정 준수 및 내부 통제 프로세스를 일관되게 준수하여 규정 미준수의 리스크를 줄이고 규제 목적의 감사 추적(audit trail)을 쉽게 수행한다.
- 인간과 기계 간 협업: RPA는 인간과 로봇 소프트웨어 간의 협업을 가능하게 하여 봇이 반복적인 프로세스를 처리하는 동안 직원들은 보다 복잡하고 부가가치가 높은 작업에 집중할 수 있다.

- 인력 혁신: RPA를 도입하면 조직에서 직원을 재교육하거나 기술을 향상하여 보다 전략적이고 분석적인 역할을 처리하고 더 높은 가치의 활동으로 전환할 수 있다.

금융산업에서 RPA는 반복적인 작업을 자동화하고 효율성을 높이며 비용을 절감하는 혁신적인 기술로 부상했다. 응용 영역은 데이터 입력 및 처리에서 규정 준수, 고객 서비스, 사기 탐지에 이르기까지 다양하다. 그러나 RPA를 성공적으로 구현하기 위해서는 이점을 최적화하고 기존 시스템 및 인적 자원과 원활하게 통합하기 위해 신중한 계획, 프로세스 평가 및 변경 관리가 필요하다. RPA의 강점을 효과적으로 활용하는 금융기관은 점점 더 디지털화되는 환경에서 운영을 간소화하고 고객 서비스를 향상하며 경쟁 우위를 확보할 수 있을 것이다.

생체인증 및 신원확인

지문인식, 안면인식, 음성인식과 같은 생체인증 방법은 신원확인 및 보안 강화를 위해 핀테크에서 두각을 나타내고 있다. 생체인증은 기존 인증 방법에 대한 더욱 안전하고 편리한 대안을 제공하여 신원 도용을 통한 사기 리스크를 줄인다. 이 기술은 특히 모바일 결제, 디지털 뱅킹, 신원확인 프로세스에 적용된다. 생체인증 및 신원확인 기술은 보안을 강화하고, 프로세스를 간소화하며, 편리하고 신뢰할 수 있는 생체인증을 제공하는 수단으로 핀테크 업계에서 두각을 나타내고 있다.

1. 생체인증
- 지문인식: 생체인증 시스템은 지문인식 기술을 사용하여 지문의 고유한 패턴을 기반으로 개인의 신원을 확인한다. 이 방법은 높은 수준의 정확도를 나타내며 모바일 뱅킹 앱 및 결제 플랫폼에서 널리 사용된다.
- 안면인식: 안면인식 기술은 얼굴의 특징과 패턴을 분석하여 개인의 신원을 확인한다. 스마트폰 잠금 해제, 디지털 지갑 접속, 안전한 거래 수행과 같은 애플리케이션에 활용된다. 애플(Apple) 생태계에서 주로 활용되고 있다. 국내에서는 네이버페이가 얼굴인식 기술을 바탕으로 한 클로바 페이스사인 결제를 선보였다.
- 음성인식: 음성인식 기술은 개인의 고유한 음성 특성을 기반으로 개인을 식별하고 확인한다. 음성 지원 뱅킹 서비스, 전화 기반 인증 프로세스에 사용된다.
- 홍채 스캐닝: 홍채 스캐닝 기술은 개인의 눈 홍채에 있는 고유한 패턴을 사용하여 신원을 인증한다. 높은 수준의 정확도를 나타내며 보안 수준이 높은 특정 금융 애플리케이션에 사용된다.
- 행동 생체인식기술(behavioral biometrics): 행동 생체인식기술은 타이핑 속도, 마우스 움직임, 터치스크린 제스처와 같은 개인의 고유한 행동 패턴을 분석하여 신원을 확인한다. 이 기술은 사용자 상호작용 전반에 걸쳐 지속적으로 인증한다.

2. 신원확인
- 문서 검증: 핀테크 플랫폼은 광학문자인식(optical character recognition, OCR)과 인공지능을 활용해 여권이나 운전면허증 등 신분증명서에서 정보를 추출함으로써 진위 여부를 검증한다.

- 신원확인: 종종 고객이 제공한 정보를 다양한 데이터베이스에 대해 교차 확인하여 신원을 확인하고 잠재적인 불일치를 감지하는 작업이 포함된다.
- 데이터 분석 및 머신러닝: 핀테크 기업은 데이터 분석 및 머신러닝 알고리즘을 활용하여 고객 행동 패턴과 이상 현상을 감지하여 잠재적인 신원 사기 또는 의심스러운 활동을 식별하는 데 도움을 준다.
- 블록체인 기반 신원확인: 블록체인 기술을 통해 신원 정보를 안전하게 보관하고 확인할 수 있다. 이를 통해 개인은 자신의 ID 데이터를 제어하고 인증된 당사자와 선택적으로 공유하여 개인정보를 보호하고 보안을 강화할 수 있다.

3. 생체인식 및 신원확인의 의미

- 향상된 보안: 생체인식을 이용한 신원확인은 암호나 PIN과 같은 기존 인증 방법에 비해 더 높은 수준의 보안을 제공한다. 신원 도용, 데이터 위반, 무단 접속의 리스크를 줄인다.
- 향상된 사용자 경험: 생체인식은 원활하고 편리한 사용자 경험을 제공하여 복잡한 암호를 기억하고 입력할 필요가 없다. 사용자 만족도를 높이고 거래 프로세스를 가속화한다.
- 사기 방지: 생체인식 및 신원확인 기술은 신원 사기를 방지하고, 금융 계정 및 서비스에 대한 무단 접속을 차단하여 고객 자산을 보호하고 금전적 손실을 줄이는 데 도움이 된다.
- 개인정보 보호 문제: 생체인식 데이터를 사용하면 개인정보 보호 문제가 발생한다. 핀테크 기업은 이러한 문제를 해결하고 사용자와의 신뢰를 구축하기 위해 강력한 데이터 보호 조치, 규정 준수 데이터 저

장 관행, 투명한 데이터 사용 정책을 보장해야 한다.
- 규정 준수: 고객의 개인정보를 보호하고 자금세탁을 방지하고 신원확인 관련 요구사항을 준수하기 위해 신원확인 및 데이터 보호법과 같은 관련 규정을 준수해야 한다.
- 기술 발전: 생체인식, 인공지능, 머신러닝의 지속적인 발전은 신원확인 기술의 발전에 기여한다. 핀테크 기업은 새로운 솔루션을 효과적으로 활용하기 위해 최신 개발 정보를 계속 반영한다.

생체인식 및 신원확인 기술은 핀테크 산업에서 보안을 강화하고, 사용자 경험을 향상하며, 사기를 방지한다. 또한 디지털 신원확인, 신원확인 관련 요구사항 준수, 금융 거래의 무결성 보장에 중요한 역할을 한다. 그러나 이러한 기술을 효과적으로 활용하고 고객 신뢰를 유지하려면 개인정보 보호 문제를 해결하고 규제 요구 사항을 준수하며 기술 발전에 뒤처지지 않는 것이 중요하다.

이제 핀테크가 금융산업의 영역 중 디지털 뱅킹, P2P 대출, 개인재정 관리 앱, 결제 및 송금, 자산관리 및 투자, 보험 분야에 각각 어떤 영향을 미쳤는지 살펴보자.

뱅킹 분야의 핀테크

디지털 뱅킹 및 온라인 전용 은행

디지털 뱅킹은 개인과 기업의 금융서비스 이용 방식을 바꾸었다. 전통적인 은행은 디지털 플랫폼을 출시하여 고객이 온라인으로 은행 거래를 하고 계좌 정보에 접속하고 결제할 수 있도록 하고 있다. 동시에 네오뱅크(neobank)라고 하는 온라인 전용 은행이 등장하여 혁신적인 기능과 낮은 수수료로 완전한 디지털 뱅킹 서비스를 제공하고 있다. 핀테크는 기술과 혁신을 활용하여 보다 효율적이고 접근성을 확대하며 고객 중심적인 금융서비스를 제공함으로써 뱅킹 및 대출 부문에 혁명을 일으켰다.

1. 디지털 뱅킹
- 모바일 뱅킹 앱: 고객이 스마트폰에서 편리하게 계정을 관리하고, 결제하고, 자금을 이체하고, 다양한 뱅킹 서비스에 접속할 수 있는 사용자 친화적인 모바일 뱅킹 앱이 개발되었다.
- 온라인 계좌 개설: 전통적인 은행과 새로운 디지털 전문은행 모두 원활한 온라인 계좌 개설 프로세스를 제공하여 고객이 물리적인 지점을 방문할 필요가 없게 되었다.
- 개인재정관리 도구: 핀테크 솔루션은 고객이 지출을 추적하고 예산을 설정하며 재정 목표를 달성하는 데 도움이 되는 개인재정관리 도구를 제공한다.
- 향상된 고객 경험: 디지털 뱅킹은 인터페이스가 사용자 친화적이며, 거래 처리기 빠르고, 연중무휴 이용할 수 있어 우수한 고객 경험을 제공한다.

2. 대체 신용평가
- 빅데이터 및 대체데이터 소스: 핀테크 기업은 개인과 기업의 신용도를 평가하기 위해 소셜미디어 프로필, 거래 내역, 공과금 지불과 같

은 빅데이터 및 대체데이터 소스를 활용한다. 이를 통해 보다 정확하게 신용평가를 할 수 있고 소외계층의 신용 정보에 쉽게 접근이 가능하다.
- 인공지능과 머신러닝을 이용한 신용평가: 인공지능과 머신러닝 알고리즘을 활용해 빅데이터를 분석하고 패턴을 파악해 보다 정확한 리스크 평가와 대출 의사결정을 내린다.
- 마이크로크레디트 및 마이크로파이낸스: 핀테크는 기존 금융서비스 이용이 제한된 개인 및 소기업에 마이크로크레디트 및 마이크로파이낸스 서비스를 제공한다. 이러한 서비스는 금융 포용성을 촉진하고 기업가정신을 지원한다. 예를 들어 중국에서 알리바바가 개발한 대체 신용평가를 이용하여 대출을 받은 사업자들의 경우 대출을 받은 익월에 매출과 거래 건수가 각각 13.1%와 10.6% 성장했다는 연구 결과도 있다(Hau et al., 2021).

3. 규제 및 규정 준수 솔루션
- 규제기술: 레그테크(RegTech)는 규제(regulation)와 기술(technology)의 합성어로 우리말로는 규제기술로 번역된다. 기존 금융 사업이나 핀테크 등 혁신적인 사업 모델을 운영할 때 각종 규제와 법규에 효과적으로 대응하고 소비자 신뢰와 규정 준수를 개선시키기 위한 기술이다. 인공지능, 블록체인, 빅데이터 분석 등을 통해 규제 대응을 자동화하고, 이를 실시간으로 활용하는 새로운 접근 방식을 의미한다. 핀테크 솔루션은 규제기술 분야에 적용되어 금융기관이 보다 효율적으로 규제를 준수하도록 지원한다. 규정 준수 프로세스를 자동화하고 모니터링 기능을 강화하며 규정 요구 사항을 준수하도록 지원한다.

- 신원확인(KYC) 및 자금세탁 방지(AML): 핀테크는 디지털 KYC 도구와 자동화된 KYC/AML 프로세스를 도입하여 규제 요구 사항을 준수하므로 더 빠르고 안전한 고객 온보딩이 가능하다.

4. 한국의 디지털 뱅킹 및 온라인 은행 사례

케이뱅크는 KB금융그룹 산하의 국내 첫 번째 온라인 은행으로 계좌 개설 및 관리, 대출 및 신용카드, 펀드 및 상품 판매 등 인공지능 기반 은행 서비스를 제공한다. 카카오뱅크는 한국에서 가장 인기 있는 온라인 은행이다. 모바일을 중심으로 한 간편한 디지털 뱅킹 서비스를 제공하며, 인터넷 뱅킹과 모바일 앱을 통해 계좌 개설, 자금 이체, 예금 상품 가입 등 다양한 은행 업무를 처리할 수 있다. 또한 카카오톡 메신저와 통합하여 송금, 입출금 내역 확인 등이 간편하게 이루어진다. 토스뱅크는 모바일 금융 플랫폼으로서 사용자들에게 디지털 뱅킹 경험을 제공한다. 토스 앱을 통해 은행계좌 개설, 자금 이체, 입출금 내역 조회, 가상 계좌 발급 등의 기능을 제공하며, 편리한 UI/UX 디자인과 신속한 거래 처리로 인기를 얻고 있다.

핀테크는 디지털 뱅킹, 대체 신용평가, 규제 솔루션을 도입하여 뱅킹 부문이 크게 변화되었다. 이러한 발전으로 고객 경험, 신용에 대한 접근성, 리스크 평가가 모두 향상되었으며 규제 프레임워크를 쉽게 준수할 수 있게 되었다. 핀테크가 계속 발전함에 따라 기존의 은행 관행은 더욱 혼란스러워질 것이고 보다 혁신적이고 포괄적인 금융서비스를 위한 길이 열릴 것이다.

P2P 대출 플랫폼

P2P(peer-to-peer) 대출 플랫폼은 자금 수요자와 자금 공급자를 직접 연결함으로써 기존의 대출 시장을 흔들었다. P2P 대출 플랫폼은 기술 및 데이터 분석을 활용하여 대출 실행을 간소화하고 승인 프로세스를 가속화하며 경쟁력 있는 금리를 제공한다. 이 플랫폼은 전통적인 금융기관을 통해 대출시장에 접근하기 어려운 개인 및 중소기업을 위한 대체 금융의 기회가 되었다. 이러한 플랫폼은 기술과 온라인 시장을 활용하여 개인 간 또는 기업 간의 대출 거래를 촉진한다.

1. P2P 대출 플랫폼의 기능

- 등록: 자금 공급자와 자금 수요자는 P2P 대출 플랫폼에 등록하여 개인정보, 금융 기록, 대출 요건과 같은 필요한 정보를 제공한다.
- 대출 목록: 자금 수요자는 대출 금액, 이자율, 대출 목적, 상환 조건을 설명하는 대출 목록을 작성한다. 이러한 목록은 플랫폼의 잠재적 자금 공급자가 사용할 수 있다.
- 차용인 선택: 자금 공급자는 대출 목록을 검토하고 리스크 성향, 신용도, 기타 기준에 따라 자금 수요자를 선택한다. 자금 공급자는 대출금의 일부 또는 전체를 조달할 수 있다.
- 대출 촉진: 대출기관이 대출 자금을 조달하기로 약속하면 P2P 대출 플랫폼은 문서화, 자금 이체 및 대출 서비스를 제공하여 대출 거래를 촉진한다.
- 상환 및 모니터링: 자금 수요자는 P2P 대출 플랫폼을 통해 대출금을 상환하고 플랫폼은 자금 공급자에게 자금을 분배한다. 플랫폼은 또

한 상환 실적을 모니터링하고 필요한 경우 징수 서비스를 자금 공급자에게 제공할 수 있다.

2. P2P 대출 플랫폼의 장점

- 대출 접근성 확대: P2P 대출 플랫폼은 전통적인 금융기관을 통해 대출 서비스를 이용하기 어려운 개인 및 중소기업을 위한 대체 금융 기회를 제공한다.
- 경쟁력 있는 이자율: P2P 대출 플랫폼은 자금 공급자 간의 경쟁을 촉진하여 전통적인 은행을 통한 대출에 비해 자금 수요자에게 더 경쟁력 있는 이자율을 제공할 수 있다.
- 투자 다각화: P2P 대출 플랫폼을 통해 자금 공급자는 자금을 여러 대출에 분산하여 투자 포트폴리오를 다양화하고 리스크를 완화하며 잠재적으로 수익을 높일 수 있다.
- 간소화된 프로세스: P2P 대출 플랫폼은 기술을 활용하여 대출 신청, 승인, 지불 프로세스를 간소화함으로써 자금 수요자와 자금 공급자 모두에게 편리하고 효율적인 사용자 경험을 제공한다.
- 투명성 및 정보: P2P 대출 플랫폼은 자세한 대출 정보, 자금 수요자의 프로필, 리스크 평가 메트릭스 등을 제공하여 자금 수요자의 정보에 입각하여 대출 결정을 내릴 수 있도록 투명성을 강화한다.

3. P2P 대출 플랫폼의 고려 사항

- 리스크 및 부도율: P2P 대출에는 자금 수요자의 부도 및 신용 리스크를 포함한 내재된 리스크가 수반된다. 대출기관은 잠재적 손실 리스크를 최소화하기 위해 플랫폼에서 제공하는 자금 수요자의 프로필,

대출 조건, 리스크 지표를 최신 기술을 활용하여 신중하게 평가해야 한다.
- 규제 준수: P2P 대출 플랫폼은 다양한 규제 프레임워크에 따라 운영된다. 관련 규정을 준수하는 것은 소비자 보호, 공정한 대출 관행, 시장의 투명성을 보장하는 데 필수적이다.
- 투자자 보호: P2P 대출 플랫폼은 리스크 공개, 투명한 수수료 구조, 분쟁 해결 메커니즘과 같은 강력한 투자자 보호 조치를 구현해야 한다.
- 시장 변동성 및 경제 상황: P2P 대출 플랫폼은 경제 변동 및 시장 상황에 영향을 받을 수 있다. 경기 침체는 부도율 증가로 이어져 자금 수요자와 자금 공급자 모두에게 영향을 미칠 수 있다.
- 평판 및 신뢰: P2P 대출 생태계 내에서 긍정적인 평판과 신뢰를 구축하고 유지하는 것은 플랫폼의 장기적인 성공에 매우 중요하다. 플랫폼은 데이터 보안, 개인정보 보호, 윤리적 대출 관행을 우선시하여 자금 수요자와 자금 공급자 간의 신뢰를 강화해야 한다.

4. P2P 대출 플랫폼의 사례

렌딩클럽(LendingClub)은 온라인 경매업체 이베이(eBay)의 창업자인 피에르 오미디야르가 설립한 금융서비스 회사로 증권거래위원회에 증권으로 상품을 등록하고 2차 시장에서 대출 거래를 제공한 최초의 P2P 대출기관이었다. 전성기에 렌딩클럽은 세계 최대의 P2P 대출 플랫폼으로 개인 대출과 사업 목적의 대출을 용이하게 했다. 대출이 필요하면 렌딩클럽 홈페이지에 들어가 신청서를 작성한다. 렌딩클럽은 이 중 10% 정도만 추려내 대출 가능자를 정하고 이들에게 다시 A~G까지 7단계 신용 등급을 매겨 온라인 대출 장터에 올려놓는다. 여유 자금을 운용하고 싶은 개인 투자자들은 대출 신청자 명단을 보고 자신이 원하는 사람에게 투자한다. 이때 투자 금액은 최소 25달러를 기준으로 소액 분산투자를 하게 된다. 대출금리는 신용 등급에 따라 연 6.78~9.99% 수준이다. 몇몇 대출자의 채무 불이행을 감안한다고 하더라도 당시 제로 금리에 가까운 은행 이자에 비해 높은 수익률을 기대할 수 있다. 렌딩클럽은 이 과정에서 대출금의 1~3%를 수수료로 받는다. 조파(Zopa)는 영국의 P2P 대출 플랫폼으로 2005년 설립한 세계 최초의 P2P 금융 플랫폼이다. P2P 대출과 예금, 신용카드 등 다양한 금융서비스를 제공하고 있다. 펀딩서클(Funding Circle)은 영국에서 시작한 글로벌 P2P 대출 플랫폼으로 대출이 필요한 소기업이나 자금 수요자를 자금 공급자 및 기관 투자자 네트워크와 연결한다.

렌딧은 한국의 대표적인 P2P 대출 플랫폼 중 하나다. 플랫폼은 대출을 원하는 개인과 투자자를 연결하여 대출을 중개한다. 국내 P2P업체 중에 부동산 PF나 담보대출, 사업자대출을 거의 하지 않고 개인신용대출을 주로 취급하는 업체는 렌딧이 유일하다. 신용평가를 통해 대출 신청자를 평가하고, 투자자는 여러 대출 신청자에게 분산투자를 할 수 있다. 어니스트펀드는 중소기업 및 개인사업자를 위한 P2P 대출 플랫폼으로서 대출 신청자와 투자자를 연결하여 대출을 중개한다. 신용평가와 자산평가를 통해 대출 신청자를 평가하며, 대출 신청자는 플랫폼에서 대출 요청을 등록할 수 있다. 피플펀드는 소상공인과 중소기업을 위한 P2P 대출 플랫폼이다. 자금 수요자와 자금 공급자를 연결하여 대출을 중개하며, 플랫폼상에서 대출 신청자의 신용평가 및 기업 평가를 진행한다. 투자자는 원하는 대출 신청서를 선택하여 투자할 수 있다. 이외에도 한국P2P금융협회 등을 통해 여러 P2P 대출 플랫폼이 운영되고 있다.

P2P 대출 플랫폼은 대출 신청자에게 더 유연한 대출 옵션을 제공하고, 투자자에게는 새로운 투자 기회를 제공하여 기존 금융시스템에서 제공하기 어려웠던 대출 서비스를 개선하고 있다.

P2P 대출 플랫폼은 차입 및 대출을 위한 대체 수단을 제공함으로써 전통적인 대출 환경을 혼란에 빠뜨렸다. 그들은 경쟁력 있는 이자율, 간소화된 프로세스와 같은 혜택을 제공한다. 그러나 참여자가 관련 리스크를 이해하고, 플랫폼이 규제 요구 사항을 준수하고 투명성을 촉진하며, 차용인과 대출기관 간의 신뢰를 유지하는 것이 중요하다.

개인재정관리 앱

개인재정관리(personal finance manager, PFM) 앱은 다양한 금융기관의 재정 데이터를 집계하여 사용자에게 재정 상태에 대한 전체적인 통찰을 제공하여 개인의 재정 생활을 관리할 수 있도록 지원한다. 사용자에게 수입, 지출, 저축, 투자와 전반적인 재정 건전성을 모니터링할 수 있는 도구와 기능을 제공한다. 이러한 개인재정관리 앱은 개인의 재무 활동을 추적하고 관리하는 효과적인 방법을 모색함에 따라 인기가 높아지고 있다.

1. 개인재정관리 앱의 기능
- 지출 관리: 개인재정관리 앱은 사용자의 지출을 기록하고 분류하여 지출 습관에 대한 포괄적인 개요를 제공한다.
- 예산 책정: 사용자가 재무 목표를 설정하고 다양한 범주에 자금을 할당하고 진행 상황을 추적하는 데 도움이 되는 예산 책정 기능이 포함

되어 있다.
- 재정 목표 설정 및 관리: 사용자는 주택 마련을 위한 저축, 대출금 상환 또는 비상자금 마련과 같은 장단기 재정 목표를 정의하고 이를 달성하기 위한 진행 상황을 추적할 수 있다.
- 청구서 납부 미리 알림: 예정된 청구서 납부에 대한 미리 알림을 통해 연체를 방지한다.
- 재무 통찰력 및 분석: 사용자에게 시각화, 차트, 보고서를 제공하여 지출 패턴을 이해하고 추세를 식별하며 정보에 입각한 재정 결정을 내리는 데 도움을 준다.
- 금융 계좌와의 통합: 은행, 신용카드, 보험, 투자 계좌 등이 통합되어 사용자가 잔액, 거래, 투자 실적을 하나의 앱에서 확인할 수 있다.

2. 개인재정관리 앱의 이점
- 재정 상황 인식: 사용자에게 수입과 지출, 전반적인 재정 상태에 대한 명확한 그림을 제공하여 현재의 재정 상황을 인식하게 한다.
- 지출 관리: 사용자가 지출을 추적하고, 과다 지출 영역을 식별하고, 지출 습관을 조정할 수 있도록 도와준다.
- 재정 목표 달성 관리: 재정 목표를 설정하고 진행 상황을 추적함으로써 사용자가 휴가를 위한 저축, 자녀들의 교육을 위한 저축, 대출상환 등의 여러 동기 부여를 유지하고 목표 달성에 집중할 수 있도록 한다.
- 손쉬운 예산 책정: 예산 책정 프로세스를 단순화하여 사용자가 예산을 설계하고, 목표 대비 지출을 모니터링하고, 필요에 따라 예산을 조정할 수 있도록 한다.
- 미래 재정 계획 수립: 사용자가 재무 상태를 예측하고, 저축 증가액

을 추정하고, 다양한 시나리오 시뮬레이션을 해보며 미래를 계획할 수 있다.

3. 개인재정관리 앱의 의의
- 사용자의 행동 변화: 앱을 사용함으로서 지출 및 소비 습관에 대한 현실을 인식하고, 재정 목표를 위한 저축 및 지출 규율을 설정하고, 정보에 입각한 의사결정을 내리는 등 행동을 변화시킨다.
- 금융 포용성: 특히 전통적인 은행 서비스에 접근할 수 없는 개인에게 사용자 친화적인 재정관리 도구를 제공함으로써 금융 포용성을 촉진할 수 있다.
- 시장 경쟁: 앱이 인기를 끌수록 앱 개발자 간에 경쟁이 치열해지면서 혁신이 지속되고 새로운 기능이 도입된다.
- 핀테크 솔루션과의 통합: 종종 결제 앱, 투자 플랫폼, 디지털 뱅킹 서비스와 같은 다른 핀테크 솔루션과 통합되어 사용자에게 포괄적인 금융 생태계를 제공한다.

4. 개인재정관리 앱의 사례
민트(Mint)는 미국의 가장 잘 알려진 개인재정관리 앱으로 개인의 재정 현황을 한눈에 볼 수 있는 가계부를 중심으로 사용자의 모든 금융 자산, 지출 내역, 부동산 등 비금융 자산까지 한번에 보여준다. 지출 목표를 설정해 관리할 수 있으며, 신용점수와 함께 금융 상품 추천 서비스를 제공해 종합 자산관리 모델로 인기를 끌고 있다. YNAB(You Need a Budget)는 예산 책정에 중점을 두고 사용자가 특정 목적에 예산을 할당하도록 권장하여 재정관리를 돕는다. 퍼스널캐피털(Personal Capital)은 비용 추적, 예산 책정, 투자 추적, 퇴직 계획을 포함한 포괄적인 재무 관리 도구를 제공한다. 포켓가드(PocketGuard)는 사용자의 지출 패턴을 분석하고 청구서를 추적하며 재정 결정을 최적화하는 데 도움이 되는 여러 권장 사항을 제공한다. 굿버짓(Goodbudget)은 봉투를 이용한 예산 관리 방식으로 사용자가 다양한 지출 범주에 자금을 할당하고 그에 따라 비용을 추적할 수 있도록 한다.

한국의 뱅크샐러드는 데이터를 기반으로 자산관리뿐만 아니라 개인 생활 전반을 관리하는 서비스를 제공한다. 기존 가계부 앱의 경우 문자 알림이나 앱 알림을 인식하여 데이터를 가져오는 반면, 뱅크샐러드는 금융사와 직접 연동하여 데이터를 가져오기 때문에 비교적 정확한 금융 데이터를 앱으로 옮겨와 사용할 수 있다는 것이 특징이다. 어니스트펀드라는 P2P 금융 앱과도 연결되어 있어 상품 투자를 추천하고 투자 현황도 보여준다.

개인재정관리 앱은 사용자에게 재정 상태를 추적, 관리, 개선할 수 있는 효과적인 도구를 제공한다. 이러한 앱은 현재 재정 상황에 대해 인식하게 하고, 예산 책정을 용이하게 하며, 재정 목표 달성을 돕고 지출 패턴에 대한 통찰을 제공한다. 다만 사용자가 개인재정관리 앱을 선택하고 사용하는 동안 데이터의 개인정보 보호 및 보안을 반드시 고려해야 하다. 기술이 지속적으로 발전하고 재정관리 솔루션에 대한 수요가 증가함에 따라 개인재정관리 앱은 계속 발전하여 개인이 재정을 관리하고 데이터에 입각한 재정 결정을 내릴 수 있도록 지원한다.

결제 및 송금 분야의 핀테크

모바일 결제 및 디지털 지갑

모바일 결제가 널리 채택되어 사용자가 편리하게 거래할 수 있게 되었다. 애플페이, 구글페이, 삼성페이와 같은 디지털 지갑을 통해 결제 자격 증명을 안전하게 저장하고 오프라인 매장이나 온라인에서 비접촉식 거래를 할 수 있다. 근거리 무선 통신(near field communication, NFC) 기술이 확산되고 비접촉식 결제가 많아지면서 모바일 결제가 급속히 성장하고 있다. 모바일 결제와 디지털 지갑은 스마트폰의 편리함과 편재성을 활용하여 개인이 거래하는 방식을 변화시켰다. 이러한 기술을 통해 사용자는 모바일 장치를 사용하여 결제할 수 있으므로 실제 결제 카드나 현금이 필요하지 않는 세상을 만들어가고 있다.

1. 모바일 결제

모바일 결제는 일반적으로 스마트폰이나 태블릿과 같은 모바일 장치를 사용하여 결제를 시작하고 승인하는 거래를 의미한다. 이러한 결제는 비접촉식 결제, 온라인 구매, 앱 내 구매, 개인 간 이체 등 다양한 방법으로 이루어진다.

모바일 결제는 NFC, QR코드 등의 기술을 활용한다.
- NFC 결제: NFC 지원 스마트폰을 사용하면 비접촉식 결제 단말기에 기기를 가까이 가져가기만 해도 결제가 된다.
- QR코드 결제: 알리페이(Alipay), 위쳇페이(WeChat Pay)와 같은 QR코

드 기반 모바일 결제 솔루션을 사용하면 판매자가 표시한 QR코드를 스캔하여 결제할 수 있다.
- 앱 내 결제: 모바일 앱은 종종 내장 결제 기능을 제공하여 사용자가 음식 주문, 서비스 예약, 디지털 콘텐츠 구매와 같이 앱 내에서 직접 구매할 수 있도록 한다.
- 모바일 지갑 결제: 애플페이, 구글페이, 삼성페이와 같은 모바일 지갑은 사용자의 결제 카드 정보를 안전하게 저장하고 NFC 기술을 사용하여 쉽게 비접촉식 결제를 하도록 한다.

모바일 결제는 편의성, 향상된 사용자 경험 등이 특징이다.
- 편의성: 사용자가 스마트폰을 사용하여 언제 어디서나 결제할 수 있어 편리하고 빠르다.
- 보안: 민감한 결제 정보를 보호하고 사기 리스크를 줄이기 위해 토큰화, 생체 인증과 같은 고급 보안 기능을 사용한다.
- 향상된 사용자 경험: 원활하고 사용자 친화적인 경험을 제공하기 때문에 결제 프로세스가 단순하고 실물 카드나 현금의 필요성이 줄어든다.
- 로열티 프로그램[2]과의 통합: 많은 모바일 결제 솔루션이 기업들의 로열티 프로그램과 통합되어 있어 사용자가 거래에 대한 보상, 할인 또는 캐시백을 얻을 수 있다.

---

[2] 고객 유지 전략 중 하나로 고객이 브랜드로부터 제품을 구매하고 유대 관계를 형성, 지속적 구매를 유도하기 위한 프로그램이다.

모바일 결제는 소비자 행동 변화, 금융 포용성 확대 등의 의미가 있다.
- 소비자 행동 변화: 모바일 결제는 소비자 행동에 영향을 미쳐 사용자가 스마트폰 거래에 익숙해지도록 함으로써 현금이나 카드와 같은 물리적인 결제가 자연스럽게 줄어든다.
- 금융 포용성 확대: 모바일 결제는 기존 은행계좌 없이도 스마트폰을 사용하여 디지털 결제를 할 수 있으므로 뱅킹 서비스에 제한이 있는 개인에게 금융서비스를 확장할 수 있다.
- 기존 결제 방식의 혁신: 모바일 결제는 편의성, 보안성, 기능성이 탁월하여 현금 및 카드와 같은 기존 결제 방식을 혁신한다.

2. 디지털 지갑

디지털 지갑은 사용자의 결제 카드 정보를 안전하게 저장하여 편리하고 안전하게 디지털 거래를 할 수 있는 모바일 앱이다.

디지털 지갑은 카드 저장 및 관리, 비접촉식 결제 등이 특징이다.
- 카드 저장 및 관리: 디지털 지갑은 사용자의 결제 카드 정보를 저장하여 원하는 결제 방법을 추가, 관리, 선택할 수 있다.
- 비접촉식 결제: NFC 기술과 통합되어 사용자가 비접촉식 결제 단말기에 스마트폰을 가까이 가져가기만 해도 결제가 된다.
- 앱 내 구매: 디지털 지갑은 앱 내 구매를 위한 원활한 경험을 제공한다.
- P2P 이체: 많은 디지털 지갑은 개인 간 이체 기능을 제공하여 사용자가 휴대폰 번호 또는 이메일 주소를 통해 돈을 주고받을 수 있다.

디지털 지갑은 전자상거래 및 뱅킹 서비스와 통합된다.

- 전자상거래와의 통합: 온라인 구매를 위한 결제 프로세스를 단순화함으로써 사용자 경험을 향상하고 장바구니에 담긴 상품의 구매 중도 포기율을 줄인다.
- 모바일 뱅킹 및 금융서비스: 종종 뱅킹 서비스와 통합되어 사용자가 단일 앱을 통해 계정 잔액을 확인하고, 자금 이체 및 기타 금융서비스를 이용할 수 있다.
- 시장 경쟁 및 협력: 디지털 지갑의 등장으로 기술 회사, 금융기관, 결제 서비스 제공업체 간에 경쟁이 심화되어 결제 산업의 혁신과 협력이 촉진된다.
- 보안 및 신뢰: 강력한 보안 조치, 데이터 암호화, 사용자 인증을 우선시하여 소비자들의 신뢰를 구축하고 금융 정보를 보호한다.

디지털 지갑의 사례는 애플페이, 구글페이, 삼성페이 등 다양하다. 애플페이는 애플 기기용 디지털 지갑으로 사용자가 아이폰, 애플워치, 아이패드를 사용하여 결제할 수 있다. 구글페이는 안드로이드 기기에서 결제를 지원하고 구글 어시스턴트, 크롬과 같은 구글 서비스와 통합되어 있다. 삼성페이는 삼성 기기용으로 설계된 디지털 지갑으로 사용자가 삼성 갤럭시 스마트폰이나 워치를 사용하여 결제할 수 있다. 페이팔은 사용자가 은행계좌, 신용카드 또는 페이팔 잔액을 연결하여 온라인 및 모바일 결제를 안전하게 할 수 있으며 널리 사용되고 있는 디지털 지갑이다.

모바일 결제 및 디지털 지갑은 개인이 거래하는 방식을 혁신하여 편의성, 보안, 향상된 사용자 경험을 제공하고 있다. 기술이 계속 발전함에 따라 모바일 결제 및 디지털 지갑은 더욱 발전하여 결제 및 금융서비스의 미래를 형성할 것으로 예상된다.

국경 간 지급 및 송금

핀테크의 등장으로 국경 간 지급 및 송금이 크게 발전하여 전통적인 방법과 관련된 문제를 해결한다. 블록체인 기술, 디지털 지갑, 암호화폐 플랫폼을 활용한 혁신적인 솔루션으로 더 빠르고 저렴하며 투명한 국경 간 거래를 지원한다. 핀테크 기업은 일반적인 은행을 통한 국제 송금 방식 대비 더 낮은 수수료와 환율을 적용하여 국경 간 지급 및 송금 시장에 혁신을 일으키고 있다. 국경 간 지급 및 송금은 글로벌 상거래를 촉진하고 개인이 가족과 지역 사회를 지원하기 위해 국경을 넘어 자금을 송금하는 데 중요한 역할을 한다.

1. 전통적인 은행을 통한 국경 간 지급 및 송금의 문제점
- 높은 비용: 거래, 환전, 중개 수수료가 높아 수령인이 받는 금액이 크게 줄어든다.
- 느린 거래 시간: 결제에 며칠 또는 몇 주가 걸릴 수 있어 자금을 즉시 사용할 수 없다.
- 투명성 부족: 기존 국경 간 결제 프로세스가 불투명하여 송금인과 수령인이 거래 세부 정보를 추적하고 확인하기 어렵다.

2. 핀테크를 통한 국경 간 지급 및 송금의 의미
- 비용절감: 국경 간 결제를 위한 핀테크 솔루션은 거래, 환전, 중개 수수료를 줄여 개인과 기업이 더 많은 자금을 보유할 수 있다.
- 금융 포용성: 개발도상국의 소외계층에도 금융서비스를 제공하여 그들이 글로벌 경제에 참여하고 국경을 초월한 지급 및 송금 서비스

를 이용할 수 있다.
- 향상된 효율성: 기술을 활용하여 국경 간 결제를 보다 신속하게 처리하여 국제 거래를 간소화하고 글로벌 상거래를 활성화한다.

3. 국경 간 결제를 위한 핀테크 솔루션
- 디지털 지갑: 페이팔(PayPal), 페이티엠(Paytm)과 같은 디지털 지갑 플랫폼에서 사용자가 모바일 장치를 통해 국제적으로 돈을 주고받을 수 있으며, 기존 방법에 비해 수수료가 낮고 거래에 소요되는 시간은 더 짧다.
- 암호화폐(Cryptocurrencies): 비트코인(Bitcoin), 리플(Ripple)과 같은 암호화폐는 국경 간 결제 솔루션의 대체재로 주목받고 있다. 그들은 전통적인 은행 시스템에 비해 거래 정산 시간이 짧고 비용은 더 낮다.
- 모바일 머니 서비스: 엠페사(M-Pesa), 에어텔머니(Airtel Money)와 같은 모바일 머니 플랫폼에서 개인이 휴대폰을 사용하여 편리하게 자금을 이체할 수 있다.
- 디지털 송금 제공업체: 와이스(Wise), 레미틀리(Remitly)와 같은 온라인 플랫폼은 기존 방법에 비해 더 낮은 비용과 더 빠른 속도로 송금할 수 있다.
- 블록체인 기반 송금 플랫폼: 블록체인 기술은 더 빠르고 안전하며 비용 효율적인 국경 간 송금을 제공하는 송금 플랫폼에 활용된다. 리플넷(RippleNet), 스텔라(Stellar)와 같은 블록체인 기반 플랫폼은 분산원장기술을 활용하여 국경 간 지급을 용이하게 하고 투명성, 속도, 비용 효율성을 개선했다.

국경 간 지급 및 송금은 전통적으로 비용, 속도, 접근성에 문제가 있었다. 디지털 지갑, 암호화폐, 블록체인 기반 플랫폼과 같은 핀테크 솔루션은 이러한 문제를 해결하고 국경 간 결제 환경을 혁신할 수 있는 기회를 제공한다. 이러한 솔루션은 비용을 절감하고 효율성을 개선하며 금융 포용성을 촉진하여 전 세계적으로 개인과 기업, 경제에 혜택을 줄 수 있는 잠재력이 있다. 핀테크가 계속 확장됨에 따라 원활하고 안전한 국가 간 지불 및 송금을 보장하기 위해 규제 고려 사항, 보안 조치, 상호 운용성을 해결하는 것이 중요하다.

P2P 결제 플랫폼

P2P 결제 플랫폼으로 개인은 스마트폰을 통해 직접 돈을 주고받을 수 있다. 페이팔의 벤모(Venmo)와 같은 P2P 결제 앱은 청구서 분할, 비용 공유, 비공식 결제 등의 서비스를 제공하며 특히 젊은 층 사이에서 큰 인기를 얻었다. 이러한 P2P 결제 플랫폼은 디지털 기술과 모바일 앱을 활용하여 원활한 거래를 촉진하므로 개인이 모바일 앱이나 온라인 플랫폼에서 은행계좌나 디지털 지갑으로 직접 자금을 이체할 수 있다. 거래를 쉽게 할 수 있도록 사용자의 은행계좌 또는 신용카드를 연결하며, 종종 청구서 분할, 결제 요청, 소셜 결제와 같은 추가 기능을 제공한다. 이렇게 P2P 결제 플랫폼은 편의성, 사회적 통합, 즉각적인 자금 이체를 특징으로 하며, 개인이 서로 직접 돈을 주고받을 수 있는 편리하고 효율적인 방법으로 인기를 얻고 있다.

1. P2P 결제 플랫폼의 장점
- 편의성: P2P 결제 플랫폼은 즉시 돈을 주고받을 수 있는 편리한 방법을 제공하므로 현금이나 수표가 필요하지 않다.
- 접근성: 모바일 앱을 통해 P2P 결제 플랫폼에 접근할 수 있어 이동 중에도 거래가 가능하다.
- 비용 분할: 사용자가 청구서를 분할하여 친구나 그룹 간에 비용을 더 쉽게 나눌 수 있다.
- 보안: 암호화 및 인증 수단을 활용하여 거래의 보안을 보장하고 사용자의 금융 정보를 보호한다.

2. P2P 결제 플랫폼의 의미
- 무현금 사회: P2P 결제 플랫폼은 사용자가 일상적인 거래에서 물리적인 통화에 덜 의존하기 때문에 무현금 사회로의 전환에 기여한다.
- 전통적인 은행 서비스의 대체: 사용자에게 더 편리하고 비용 효율적인 대체 결제 옵션을 제공함으로써 기존 은행 서비스에 도전한다.
- 금융 포용성 증가: 전통적인 은행 서비스에 접근할 수 없는 개인에게 금융서비스를 제공하여 금융 포용성을 촉진한다.
- 개인정보 보호 및 보안 문제: P2P 결제 플랫폼이 개인 및 금융데이터를 처리함에 따라 개인정보 보호 및 보안 문제가 발생하므로 강력한 보안 조치 및 사용자 교육이 필요하다.

3. P2P 결제 플랫폼의 사례

벤모(Venmo)는 2009년에 설립되어 2013년부터 페이팔이 소유한 미국에서 인기 있는 P2P 결제 플랫폼으로 사용자가 친구, 가족과 쉽고 빠르게 돈을 주고받을 수 있다. 또한 친구 간의 거래 활동을 표시하는 소셜 피드를 제공한다. 젤러(Zelle)는 뱅크오브아메리카(Bank of America), 트루이스트(Truist), 캐피털원(Capital One), JP모건체이스(JPMorgan Chase), PNC뱅크(PNC Bank), U.S.뱅크(U.S. Bank), 웰스파고(Wells Fargo)가 소유한 민간 금융서비스 회사에서 운영하는 미국 기반 디지털 결제 네트워크로 미국 주요 은행과 통합된 P2P 결제 서비스로 사용자가 실시간으로 은행계좌에서 수취인 계좌로 직접 송금할 수 있다.

자산관리 및 투자 분야의 핀테크

로보어드바이저와 알고리즘 트레이딩

로보어드바이저(robo-advisor)는 인공지능 및 머신러닝 알고리즘을 활용하여 자동화된 투자 자문, 포트폴리오 관리 서비스를 제공한다. 이러한 플랫폼은 사용자의 재정 목표, 리스크 허용 범위, 시장 데이터를 분석하여 개인화된 투자 전략을 생성한다. 로보어드바이저는 자산관리를 대중화하여 일반 개인 투자자들이 저렴하게 이용할 수 있는 투자 솔루션을 제공한다.

1. 로보어드바이저

로보어드바이저는 컴퓨터 알고리즘을 사용하여 자산관리 및 투자 관련 자문을 제공하고, 투자 포트폴리오를 관리하는 자동화된 투자 플랫폼이다. 이러한 플랫폼은 일반적으로 설문조사를 활용하여 투자자의 리스크 허용 범위, 투자 목표, 시계를 평가한다. 이 정보를 바탕으로 로보어드바이저는 주식, 채권, ETF 등 다양한 자산 조합으로 구성된 개인화된 투자 포트폴리오를 생성한다. 로보어드바이저의 특징으로는 쉬운 접근성, 비용 효율성, 자동화 등을 꼽는다.

- 접근성: 최소 투자 요구사항과 사용자 친화적인 인터페이스를 제공하여 더 많은 금융소비자가 투자할 수 있다.
- 비용 효율적: 전통적으로 전문 인력이 개입되는 자산관리 및 투자 관련 자문에 비해 낮은 수수료를 청구하므로 비용에 민감한 투자자에게 매력적인 선택이다.
- 다양화: 투자자의 리스크 프로필에 맞는 다양한 포트폴리오를 생성하여 리스크를 완화하고 잠재적으로 수익을 늘리는 데 도움을 준다.
- 자동화: 포트폴리오 재조정 및 자산 배분을 자동화하여 투자 전략이 투자자의 개인화된 목표, 리스크 허용 범위와 일치하도록 한다.
- 투명성: 투명한 보고, 지속적인 성과 추적을 제공하여 투자자가 투자 과정과 성과를 쉽게 모니터링할 수 있다.
- 투자자 교육: 투자자에게 다양한 교육 자료와 지침을 제공하여 금융 이해력을 높임으로써 정보에 입각한 투자 의사결정을 내릴 수 있게 한다.
- 개인화된 투자: 알고리즘을 활용하여 각 투자자의 고유한 재무 상황, 목표, 리스크 허용 범위에 맞게 투자 포트폴리오를 조정한다.
- 휴먼 터치 대 자동화: 로보어드바이저는 편의성과 비용 효율성이라는 이점이 있지만 인간에 의한 기존의 투자 조언보다 개인화된 인간 상호작용, 전문 지식이 부족할 수 있다.

로보어드바이저 사례로 베터먼트, 웰스프론트 등을 꼽을 수 있다. 2008년 8월 창립된 베터먼트(Betterment)는 디지털 투자, 퇴직, 현금 관리 서비스를 제공하는 미국의 금융 자문 회사로서 사용자의 투자 목표와 리스크 감수 수준을 고려하여 포트폴리오를 자동으로 구성하고 관리한다. 간편하고 투명한 서비스를 제공하여 수백만 명의 고객을 확보하고 있으며, 투자 전문가들의 지식과 알고리즘을 결합하여 효율적으로 자산을 배분한다. 웰스프론트(Wealthfront)는 2008년 설립한 미국의 로보어드바이저 기업으로서 저렴한 수수료와 자동화된 투자 서비스를 제공한다. 고객의 투자 프로필을 분석하여 최적의 포트폴리오를 구성하고, 세금 효율적인 전략과 자동 리밸런싱을 통해 투자 수익을 극대화하고자 한다. 뱅가드는 미국의 대표적인 자산운용사로서 로보어드바이저 서비스인 뱅가드 퍼스널 어드바이저 서비스(Vanguard Personal Advisor Services)를 제공하고 있다. 이 서비스는 로보어드바이저의 자동화 기능과 전문 투자 자문가의 인간적인 요소를 결합한 종합적인 자산관리 서비스다.

2. 알고리즘 트레이딩

알고리즘 트레이딩은 금융 시장에서 컴퓨터 알고리즘을 사용하여 트레이딩하는 전략을 의미한다. 이러한 알고리즘은 빅데이터를 분석하고, 패턴을 식별하고, 미리 정의된 규칙과 매개 변수를 기반으로 거래를 실행한다. 알고리즘 트레이딩은 차익 거래, 추세 추종, 시장 조성 등 다양한 거래 전략에 사용될 수 있다.

알고리즘 트레이딩은 빠른 속도와 효율성, 인간의 편견 감소 등의 장점이 있다.

- 속도 및 효율성: 빠르고 정확하게 거래를 실행할 수 있어 거래자가

시장의 기회를 신속하게 활용할 수 있다.
- 감정 및 인간적 편견 감소: 알고리즘 트레이딩은 사전에 정의된 규칙, 데이터 분석을 기반으로 거래가 실행되므로 감정적이고 충동적인 의사결정을 제거한다.
- 유동성 증가: 지속적인 매수 및 매도 활동으로 시장유동성이 증가해 가격 효율성에 기여한다.
- 백테스팅 및 최적화: 알고리즘을 과거 데이터로 백테스팅하여 성능을 평가하고 거래 전략의 수익성을 개선시키기 위해 최적화할 수 있다.

그러나 알고리즘 트레이딩은 시장 변동성과 체계적 리스크를 키울 수 있다.
- 시장 변동성 심화: 알고리즘 트레이딩은 잦은 거래로 인해 시장 변동성을 키울 수 있다. 알고리즘이 시장 움직임에 빠르게 대응하여 잠재적으로 가격 변동을 증가시킬 수 있기 때문이다.
- 체계적 리스크 증가: 알고리즘 오작동 또는 코딩 오류는 시장을 심각하게 혼란에 빠뜨려 의도하지 않은 결과를 초래할 수 있다.

로보어드바이저와 알고리즘 트레이딩은 기술과 자동화를 활용하여 두 사 환경을 변화시킨다. 로보어드바이저는 쉽게 접근 가능하고 비용 효율적인 투자 자문 및 포트폴리오 관리를 제공하며, 알고리즘 트레이딩은 효율적이고 데이터에 기반한 거래를 실행한다. 이러한 기술은 접근성, 비용 효율성, 거래 효율성 향상과 같은 잠재적 이점을 제공한다. 그러나 투자자와 규제기관은 적절한 리스크 관리, 투명성, 규제 프레임워크 준수를 보장하기 위해 경계를 늦추지 않아야 한다.

온라인 증권거래 플랫폼

온라인 증권거래 플랫폼은 개인이 금융시장에 직접 참여할 수 있도록 함으로써 투자 환경을 변화시킨다. 이러한 플랫폼은 거래 기능, 실시간 시장 데이터 제공, 분석 도구, 교육 자료를 제공한다. 또한 낮은 수수료, 더 나은 사용자 경험, 확장된 투자 옵션을 제공한다. 온라인 증권거래 플랫폼은 사용자가 편리하게 접속할 수 있으며 사용자 친화적인 인터페이스를 제공하여 거래를 실행하고 시장 정보를 접하며 투자 포트폴리오를 관리할 수 있도록 한다.

1. 온라인 증권거래 플랫폼의 의의

- **거래 및 투자 기능**: 온라인 증권거래 플랫폼은 사용자가 주식, 채권, ETF, 선물, 옵션 등 다양한 금융 상품을 매매할 수 있는 거래 및 투자 기능을 제공한다. 이러한 플랫폼은 일반적으로 실시간 시장 데이터, 차트 작성 도구, 주문 배치 기능, 포트폴리오 추적 기능을 제공한다. 투자자는 온라인 증권거래 플랫폼에서 회사의 주식을 매수하기 위해 시장 주문을 하거나, 특정 가격에 증권을 매도하기 위해 지정가 주문을 설정하거나, 정보에 입각한 거래 결정을 내리기 위해 차트 도구를 사용하여 기술적 분석을 수행할 수 있다.

- **접근성 및 편의성**: 사용자는 웹 기반 플랫폼 또는 모바일 앱을 통해 언제 어디서나 금융 시장에 접속할 수 있다. 투자자는 자신의 전자기기에서 편리하게 포트폴리오를 모니터링하고, 거래를 하고, 분석 자료 또는 교육 자료를 볼 수 있다. 이러한 접근성과 편리함은 신입 상벽을 크게 낮추고 보다 많은 개인들이 투자할 수 있도록 한다. 투자

자는 온라인 증권거래 플랫폼에서 제공하는 모바일 앱을 사용하여 포트폴리오 성과를 모니터링하고, 실시간 시장 뉴스 알림을 받고, 이동 중에 거래를 할 수 있다.

- 비용 효율성: 기존 중개 서비스에 비해 낮은 수수료로 경쟁력 있는 가격 구조를 제공한다. 일부 플랫폼은 특정 증권에 대해 수수료 없이 거래를 제공하거나 거래가 많은 투자자에게 수수료를 할인해 주기도 한다. 이러한 비용 효율성을 통해 투자자는 거래 전략을 최적화하고 잠재적으로 투자 수익을 높일 수 있다. 이는 거래를 자주 하거나 투자 금액이 적은 사람들에게 특히 유리하다.
- 연구 및 교육 자원: 다수의 온라인 증권거래 플랫폼은 투자자가 정보에 입각한 결정을 내릴 수 있도록 분석 도구, 시장 분석, 교육 자료를 제공한다. 이러한 플랫폼은 회사 보고서, 애널리스트 보고서, 금융 뉴스, 교육 자료를 접할 수 있어 사용자가 시장 동향에 대한 정보를 유지하고 더 나은 투자를 선택할 수 있도록 도와준다. 투자자는 투자 결정을 내리기 전에 특정 회사의 재무 성과에 관한 정보를 수집하기 위해 온라인 증권거래 플랫폼에서 분석 보고서, 애널리스트 추천 목록 등을 확인할 수 있다.
- 투자자 커뮤니티 및 소셜 기능: 일부 온라인 증권거래 플랫폼은 사용자가 동료 투자자와 상호작용하고, 투자 아이디어를 공유하고, 다른 사용자의 거래 또는 포트폴리오를 팔로우할 수 있는 소셜 기능을 제공한다. 이러한 기능을 통해 공동체 의식을 형성하고, 투자자가 서로에게서 배우고, 통찰을 교환하며, 잠재적으로 새로운 투자 기회를 발견할 수 있다. 투자자는 토론 그룹에 참여하거나 온라인 증권거래 플랫폼에서 다른 사용자를 팔로우하여 대화에 참여하고, 거래 전략을

교환하고, 경험 많은 투자자로부터 통찰을 얻을 수 있다.
- 규제 고려 사항: 온라인 증권거래 플랫폼은 규제 프레임워크에 따라 운영되어 투자자 보호, 시장 무결성, 관련 법률 및 규정 준수를 보장해야 한다. 이러한 플랫폼은 일반적으로 사용자 정보의 보안 및 개인정보 보호를 유지하기 위해 신원확인 요구 사항, 자금 세탁 방지 규정, 기타 업계 표준을 준수해야 한다.

2. 온라인 증권거래 플랫폼 사례

TD에머리트레이드(TD Ameritrade)는 찰스슈왑(Charles Schwab)이 모회사인 미국의 온라인 주식거래 플랫폼이다. 다양한 투자 상품에 대한 거래와 편리하고 직관적인 사용자 인터페이스를 제공한다. 실시간 시세 정보, 전문적인 분석 도구, 교육 자료 등 다양한 서비스를 제공하여 투자자들의 요구를 충족시킨다. 이트레이드(E*TRADE)는 모건스탠리(Morgan Stanley)가 모회사인 온라인 주식거래 플랫폼이다. 다양한 주식, 옵션, 선물 등에 대한 거래 기회를 제공하며, 투자에 필요한 도구와 분석 자료를 제공한다. 또한 편리한 앱과 웹 플랫폼을 제공하여 투자자들이 언제 어디서든 주식을 거래할 수 있다. 로빈후드(Robinhood)는 2013년 설립된 미국의 온라인 주식거래 플랫폼으로서 혁신적인 사례로 알려져 있다. 수수료 없는 거래를 제공하여 사용자들에게 저렴한 거래 비용을 제공하고 있다. 또한 직관적인 사용자 인터페이스와 실시간 시세 정보, 알림 기능 등을 통해 사용자들에게 편의성을 제공하고 있으며, 특히 청년 투자자들 사이에서 인기가 있다.

온라인 증권거래 플랫폼은 개인이 증권을 거래하고 투자하는 방식을 혁신했다. 이러한 플랫폼은 사용자가 온라인에서 편리하게 주식거래를 하고 최신 시장 정보를 얻고, 투자 포트폴리오를 관리할 수 있게 할 뿐만 아니라 비용 효율적이며, 사용자 친화적인 인터페이스를 제공한다. 그러나 온라인 증권거래 플랫폼을 이용할 때 관련 리스크를 이해하고 투자 목표, 리스크 허용 범위를 신중하게 고려해야 한다.

크라우드펀딩 및 P2P 투자

핀테크는 기업가와 중소기업이 크라우드펀딩 플랫폼을 통해 자본을 조달하는 방식에 혁명을 일으켰다. 크라우드펀딩을 통해 개인은 초기 단계의 벤처에 투자하거나 창의적인 프로젝트에 자금을 지원할 수 있다. P2P 투자 플랫폼은 투자자와 자금 수요자를 연결하여 대출 거래를 촉진하고 이자 지급을 기반으로 수익을 창출한다. 이러한 모델을 통해 개인 또는 기업은 종종 온라인 플랫폼에서 대규모 투자자 풀로부터 직접 자금을 조달할 수 있다. 크라우드펀딩은 다수의 개인에게 소액의 자금을 모집하는 반면, P2P 투자는 개인 간 직접 대출이나 투자를 촉진한다. 두 모델 모두 투자자와 기업가 모두에게 고유한 기회와 의미를 제공한다.

1. 크라우드펀딩

크라우드펀딩은 일반적으로 온라인 플랫폼을 통해 다수의 개인으로부터 소액의 기부금을 모아 자본을 조달하는 방법이다. 창의적인 프로젝트를 진행하는 기업가, 예술가 또는 개인이 기존의 자금조달 채널을 통하지 않고 잠재적인 후원자와 직접 연결될 수 있다.

크라우드펀딩에는 기부형, 보상형, 주식형 등 다양한 형태가 존재한다.

- 기부형 크라우드펀딩(donation-based crowdfunding): 기부형 크라우드펀딩에서 개인은 금전적 수익을 기대하지 않고 프로젝트나 대의명분을 지원하기 위해 자금을 기부한다. 금전적 이득을 추구하기보다는 미션이나 아이디어를 지원하는 데 초점을 맞춘다. 영화 제작자는 기후 변화 인식에 관한 다큐멘터리를 제작하기 위해 기부형 크라우드펀딩 플랫폼을 통해 기금을 모금한다.

- 보상형 크라우드펀딩(reward-based crowdfunding): 보상형 크라우드펀딩에서 후원자는 상품의 사전 주문, 독점 상품 수령, 상품 및 서비스에 대한 차별적인 참여와 같은 비금전적 보상에 대한 대가로 자금을 투자한다. 기술 스타트업은 보상형 크라우드펀딩 캠페인을 통해 자금을 투자한 개인에게 혁신적인 상품 및 서비스에 대한 조기 참여를 보상으로 제공한다.

- 주식형 크라우드펀딩(equity-based crowdfunding): 주식형 크라우드펀딩은 회사의 주식이나 지분을 다수의 투자자에게 판매하여 자본을 조달한다. 투자자는 주주가 되며 회사가 성공하면 수익을 얻을 수 있는 가능성이 있다. 스타트업은 주식형 크라우드펀딩 플랫폼을 통해 투자자에게 회사 주식을 제공하여 성장과 성공에 참여하게 한다.

- 대출형 크라우드펀딩(lending-based crowdfunding): P2P 대출이라고도 하는 대출형 크라우드펀딩을 통해 개인 또는 기업은 온라인 플랫폼의 대출 풀에서 자금을 차입할 수 있다. 자금 수요자는 지정된 기간 동안 이자와 함께 자금을 상환한다. 기업가는 중소기업 성장 자금을 조달하기 위해 대출형 크라우드펀딩 플랫폼을 통해 여러 자금 공급자로부터 사업 대출을 받을 수 있다.

크라우드펀딩을 통해 좀 더 쉽게 자금을 조달하고 상품 및 서비스의 시장성을 검증할 수 있다.
- 자본에 대한 접근성: 크라우드펀딩은 혁신적인 아이디어를 가진 기업가, 예술가, 개인이 기존 금융기관에서는 받기 어려운 대출을 신청할 수 있는 플랫폼을 운영한다.
- 시장성 검증: 크라우드펀딩 캠페인의 성공 여부를 통해 금융 상품, 서비스 또는 프로젝트에 대한 대중의 관심과 수요를 입증하는 일종의 시장성 검증 역할을 한다.
- 투자자 참여: 크라우드펀딩을 통해 개인은 자신이 열정을 가진 프로젝트에 참여하는 지지자 또는 투자자가 되어 소유권을 행사하고 유대감을 형성할 수 있다.
- 홍보 및 마케팅: 크라우드펀딩 캠페인은 기업가와 예술가가 프로젝트를 홍보하고 지지자 커뮤니티를 구축하는 데 도움이 되어 상당한 홍보 및 마케팅 효과를 볼 수 있다.

2. P2P 투자

P2P 투자는 개인 또는 기업이 전통적인 금융기관을 거치지 않고 온라인 플랫폼을 통해 자금 수요자에게 직접 투자하는 것을 의미한다. P2P 투자는 자금 수요자와 투지 기회를 찾는 투사사를 연결히여 자금 수요자가 자본을 활용하는 동안 투자지는 투자에 대한 수익을 얻을 수 있다. P2P 투자는 투자 포트폴리오 다양화, 수익률 잠재력 등의 장점이 있다.

- 다양화: P2P 투자는 개인의 자금을 다양한 자금 수요자 또는 투자안에 할당하여 투자 포트폴리오를 다양화할 수 있는 기회를 제공하여

잠재적으로 전체 리스크를 줄인다.
- 수익률 잠재력: P2P 투자는 투자자들에게 전통적인 저축 계좌나 채권 투자에 비해 매력적인 수익률을 제공할 수 있다.
- 신용 접근성: P2P 투자는 전통적인 금융기관에서 투자를 받기 어려운 개인이나 기업에게 대체 금융의 기회를 제공한다.
- 리스크 관리: P2P 투자는 일반적으로 자금 수요자의 신용도를 평가하고 불이행 리스크를 완화하기 위해 리스크 평가 프로세스와 신용 평가 모델을 구현한다.

크라우드펀딩과 P2P 투자는 개인과 기업이 펀딩을 통해 자금을 투자하는 방식을 혁신했다. 이러한 모델은 기업가가 자본을 조달하고, 투자자가 포트폴리오를 다각화하고, 개인이 신뢰할 수 있는 프로젝트를 지원하는 기회를 제공한다. 다만 참여자가 관련 리스크를 이해하고 관련 규정을 준수하는 것이 중요하다.

보험 분야의 핀테크

인슈어테크(InsurTech) 및 디지털 보험 플랫폼

인슈어테크는 보험(insurance)과 기술(technology)의 결합을 의미한다. 블록체인, 인공지능, 사물인터넷, 빅데이터 기술을 통해 소비자 중심의 상품을 개발하고 다양한 보험 서비스를 제공하여 보험업계에 변화를 가져오고 있다. 기술을 활용하여 혁신적인 금융 상품을 제공하고 고객 경험을 개선하며 운영을 합리화함으로써 보험 산업을 혁신하고 있다. 그리고 디지털 보험 플랫폼을 통해 고객은 온라인으로 보험에 가입하고, 정보를 관리하고 보험금을 디지털 방식으로 청구할 수 있다. 인슈어테크는 맞춤형 보험상품, 사용 기반 보험 모델, 고급 리스크 평가가 가능하다.

인슈어테크는 기술, 디지털 플랫폼, 혁신적인 비즈니스 모델을 채용하여 보험산업을 변화시키고 있다. 여기에는 인공지능, 머신러닝, 빅데이터 분석, 블록체인, 클라우드 컴퓨팅을 포함한 광범위한 기술이 포함된다. 인슈어테크는 보험 프로세스 간소화, 고객 경험 향상, 계약심사(underwriting)의 정확성 개선, 운영 효율성 향상을 목표로 한다. 인슈어테크의 핵심 구성 요소 중 하나는 디지털 보험 플랫폼의 개발이다. 디지털 보험 플랫폼은 고객이 보험사와 상호작용하고, 보장 범위를 관리하고, 디지털 방식으로 청구할 수 있는 온라인 플랫폼이다. 이러한 플랫폼은 기술을 활용하여 원활하고 편리한 보험 경험을 제공하고, 기존 유통 채널을 파괴하며, 보험상품을 이용하고 관리하는 방식을 변화시킨다.

디지털 보험 플랫폼의 부상은 업계에 여러 가지 의미가 있다.
- 향상된 고객 경험: 디지털 보험 플랫폼은 사용자 친화적인 인터페이스를 통해 고객에게 연중무휴 24시간 보험 서비스를 제공한다. 고객은 온라인으로 쉽게 보험상품을 비교하여 가입할 수 있으므로 대면 회의나 긴 서류 작업이 필요 없다. 보험 계약자는 보장 범위를 관리하고, 정보를 업데이트하며, 보험금을 디지털 방식으로 청구할 수 있으므로 편의성과 고객 만족도가 향상된다.
- 향상된 상품 맞춤화: 디지털 플랫폼을 통해 보험사는 특정 고객층에

맞는 보험상품을 제공할 수 있다. 데이터 분석, 고객 통찰을 활용하여 개인의 요구를 충족하는 개인화된 정책, 보장 옵션을 개발할 수 있다. 이러한 수준의 금융 상품 맞춤화를 통해 고객 참여와 보험상품의 관련성을 높일 수 있다.

- 효율적인 인수 및 리스크 평가: 디지털 보험 플랫폼은 고급 분석 및 데이터 처리 기능을 활용하여 인수 프로세스를 간소화한다. 보험사는 고객 프로필, 소셜미디어, 외부 데이터베이스와 같은 여러 소스에서 방대한 양의 데이터를 수집하고 분석하여 리스크를 정확하게 평가할 수 있다. 이를 통해 인수 의사결정을 빠르게 내리고, 수작업의 개입을 줄이며, 인수 정확성을 높일 수 있다.

- 자동화 및 운영 효율성: 디지털 플랫폼은 다양한 보험 프로세스를 자동화하여 관리 부담을 줄이고 운영 효율성을 향상한다. 정책 관리, 청구 처리, 문서 관리와 같은 작업은 워크플로의 자동화, 백오피스 시스템과의 통합을 통해 간소화될 수 있다. 자동화를 통해 오류를 최소화하고 속도를 향상하며 더 많은 부가가치를 얻을 수 있다.

- 데이터 기반 통찰 및 예측 분석: 보험 프로세스의 디지털화로 인해 방대한 양의 데이터가 생성되어 실행 가능한 통찰 및 예측 분석에 활용할 수 있다. 보험사는 데이터 분석 및 머신러닝 알고리즘을 활용하여 고객 행동, 리스크 추세, 시장의 변화에 대한 통찰을 얻을 수 있다. 이를 통해 데이터 기반 의사결정을 내리고, 마케팅 전략을 개발하며, 사전에 리스크를 관리할 수 있다.

- 파트너십 기회 및 생태계 통합: 디지털 보험 플랫폼으로 기존 보험사가 인슈어테크 스타트업, 기술 제공업체, 기타 생태계 참가자와 협력할 수 있는 기회가 열렸다. 보험사는 외부 플랫폼과 통합하고 애플리

케이션 프로그래밍 인터페이스(API)를 활용하여 사물인터넷 기반 리스크 모니터링, 텔레매틱스 데이터 통합, 디지털 건강 플랫폼과 같은 추가 서비스를 제공할 수 있다. 이러한 파트너십을 통해 보험사는 새로운 고객층을 확보할 수 있다.
- 규제 및 보안 관련 고려 사항: 디지털 보험 플랫폼은 규제 및 보안 관련 고려 사항을 제기한다. 보험사는 데이터 프라이버시 규정을 준수하고 고객 데이터를 보호하며 사이버 위협으로부터 보안을 유지해야 한다. 또한 규제기관은 혁신과 소비자 보호의 균형을 맞추는 적절한 프레임워크를 만들기 위해 진화하는 디지털 환경에 적응해야 한다.

인슈어테크와 디지털 보험 플랫폼은 고객 경험을 향상하고, 운영 효율성을 개선하며, 데이터 기반 의사결정을 가능하게 함으로써 보험 산업을 변화시키고 있다. 디지털 플랫폼의 부상은 보험사에 맞춤화, 자동화, 생태계 통합을 위한 새로운 기회를 제공한다. 그러나 디지털 보험 환경에서 신뢰와 확신을 유지하려면 규정 준수 및 데이터 보안에 세심한 주의를 기울여야 한다.

사용 기반 보험 및 텔레매틱스

사용 기반 보험(usage-based insurance, UBI)은 GPS나 센서와 같은 텔레매틱스 기술을 활용하여 개인의 운전 행동과 사용 패턴에 관한 데이터를 수집하는 자동차 보험의 한 형태다. UBI는 자동차 보험산업을 혁신하고 책임감 있는 운전자의 보험료를 낮출 수 있다. 차량에 설치된 GPS 추적기 및 센서와 같은 텔레매틱스 장치를 통해 속도, 가속, 제동,

주행 거리, 심지어 위치와 같은 정보를 수집한다. 보험사는 이 데이터를 분석하여 보험료를 결정하고 개별 리스크 프로필을 기반으로 보장 범위를 개인화함으로써 더 안전한 운전 습관을 장려하고 더 공정한 가격을 책정할 수 있다.

- 맞춤형 보험료: UBI를 통해 보험 회사는 실제 운전 습관 및 행동에 따라 맞춤형 보험료를 제공할 수 있다. 전통적인 보험 모델은 보험료를 결정하기 위해 통계 데이터와 인구통계학적 요인에 의존하는데 이는 개인의 리스크 프로필을 정확하게 반영하지 못한다. UBI를 통해 안전한 운전자는 더 낮은 보험료로 보상을 받을 수 있는 반면 고위험 운전자는 더 높은 보험료를 지출해야 하므로 책임 있는 운전 습관을 장려할 수 있다.
- 공정한 가격 책정: UBI로 인해 실제 리스크에 맞춰 보다 공정하게 보험료를 책정할 수 있다. UBI는 개인을 광범위한 리스크 범주로 분류하는 대신 특정 운전 패턴과 행동을 고려한다. 이러한 접근 방식은 통계적 리스크 요인으로 인해 더 높은 보험료를 지불할 수도 있지만, 책임감 있는 운전자에게는 유리하다.
- 안전한 운전 습관: UBI는 보험 계약자가 자신의 운전 행동이 보험료에 직접적인 영향을 미친다는 사실을 알게 됨에 따라 더 안전한 운전 습관을 갖게 한다. UBI는 과속, 급제동, 공격적인 가속과 같은 요인을 모니터링하여 운전자에게 피드백을 제공하여 운전 행동을 교정함으로써 안전한 운전 관행을 따르도록 한다. 이를 통해 사고를 줄이고 도로를 안전하게 유지할 수 있다.
- 향상된 리스크 평가: 보험사는 텔레매틱스 데이터를 통해 개인의 리

스크 프로필를 보다 포괄적이고 정확하게 이해할 수 있다. 운전 패턴과 행동을 분석함으로써 보험사는 사고에 기여하는 위험한 행동을 식별하고 향후 청구 가능성을 평가할 수 있다. 리스크 평가를 개선함으로써 보다 정확한 인수 및 가격 전략을 수립할 수 있다.
- 청구 처리 효율성: 보험사는 텔레매틱스 데이터를 통해 사고 또는 사건에 관한 자세한 정보를 수집할 수 있어 청구 프로세스를 신속하게 처리할 수 있다. 수집된 데이터를 통해 사고를 재구성하여 보고된 청구가 정확한지 확인할 수 있다. 이렇게 합리적으로 분쟁을 처리함으로써 더 빠르게 합의를 끌어내고 고객 만족도를 높일 수 있다.
- 금융 상품 혁신 및 맞춤화: 보험사는 UBI를 통해 특정 고객층에 맞는 혁신적인 보험상품을 개발할 수 있다. 텔레매틱스 데이터를 분석하여 운전을 빈번하게 하지 않는 보험 가입자를 위한 사용량 기반 보험과 같은 틈새시장을 개척할 수 있다. 또한 운전자 코칭 또는 운전 행동에 대한 실시간 피드백과 같은 부가가치 서비스를 제공할 수도 있다.

UBI와 텔레매틱스의 성공 가능성과 더불어 여전히 고려해야 할 과제가 있다.
- 금융소비자의 채택 및 시장 수용: UBI의 성공은 소비자의 광범위한 채택 및 수용에 달려 있다. 데이터 수집 및 개인정보 보호 문제에 대한 저항이나 회의론을 극복하기 위해 교육 및 인식 캠페인이 필요할 수 있다.
- 데이터 정확성 및 해석: 텔레매틱스 데이터의 정확성과 신뢰성을 보장하는 것은 공정한 인수 및 리스크 평가에 매우 중요하다. 보험사는 데이터를 정확하게 처리하고 해석하며 정보에 입각한 결정을 내리기

위해 강력한 시스템과 알고리즘이 필요하다.
- 규제 고려 사항: UBI는 규제 프레임워크를 탐색하고 개인정보 및 데이터 보호법을 준수해야 한다. 보험사는 개인 운전 데이터 수집 및 사용에 대한 법적, 윤리적 의미를 염두에 두어야 한다.
- 데이터 프라이버시 및 보안: UBI의 구현으로 데이터 프라이버시 및 보안에 대한 우려가 제기된다. 텔레매틱스 장치가 개인의 운전 행동에 대한 자세한 정보를 수집함에 따라 보험 회사가 이 데이터를 책임감 있게 처리하고 보호하는 것이 중요해졌다. 데이터 보호 규정을 준수하고 데이터 사용 및 개인정보 보호 조치에 대해 보험 계약자와 투명하게 의사소통하는 것은 신뢰를 유지하고 개인정보 문제를 해결하는 데 필수적이다.

UBI와 텔레매틱스 기술로 인해 개인화된 보험료를 책정하고 안전한 운전 습관을 촉진하며 리스크 평가를 강화함으로써 자동차 보험 산업을 혁신할 수 있게 되었다. UBI를 채택하면 보험료를 공정하게 책정하고, 안전을 개선하고, 고객 만족도를 향상할 수 있다. 보험사는 텔레매틱스의 이점을 활용하여 혁신을 주도하고 보험 계약자를 위한 부가가치 서비스를 개발하여 제공하는 동시에 데이터 개인정보 보호 및 보안의 복잡성을 조사해야 한다.

기타 응용 분야

1. 청구 자동화 및 사기 탐지
핀테크 솔루션은 청구 처리를 자동화하고 보험 부문에서 사기 탐지를 개선한다. 인공지능 및 빅데이터 분석 알고리즘은 청구 데이터를 분석하고 의심스러운 패턴을 식별하며 사기 행위를 최소화하면서 합법적인 청구를 신속하게 처리한다. 청구 자동화는 관리 비용을 줄이고 효율성을 개선하며 고객 만족도를 높인다.

2. P2P 보험 플랫폼

P2P 보험은 소비자 스스로 리스크 그룹을 구성하고 자체적으로 리스크를 부담하되, 보험기간 만료 시 지급보험금을 제외한 잔액을 환급받을 수 있는 제도이다. P2P 보험 플랫폼은 보험회사가 개입하지 않고 플랫폼 내부적으로 리스크를 전면적으로 분담한다. 이 모델은 투명성, 신뢰를 통해 개인이 보험 적용 범위를 더 잘 관리할 수 있도록 한다.

3. 파라메트릭 보험 및 스마트 계약

파라메트릭 보험(parametric insurance)은 기상 조건이나 자연재해와 같이 미리 정한 객관적인 기준이 충족되는 사건이 발생하면 보험금이 지급된다. 블록체인 기술로 구동되는 스마트 계약은 미리 정한 조건에 따라 자동으로 보험 계약을 실행한다. 파라메트릭 보험 및 스마트 계약은 더 빠른 청구 건을 해결하고 수동 프로세스를 자동화하며 보험 거래의 투명성을 높인다.

핀테크 규제 환경

핀테크의 급속한 성장으로 인해 규제 당국은 소비자 보호를 보장하고 금융 안정성을 유지하며 새로운 리스크를 해결하기 위한 프레임워크와 지침을 개발하고 있다. 규제 접근 방식은 관할권에 따라 다르며 일부는 규제 샌드박스와 혁신 허브를 수용하여 규제기관과 업계 참가자 간의 책임 있는 혁신과 협력을 촉진한다.

1. 규정 준수

핀테크 기업은 라이선스, 데이터 보호, 자금 세탁 방지 규정, 사이버 보안과 관련된 규제 문제에 직면해 있다. 규정이 다양해지고 진화하면서 이를 준수하는 것은 신생 기업과 기존 금융기관 모두에게 대단히 어려운 문제다. 규제의 불확실성과 기존 법률의 다양한 해석으로 인해 혁신을 이루기 어렵고 규정 준수를 위한 비용이 증가할 수 있다.

2. 규제 샌드박스 및 혁신 허브

규제 샌드박스 및 혁신 허브를 통해 핀테크 기업이 규제기관과 협력하여 금융 상품 및 서비스를 테스트할 수 있는 통제된 환경을 갖출 수 있다. 이러한 이니셔티브는 리스크를 관리하면서 업계와 규제기관의 대화를 끌어내고 규정 준수와 혁신을 장려한다. 샌드박스는 규제기관이 새로운 기술을 이해하고 적절한 규제 프레임워크를 개발할 수 있는 플랫폼을 제공한다.

3. 소비자 보호 및 데이터 프라이버시

소비자 보호 및 데이터 프라이버시는 핀테크 생태계에서 가장 중요하다. 규제기관은 고객에 대한 공정한 대우, 이용약관의 투명성, 개인 데이터 보호에 중점을 둔다. 일반 데이터 보호 규정(general data protection

표 2.1 한국 금융분야의 주요 법적 변화 및 혁신(2015~2021)

연도		주요 내용
2015	전자금융거래법 개정 금융실명법 유권 해석	공인인증서 사용 의무 폐지 비대면 실명 확인 허용
2016	인터넷 전문은행 최초 인가	케이뱅크 은행업 인가
2017	P2P 대출 가이드라인 제시 자본시장법 시행령 및 금융투자업규정 개정	P2P 대출 서비스 시행 로보어드바이저의 대고객 투자 자문 및 일임 허용
2018	금융혁신지원 특별법 제정 인터넷전문은행법 제정	금융규제 샌드박스 도입(2019년 시행) 금산분리 완화 및 규제 적용 유예(2019년 시행)
2019	금융결제 인프라 혁신 방안	오픈뱅킹 시행
2020	신용정보법 개정	마이데이터 사업 도입
2021	금융혁신지원 특별법 개정	혁신금융사업자 지정 기간 연장 가능

자료: 금융위원회.

regulation)을 준수하는 것은 핀테크 기업이 신뢰를 구축하고 고객 신뢰를 유지하는 데 매우 중요하다.

4. 한국의 핀테크 지원 및 규제 환경

한국은 핀테크 산업을 활성화하고 지원하기 위해 다양한 정책과 규제 개혁을 추진하고 있다. 2015년 「전자금융거래법」을 개정하여 공인인증서 사용 의무를 폐지한 이후 인터넷 전문은행의 설립을 위한 시초가 된 비대면 실명 확인을 허용했다. 2016년 최초의 인터넷 전문은행인 케이뱅크의 은행업을 인가했다. 2017년 P2P 대출 서비스와 로보어드바이저의 대고객 투자 자문 및 일임을 허용했으며, 2018년 「금융혁신지원특별법」을 제정하여 금융규제 샌드박스를 도입하고 금산분리 완화 및 적용 유예를 결정했다. 2019년에는 금융결제 인프라 혁신 방안으로 오픈뱅킹을 시행하고 2020년 「신용정보법」을 개정하여 마이데이터[3] 사업을 도입했다. 2021년에는 「금융혁신지원 특별법」을 제정하여 혁신금융사업자 지정 기간을 연장했다. 이렇듯 핀테크 지원을 위한 규제 환경을 개선하여 핀테크 산업을 적극 지원하고 있다.

향후 핀테크 동향 및 시사점

1. 핀테크의 신기술

핀테크의 미래는 양자컴퓨팅, 사물인터넷, 5G 연결, 탈중앙화 금융(DeFi)을 포함한 새로운 기술이 만들어갈 것이다. 이러한 기술은 금융산업에서 새로운 가능성을 열고, 보안을 개선하고, 더 빠르게 거래하고, 비즈니스 모델을 재정의할 수 있는 잠재력이 있다.

2. 핀테크와 전통 금융기관의 협업

핀테크 스타트업과 전통 금융기관의 협업은 계속해서 진화할 것이다. 파트너십과 전략적 제휴를 통해 기존 기업은 핀테크의 혁신을 활용할 수 있으며 신생 기업은 기존 고객 기반, 규제 전문 지식, 인프라를 활용하는 이점을 누릴 수 있다. 협업을 통해 시너지 효과가 커지고 디지털 혁신을 가속화하며 금융산업의 혁신을 촉진할 수 있다. 핀테크 신생 기업과 전통적인 금융기관이 협력한다면 잠재력 있는 미래로 나아갈 수 있을 것이다.

---

3 분산되어 있는 개인의 신용정보를 한곳에 모아 제공하는 서비스.

- 시너지 창출: 핀테크 기업과 전통적인 금융기관은 각각의 강점을 활용하여 시너지 파트너십을 창출할 수 있다. 전통적인 금융기관은 확립된 고객 기반, 규제 전문 지식, 광범위한 자원을 보유하고 있으며, 핀테크 기업은 혁신 기술, 민첩한 비즈니스 모델, 고객 중심 솔루션을 제공한다. 이들의 강점을 결합함으로써 진화하는 고객의 요구를 충족시키는 혁신적인 금융 상품과 서비스를 개발할 수 있다.
- 공존과 협력: 핀테크와 전통적인 금융기관은 서로를 경쟁자로 보는 대신 금융 생태계에서 협력하고 공존할 수 있다. 그들은 합작 투자, 전략적 제휴, 투자 기회를 개발하기 위해 협력할 수 있다. 이 협력을 통해 전통적인 금융기관은 핀테크 혁신의 잠재력을 활용할 수 있으며, 핀테크 기업은 전통적인 금융기관의 고객 기반, 유통 채널, 규제 프레임워크을 활용할 수 있다.
- 규제 준수: 규제 준수는 금융산업의 중요한 측면이다. 핀테크 기업은 종종 복잡한 규제 환경을 탐색하는 데 어려움을 겪는다. 규제 요구사항을 충족해야 하는 핀테크 기업은 전통적인 금융기관으로부터 지침과 지원을 받을 수 있다. 전통적인 금융기관은 규제 표준을 준수하면서 핀테크 기업의 민첩성과 혁신의 혜택을 누릴 수 있다.
- 고객 중심 솔루션: 핀테크 기업은 고객 중심의 접근 방식과 혁신적인 디지털 솔루션에 강점이 있다. 전통적인 금융기관과 협력함으로써 기존 인프라, 고객 기반, 전통적인 금융기관의 신뢰를 활용하여 고객 경험을 향상할 수 있다. 반면에 전통적인 금융기관은 핀테크 솔루션을 활용하여 서비스를 디지털화하고, 프로세스를 간소화하며, 고객에게 개인화된 경험을 제공할 수 있다.
- 디지털 전환: 핀테크 기업과 전통적인 금융기관이 협력함으로써 금

융산업의 디지털 전환이 가속화되고 있다. 핀테크 기업은 모바일 뱅킹, 디지털 결제, 로보어드바이저, 블록체인 기술과 같은 분야에서 전문 지식을 제공하여 전통적인 기관이 디지털 혁신을 이루고 빠르게 진화하는 환경에서 경쟁력을 유지할 수 있도록 한다.

핀테크와 전통적인 금융기관 간의 협력의 목적은 각각의 강점을 활용하고, 혁신을 포용하고, 규제 준수를 촉진하고, 고객을 우선시하는 데 있다. 이러한 협력으로 산업 전반의 변화를 주도하고 디지털 우선 시대에 고객의 진화하는 니즈를 충족시키기 위해 더 나은 금융서비스를 제공하게 되었다.

3. 소외계층에 대한 금융 포용성 및 접근성

핀테크는 소외계층에게 저렴하고 편리한 금융서비스를 제공함으로써 금융소외 문제를 해결할 수 있다. 모바일 뱅킹, 소액금융 플랫폼, 디지털 지갑과 같은 혁신적인 솔루션은 사회 구성원들 간의 금융 격차를 해소하고 소외된 지역사회의 개인과 기업에 힘을 실어준다. 핀테크의 소외계층에 대한 포용성과 접근성은 핀테크 산업의 중요한 사회적 책임이다.

- 디지털 금융서비스 제공: 핀테크는 디지털 기술을 활용하여 비용 효율적인 금융서비스를 제공하기 때문에 소외계층에게 도움이 된다. 예를 들어 핀테크는 모바일 금융 앱을 통해 은행계좌 개설, 결제, 송금, 대출 신청 등의 서비스를 제공하며, 이를 통해 비용과 시간을 절약할 수 있다.
- 소셜 포용성 촉진: 핀테크는 소셜미디어, 소셜네트워크, 커뮤니티 기

반 플랫폼 등을 활용하여 소외계층 간의 정보 공유와 상호작용을 촉진할 수 있다. 이를 통해 소외계층은 금융 지식과 경험을 공유하고, 자신의 금융 상황을 개선하기 위한 지원을 받을 수 있다.

- 데이터 기반 신용평가: 핀테크는 빅데이터와 인공지능 기술을 활용하여 소외계층의 신용평가를 개선할 수 있다. 기존의 신용평가 모델은 소외계층의 신용 이력이 없거나 제한적인 경우 대출 등의 금융서비스를 받기 어려웠다. 핀테크는 다양한 데이터 소스를 활용하여 소외계층의 상환 능력과 신용 리스크를 평가하고, 신용을 확장할 수 있는 방안을 제공할 수 있다.

- 마이크로크레디트와 마이크로보험: 핀테크는 마이크로크레디트와 마이크로보험 금융 상품을 개발하여 소외계층에 재정적 지원을 할 수 있다. 전통적인 금융기관은 소액 대출이나 저렴한 보험상품을 제공하기 어려운 경우가 많다. 핀테크는 디지털 플랫폼과 빅데이터 분석을 통해 소액 대출과 저렴한 보험상품을 개발하여 소외계층이 이용할 수 있도록 한다.

- 금융 교육 및 상담 서비스: 핀테크는 금융 교육 및 상담 서비스를 제공하여 소외계층의 금융 지식과 능력을 향상할 수 있다. 이를 통해 소외계층은 재정관리 기술을 습득하고, 금융 목표를 설정하고 실현하는 도움을 받을 수 있다. 예를 들어 사업자의 의무보험 가입 대상 여부를 간편하게 확인할 수 있는 네이버 '사장님 보험 가이드' 서비스는 복잡하고 어려운 사업자 보험 영역에 대한 정보 접근성을 높여주고 있다.

핀테크의 포용성과 접근성은 사회적으로 중요한 문제다. 이를 위해 핀테크 기업, 정부, 금융기관, 사회기관 등이 협력함으로써 소외계층의 금융 포용성을 높이고, 경제적으로 보다 포괄적인 사회를 구현할 수 있다.

4. 새로운 비즈니스 모델의 등장

핀테크는 전통적인 비즈니스 모델을 재구성하고 새로운 시장 기회를 창출할 수 있는 잠재력이 있다. 전통적인 금융기관은 경쟁력을 유지하기 위해 혁신에 적응해야 한다. 임베디드 금융, 플랫폼화, 탈중앙화 금융과 같은 새로운 비즈니스 모델은 전통적인 금융산업에 도전하고 금융서비스를 위한 혁신적인 솔루션을 제공한다.

- 임베디드 금융(embedded finance): 임베디드 금융은 다른 비금융 기업 또는 플랫폼과 통합되어 금융서비스가 제공되는 개념이다. 예를 들어 전자상거래 플랫폼이나 소셜미디어 플랫폼에서 결제 서비스나 대출 서비스를 제공하는 것이다. 임베디드 금융은 사용자가 편리하게 금융서비스를 이용할 수 있게 하며, 비금융 기업이 고객에게 추가적으로 가치를 제공하고 매출을 늘릴 수 있는 기회를 제공한다.
- 플랫폼화(platformization): 플랫폼화는 핀테크 기업이 플랫폼을 구축하거나 기존 플랫폼과 협업하여 다양한 금융서비스를 제공하는 것을 의미한다. 이는 사용자가 한곳에서 다양한 금융서비스를 이용할 수 있는 편의성을 제공하며, 핀테크 기업이 다양한 파트너와 협력하여 더욱 풍부한 서비스 경험을 제공하도록 한다. 예를 들어 핀테크 플랫폼은 투자, 대출, 보험 등 다양한 금융서비스를 한곳에서 제공하고, 사용자는 플랫폼을 통해 다양한 서비스를 선택할 수 있다.
- 탈중앙화 금융(decentralized finance, DeFi): 탈중앙화 금융은 블록체

인과 스마트 계약 기술을 활용하여 중앙기관 없이 금융 거래와 서비스를 제공하는 개념이다. 탈중앙화 금융은 중개 역할을 하는 중앙기관 없이 사용자 간 직접 거래할 수 있고, 자동화된 스마트 계약을 통해 신뢰성과 투명성을 보장한다. 예를 들어 탈중앙화 금융 플랫폼은 예금, 대출, 거래, 투자 등의 서비스를 블록체인 네트워크상에서 제공하고, 사용자는 중앙기관 없이 서비스를 이용할 수 있다.

이러한 새로운 비즈니스 모델은 금융서비스를 혁신하고 효율성을 높이는 데 기여하고 있다. 임베디드 금융은 사용자 경험과 서비스 편의성을 향상하며, 플랫폼화는 다양한 금융서비스를 통합하여 사용자에게 다양한 선택지를 제공한다. 탈중앙화 금융은 중앙기관 없이 보다 개인적이고 신뢰성 높은 금융 거래를 할 수 있어 금융서비스의 접근성과 투명성을 개선한다. 이러한 새로운 비즈니스 모델은 핀테크 산업의 미래에 큰 영향을 미칠 것으로 기대된다.

5. 윤리적 고려 및 책임 있는 혁신

핀테크가 계속 발전함에 따라 데이터 프라이버시, 알고리즘 편향, 책임 있는 기술 사용을 둘러싼 윤리적 고려 사항이 점점 더 중요해지고 있다. 규제기관, 업계 관계자, 이해관계자가 협력하여 윤리적 지침을 수립하고 책임 있는 혁신을 이루어 핀테크의 발전이 사회 전체에 혜택이 되어야 한다.

- 고객 개인정보 보호: 핀테크 기업은 고객의 개인정보를 적절하게 보호해야 한다. 이는 「개인정보 보호법」과 관련 법규를 준수하고, 데이

터를 안전하게 보호하고, 암호화 시스템을 구축하여 고객의 신뢰를 유지해야 함을 의미한다.
- 투명성과 공정성: 핀테크 기업은 서비스 제공에 있어 투명성과 공정성을 유지해야 한다. 이는 금융 상품과 서비스의 가격, 수수료, 이해하기 쉬운 조건 등을 명확히 고객에게 제시하고, 의사결정에 필요한 정보를 투명하게 알려야 함을 의미한다.
- 알고리즘 편향과 공정성: 핀테크에서는 알고리즘과 머신러닝을 활용하여 의사결정을 지원하는 경우가 많다. 그러나 이러한 알고리즘은 편향성을 가질 수 있으며, 이는 사회적 문제를 야기할 수 있다. 따라서 핀테크 기업은 알고리즘의 편향을 감지하고 교정하는 메커니즘을 도입하여 공정한 의사결정을 보장해야 한다.
- 금융 교육과 적절한 조언: 핀테크 기업은 고객에게 금융 교육과 적절한 조언, 안내를 제공해야 한다. 이는 고객이 핀테크 서비스를 올바르게 이용하고 금융과 관련한 결정을 내리는 데 도움을 주는 것을 의미한다.
- 법규 준수와 규제 요구 사항: 핀테크 기업은 해당 국가의 금융 규제 요구 사항과 법규를 준수해야 한다. 이는 금융 안전성을 유지하며, 시장의 신뢰를 확보하기 위함이다.

핀테크 기업은 이러한 윤리적 고려와 책임 있는 혁신을 실천함으로써 금융산업의 발전과 고객의 이익을 동시에 추구할 수 있다.

한국 금융 플랫폼의 성장 전략

핀테크의 여러 요소들 중 가장 핵심적인 요소는 플랫폼화에 있다. 한국에서 핀테크 플랫폼 강자를 육성하고 발전시키기 위해 기존 IT 회사들과 정부 당국은 다음과 같은 대응 방법과 규제 완화 방향을 고려할 수 있다.

기존 IT 회사들의 대응 전략

1. 협력과 파트너십 구축

핀테크 분야에서 기존 IT 회사들이 핀테크 플랫폼 강자가 되기 위해 협력하고 파트너십을 구축하는 것은 중요한 전략이다. 협력과 파트너십을 구축함으로써 전문성을 보완하고, 고객 접점을 확장하는 등의 장점을 누릴 수 있다.

- 전문성의 보완: 핀테크 분야는 금융 지식과 기술의 융합을 요구한다. 기존 IT 회사는 기술 전문성은 있지만 금융 업계의 전문성은 부족할 수 있다. 이에 핀테크 기업 및 금융 기업과 협력함으로써 상호 보완적인 전문성을 구축하고 경쟁력을 강화할 수 있다.
- 고객 접점 확장: 기존 IT 회사는 다양한 산업군에서 고객과의 넓은 접점을 형성하고 있다. 핀테크 기업 및 금융 기업과 파트너십을 맺어 기존 고객에게는 금융서비스를 제공하고, 핀테크 기업 및 금융 기업의 고객에게는 기술 기반의 부가 서비스를 제공함으로써 고객 접점을 확장할 수 있다.
- 기술 협력: 기존 IT 회사와 핀테크 및 금융 기업은 기술 협력을 통해

서로 기술력을 공유하고 향상할 수 있다. 기존 IT 회사는 핀테크 및 금융 기업의 기술 요구사항에 대한 컨설팅과 기술을 지원하며, 핀테크 및 금융 기업은 기존 IT 회사의 기술을 활용하여 금융서비스를 개발할 수 있다.

- 데이터 공유: 기존 IT 회사와 핀테크 및 금융 기업은 데이터를 공유함으로써 서로 경쟁력을 강화할 수 있다. 기존 IT 회사는 다양한 산업군에서 축적된 데이터를 활용하여 핀테크 및 금융 기업에 유용한 정보를 제공하고, 핀테크 및 금융 기업은 금융데이터를 기존 IT 회사와 공유하여 서로 가치 창출을 도모할 수 있다.
- 마케팅 및 고객 확보: 기존 IT 회사와 핀테크 및 금융 기업은 마케팅 및 고객 확보를 위해 협력할 수 있다. 기존 IT 회사는 넓은 고객 네트워크를 활용하여 핀테크 및 금융 기업의 서비스를 소개하고 홍보하는 역할을 수행하며, 핀테크 및 금융 기업은 기존 IT 회사의 고객에게 자사의 금융서비스를 제공함으로써 고객을 확보할 수 있다.
- 시너지 효과: 협력과 파트너십은 기존 IT 회사와 핀테크 및 금융 기업의 강점을 결합하여 시너지 효과를 창출할 수 있다. 각각의 전문성과 자원을 공유하고 협력하여 새로운 서비스를 개발하고 시장에 선보일 수 있다.
- 경쟁력 강화: 협력과 파트너십을 통해 기존 IT 회사는 금융 분야에 진출하고 핀테크 분야에서 경쟁력을 강화할 수 있다. 서로 협력하여 더 많은 고객을 확보하고 다양한 서비스를 제공함으로써 시장 점유율을 높일 수 있다.

기존 IT 회사는 핀테크 분야에서의 혁신을 이루고 경쟁에서 이기기 위해 협력과 파트너십을 적극적으로 추구해야 한다. 이를 통해 기존 고객 기반과 기술력을 활용하여 핀테크 분야에서 경쟁력을 성공적으로 구축할 수 있다.

2. 인수와 투자

기존 IT 회사는 핀테크 기업을 인수하거나 투자를 통해 핀테크 영역으로 진출할 수 있다. 이를 통해 기존 IT 회사는 핀테크 분야로 진출하는 데 필요한 인력, 기술, 고객 기반 등을 확보할 수 있다. 또는 핀테크 분야에 직접 투자하여 핀테크 기업을 지원하고 혁신을 추진할 수 있다. 이를 통해 기존 IT 회사는 핀테크 분야의 성장에 직접적으로 기여하고, 향후 성장 가능성이 있는 기업들과 협력함으로써 금융 분야의 전문성과 기술을 보완하고 핀테크 플랫폼의 경쟁력을 강화할 수 있다.

- 기술과 전문성 확보: 핀테크 분야는 금융 지식과 기술의 융합을 요구한다. 기존 IT 회사는 기술 전문성은 있지만, 금융업계의 전문성은 부족할 수 있다. 따라서 핀테크 기업을 인수하거나 투자함으로써 금융 분야의 전문성을 확보할 수 있다. 핀테크 기업의 기술과 해당 분야의 전문성을 통해 기존 IT 회사는 새로운 서비스를 개발하여 제공할 수 있다.
- 시장 진출 가속화: 핀테크 분야는 경쟁이 치열하므로 빠르게 시장에 진출할 필요가 있다. 기존 IT 회사는 핀테크 기업을 인수하거나 투자함으로써 이미 시장에서 검증된 비즈니스 모델과 고객 기반을 확보하고 빠르게 시장에 진입할 수 있다.
- 시너지 효과: 인수와 투자를 통해 기존 IT 회사는 핀테크 기업과 시

너지 효과를 창출할 수 있다. 서로 전문성과 자원을 공유하고 협력하여 새로운 서비스를 개발하고 시장에 선보일 수 있다.

기존 IT 회사는 핀테크 분야에서 경쟁력을 강화하고 혁신을 끌어내기 위해 인수와 투자를 적극적으로 활용할 수 있다. 이를 통해 금융 분야의 전문성을 확보하고 시장에서 경쟁력을 높일 수 있다.

3. 자체적인 핀테크 서비스 개발

기존 IT 회사는 자체적으로 핀테크 서비스를 개발하여 시장에 진출할 수 있다. 이를 위해 금융업계 전문가와의 협력, 적절한 인프라 구축, 데이터 분석, 보안 등에 주력해야 한다. 핀테크 서비스를 자체적으로 개발함으로써 기업의 경쟁력을 높이고 시장 점유율을 확대할 수 있다.

- 전문성 확보: 기존 IT 회사는 기술 전문성은 있으나 금융 분야의 전문성은 부족할 수 있다. 따라서 금융 분야의 전문가를 고용하거나 외부 전문가와 협력하여 금융 지식과 해당 분야의 전문성을 확보해야 한다.
- 기존 데이터 활용: 기업은 보유하고 있는 데이터를 활용하여 핀테크 서비스를 개발해야 한다. 데이터를 분석하여 통찰을 도출함으로써 사용자의 금융 요구를 파악하고 맞춤형 서비스를 제공할 수 있다. 빅데이터와 인공지능 기술을 활용하여 데이터 기반 의사결정을 강화해야 한다.
- 기술 개발과 혁신: 핀테크 분야는 기술 혁신에 의존한다. 기존 IT 회사는 기술 개발에 집중하여 핀테크 서비스에 필요한 기술을 연구하

고 개발해야 한다. 예를 들어 인공지능, 블록체인, 사물인터넷 등의 기술을 활용하여 혁신적인 핀테크 서비스를 구현할 수 있다.
- 디자인 사고와 사용자 경험: 핀테크 서비스의 디자인 사고와 사용자 경험은 매우 중요하다. 기존 IT 회사는 사용자 중심의 디자인 접근 방식을 채택하여 직관적이고 편리한 사용자 경험을 제공해야 한다. 사용자들의 니즈를 이해하고, 피드백을 수용하며, 지속적으로 개선하여 사용자들에게 가치를 제공해야 한다.
- 시장 이해와 경쟁사 분석: 기존 IT 회사는 핀테크 시장의 동향과 경쟁 상황을 철저히 파악해야 한다. 시장조사와 경쟁사 분석을 통해 시장의 미래 방향성을 예측하고, 경쟁사의 강점과 약점을 파악하여 자체적인 핀테크 서비스의 경쟁력을 강화할 수 있다.

기존 IT 회사들은 자체적인 핀테크 서비스를 개발함으로써 금융 분야에서 경쟁력을 높일 수 있다. 기술, 데이터, 디자인 씽킹, 시장조사 등을 종합적으로 활용하여 혁신적이고 고객 중심인 핀테크 서비스를 개발하는 것이 중요하다.

정부 당국의 지원 및 규제 완화 방향

1. 핀테크 특별법의 제정

핀테크 분야의 발전을 촉진하기 위해 핀테크에 특화된 법률과 규제를 마련해야 한다. 이를 통해 핀테크 기업들의 영업 환경을 개선하고 혁신을 독려할 수 있다. 한국은 「금융혁신지원 특별법」(「금융혁신법」)을 통해 핀테크 산업을 지원하고 규제를 완화하고 있다. 특별법을 통해 혁신

금융사업자들은 기간 만료에 대한 불안감 없이 보다 안정적으로 서비스를 제공할 수 있게 되고, 규제 샌드박스 등을 통해 출시된 혁신금융서비스로 인해 소비자는 계속 서비스를 제공받을 수 있다. 「금융혁신법」의 주요 내용은 다음과 같다.

- 규제 개선 요청제 도입: 혁신금융사업자가 특례기간 만료 3개월 전까지 관련 규제를 개선할 수 있도록 금융위원회와 관련 행정기관의 장에게 요청할 수 있는 절차를 도입한다.
- 법령 정비 판단 절차 구체화: 사업자의 규제 개선 요청에 따라 금융위원회 등 규제 소관부처는 금융관련 법령 정비 판단 절차 등을 구체화한다.
- 법령 정비 결정 시, 특례기간 연장: 금융 관련 법령을 정비하기로 결정한 경우, 혁신금융서비스 특례기간은 법령 정비가 완료·시행될 때까지 만료되지 않은 것으로 간주된다. 이 경우, 특례기간은 혁신금융서비스 지정기간 만료일로부터 최대 1년 6개월(6개월+각 6개월씩 2회 연장)까지 연장된다.

핀테크는 새로운 기술의 출현과 함께 끊임없이 진화하고 있다. 따라서 핀테크 특별법 또한 기술 환경 변화에 발맞춰 설계, 개정함으로써 핀테크 분야의 발전을 촉진하는 데 기여할 수 있다.

2. 스마트 규제 채택

스마트 규제(smart regulation)는 기존의 정부 규제 방식을 혁신적으로 변화시키는 개념으로, 기술과 혁신의 발전에 적극적으로 대응하고 유연한 규제를 추구하는 접근 방식이다. 전통적인 규제는 특정한 규칙과 절차를 따르며, 엄격한 규제를 통해 안정성과 통제력을 유지하려는 경향이 있다. 반면 스마트 규제는 더 유연하고 혁신을 장려하는 방식으로 금융 분야에서 주목을 받고 있다. 정부 당국은 금융 규제를 스마트하게 개선하여 혁신을 촉진할 수 있는 환경을 조성해야 한다. 기존의 불필요한 규제를 폐지하고, 유연한 규제를 도입하여 핀테크 기업들이 새로운 서비스와 기술을 개발하고 시장에 도전할 수 있도록 지원해야 할 것이다.

- 샌드박스와 테스트 베드: 스마트 규제는 샌드박스나 테스트 베드를 통해 혁신적인 금융서비스와 기술을 검증하는 환경을 제공한다. 이를 통해 기업들은 새로운 서비스를 실제 시장에서 테스트하고 규제 요건을 충족시키는 동시에 더욱 유연한 방식으로 시장에 진출할 수 있다.
- 데이터 기반 규제: 스마트 규제는 데이터를 활용하여 규제를 진행한다. 빅데이터, 인공지능, 머신러닝 등의 기술을 활용하여 금융기관이나 핀테크 기업의 데이터를 분석하고 금융 거래의 위험을 파악하고 예측함으로써 개인화된 규제를 제공할 수 있다.
- 협업적 접근: 스마트 규제는 정부, 금융기관, 핀테크 기업, 학계 등의 다양한 이해관계자들과의 협업을 강조한다. 규제 정책 수립 단계부터 이해관계자들의 의견을 수렴하고 지속적으로 소통하고 협력함으로써 유연한 규제 체계를 구축할 수 있다.

스마트 규제는 금융 기술의 혁신과 발전을 촉진하고, 기존 규제 방식의 한계를 극복하기 위해 도입되고 있다. 이를 통해 금융산업은 더욱 혁신적이고 유연한 방향으로 발전할 수 있으며, 경제 활동과 금융서비스의 효율성을 향상할 수 있다.

3. 혁신 생태계 지원

핀테크 분야의 혁신 생태계 지원은 새로운 기업과 기술이 탄생하고 성장할 수 있는 환경을 조성하는 것을 의미한다. 이를 위해 정부, 금융기관, 기업, 학계, 투자자 등 다양한 이해관계자들이 협력하여 지원하는 종합적인 접근 방식이 필요하다. 정부 당국은 핀테크 생태계를 지원하기 위해 스타트업 지원 프로그램, 핀테크 엑셀러레이터, 투자 및 자금 지원 등의 다양한 정책을 마련할 수 있다. 이를 통해 핀테크 기업들이 초기 단계에서부터 지원받고 성장할 수 있는 환경을 조성할 수 있다.

- 투자와 자금 지원: 핀테크 기업들은 초기 단계에서 자금이 부족할 수 있다. 따라서 정부, 투자자, 기업 등은 핀테크 분야의 혁신을 지원하기 위해 투자하고 자금을 지원해야 한다. 이를 통해 핀테크 기업들이 초기 개발과 시장 진입에 필요한 자금을 확보하고 성장할 수 있다.
- 적극적인 정부 정책: 정부는 핀테크 분야의 혁신을 촉진하기 위해 적극적인 정책을 마련해야 한다. 예를 들어 핀테크 스타트업을 위한 세제 혜택, 샌드박스 프로그램, 핀테크 특별법 등을 도입하여 기업들이 혁신적인 아이디어를 구현할 수 있는 환경을 조성해야 한다.
- 협력과 네트워킹: 핀테크 분야의 혁신 생태계는 다양한 이해관계자들의 협력과 네트워킹에 의해 발전할 수 있다. 정부, 금융기관, 핀테크 기업, 학계, 기술기업 등의 협업을 강화하고 지식과 경험을 공유하여 새로운 아이디어와 기술을 발굴하고 발전시킬 수 있다.

- 핀테크 엑셀러레이터 및 인큐베이터: 핀테크 엑셀러레이터 및 인큐베이터는 핀테크 스타트업에 대한 지원과 멘토링을 제공하는 플랫폼이다. 이러한 프로그램을 통해 핀테크 기업들은 비즈니스 모델 개발, 마케팅, 투자 유치 등에 필요한 지식과 자원을 얻을 수 있다.
- 교육과 인재 양성: 핀테크 분야의 혁신을 지원하기 위해서는 전문적인 인재를 양성해야 한다. 핀테크 교육 프로그램, 산업-학교 협력, 연구기관과의 협업 등을 통해 핀테크 분야의 전문 인재를 양성하고 인재 파이프라인을 구축할 수 있다.
- 시장 개방과 규제 개선: 혁신 생태계를 지원하기 위해서는 금융 시장을 개방하고 규제를 개선해야 한다. 시장 진입 장벽을 낮추고 규제를 유연하게 개선하여 새로운 기업들이 진출하고 혁신을 추진할 수 있는 환경을 조성해야 한다.

이러한 방안들을 통해 핀테크 분야의 혁신 생태계를 지원하고 발전시킨다면 핀테크 기업들이 더욱 적극적으로 혁신을 추구하고 금융서비스의 혁신을 이끌 수 있을 것이다.

결론

이 장은 핀테크의 정의, 다양한 금융산업의 핀테크 적용 현황, 향후 전망을 포함하여 핀테크에 대한 포괄적인 분석을 다루었다. 핀테크를 주도하는 핵심 기술로 블록체인, 인공지능, 빅데이터 분석, 생체인식과 같은 혁신을 알아보고, 뱅킹 및 대출, 지급 및 송금, 자산관리 및 투자, 보험 분야에서의 핀테크의 영향에 대해 살펴보았다. 또한 핀테크 규제 환경과 과제를 분석하고 향후 핀테크 동향과 시사점을 제시했다.

핀테크의 미래는 금융산업을 변화시키고 금융 포용성을 촉진하며 고객 경험을 향상할 수 있는 엄청난 잠재력이 있다. 그러나 책임 있는 혁신을 촉진하려면 규제 문제, 사이버 보안 리스크, 윤리적 고려 사항을 반드시 해결해야 한다. 핀테크 스타트업과 전통적인 금융기관의 협업은 업계 전반의 변화를 주도하고 새로운 기회를 창출할 것이다.

핀테크는 기술, 변화하는 소비자 니즈, 금융시장의 변화에 의해 주도되는 금융서비스 환경의 패러다임 변화를 보여준다. 핀테크의 역동성은 산업 동향, 규제 개발, 기술 발전에 대한 지속적인 모니터링을 필요로 한다. 핀테크가 계속해서 금융의 미래를 만들어가기 위해서는 이해관계자들과의 협업, 규제 준수, 책임 있고 윤리적인 관행을 우선시하는 것이 중요하다.

우리나라에서도 글로벌 경쟁력을 지닌 거대 금융 플랫폼 포털 또는 핀테크 스타트업의 출현을 기대해 본다.

참고문헌

강경훈. 2017. 핀테크 확산이 금융산업에 미치는 영향: 금융업의 정보생산과 경쟁구도에 미치는 영향을 중심으로. 한국은행.
강창호·이정훈. 2015. 『IT와 금융이 만나는 새로운 세상 핀테크』. 한빛미디어.
구자현. 2019. 핀테크 활성화를 위한 기능별 금융업 인허가 도입 방안. 한국개발연구원.
권민경·박선영·이성복·조성훈. 2019. 해외 유망 핀테크기업 사업 모델 분석과 국내외 규제환경 비교. 자본시장연구원.
금융위원회. 2019. 핀테크 활성화를 위한 규제혁신 건의과제 검토결과.
김규동. 2019. 인슈어테크 활성화를 위한 규제개선 방안. 보험연구원.
김범수·윤지환. 2021. 핀테크의 금융서비스 확대가 금융안정에 미치는 영향. 한국은행.
김수정. 2022. 글로벌 금융회사와 핀테크 편업 사례와 시사점. 우리금융경영연구소.
김화중. 2021. 플랫폼제공자 P2P 보험모델의 법적 성격에 관한 고찰. ≪보험법연구≫, 15(1), 181-216.
대한민국 정책브리핑. 2021. 핀테크(FinTech).
서윤정·강현구. 2019. 금융권의 핀테크기업 투자에 관한 해외 사례와 투자활성화를 위한 법제화 방안. 법무법인 광장.
이성복. 2021. 핀테크에 의한 금융혁신 양상과 시사점. 자본시장연구원.
장경운. 2019. 글로벌 핀테크 10대 트렌드 및 시사점. 금융감독원.
정보통신산업진흥원. 2023. 품목별 ICT 시장동향: 핀테크.
주강진·이민화·양희진·류두진. 2016. 핀테크 산업의 발전방향에 관한 연구. ≪한국증권학회지≫, 45(1), 145-170.
최종구. 2019. 핀테크와 금융의 변화. 코리아 핀테크 위크 2019 기조연설.
한국은행. 2023. 2022년중 전자지급서비스 이용 현황.
한석주. 2015. 『핀테크』. 커뮤니케이션북스.

Allayannis, Y., and J. M. Becker. 2019. A Global Fintech Overview. University of Virginia.
Economist. 2023. Cashless Talk.
Hau, H., Huang, Y., Lin, C., Shan, H., Sheng, Z., and L. Wei. 2021. FinTech Credit and Entrepreneurial Growth. *Swiss Finance Institute Research Paper* No. 21-47.

3장
금융 플랫폼과 금융소비자

윤민섭

요약 | 지급결제 등을 중심으로 핀테크가 활성화됨에 따라 다양한 금융 상품에 대한 비교와 추천이 가능한 금융 플랫폼이 등장했다. 금융 플랫폼은 금융소비자에게 다양한 편익을 제공할 뿐만 아니라 경쟁을 촉진하는 등 금융산업에 긍정적인 효과를 주고 있다. 우리나라의 금융 플랫폼은 1사 전속규제 등으로 인해 제한되었으나, 대출상품을 시작으로 최근에는 예금 및 보험상품에 이르기까지 그 영역이 점차 확장되는 추세다. 이 글에서는 금융 플랫폼의 편익과 리스크 등을 분석하고, 관련 국내외 규제를 살펴본다.

서론

전자상거래 및 통신 분야를 중심으로 발전해 오던 ICT 기술은 지급결제를 중심으로 그 영역을 확대해 왔다. 대표적인 사례가 페이류라 일컬어지는 간편결제와 통신사의 소액결제서비스라 할 수 있을 것이다. ICT 기술의 편리성에 익숙해진 소비자의 니즈와 사업영역을 확대하려는 ICT 산업의 시도가 결합하여 금융 분야에서도 변화가 요구되었는데 그 결과가 핀테크라 할 수 있다. 핀테크의 등장으로 경쟁 촉진, 새로운 금융서비스의 등장 등과 같이 금융산업 구조가 크게 변화하고 있다. 핀테크는 지급결제, 데이터 분석 등 다양한 모습으로 금융 분야에 진출하고 있지만, 금융산업에서 가장 큰 변화는 금융 플랫폼의 등장이라고 할 수 있다.

플랫폼(platform)이란 '일정한 기술 표준과 거래 규칙을 부과함으로써, 둘 또는 그 이상의 서로 다른 유형의 고객들이 하나의 장소에 모여 서로를 발견하고 가치를 교환하는 것을 원활하게 하는 중개자 또는 중개매체(intermediary)'를 의미한다. 일상에서 찾아볼 수 있는 플랫폼으로는 기차역, 백화점, 주식거래시장 등이 있다. 그러나 금융 플랫폼은 일반적으로 온라인을 통해서 금융 상품의 거래가 이루어지는 것을 전제로 하고 있다. 따라서 금융 플랫폼은 "온라인을 기반으로 다양한 금융 상품(서비스)에 대하여 다수의 공급자와 수요자들이 상호작용할 수 있는 서비스를 제공하는 매개체"라고 정의할 수 있을 것이다.

업무적인 측면에서 살펴보면, 금융 플랫폼은 금융 상품 중개에 해당하기 때문에 금융 상품 판매와 관련된 다양한 규제가 적용된다. 전업

주의 방식의 규제체계를 유지하고 있던 우리나라는 개별 법률에 따른 진입 규제 등이 별도로 존재하고 있어 사실상 활성화가 제한된다. 다만, 「금융혁신지원 특별법」(2019년 시행, 이하 「금융혁신법」) 및 「금융소비자 보호에 관한 법률」(2022년 시행, 이하 「금융소비자보호법」) 등을 통해 서서히 금융 플랫폼에서 중개가 가능한 금융 상품의 범위가 확대되고 있는 상황이다. 이하에서 금융 플랫폼이 금융소비자에게 주는 영향과 관련 국내외 규제 현황을 살펴보고, 앞으로의 방향성을 제시하고자 한다.

금융 플랫폼과 금융소비자 관계

금융 플랫폼의 특징

1. 비대면 거래

우선 오늘날 금융 플랫폼은 온라인 환경을 기반으로 하고 있어 비대면 거래를 전제로 한다. 물론 전통 금융에서도 비대면 거래는 지속적으로 증가해 왔으나, 이는 대면 거래를 보완하는 역할에 그쳤다. 반면 금융 플랫폼은 PC 및 모바일을 통한 비대면 거래를 전제로 하는데, 이는 P2P 대출, 대출비교 플랫폼, 보험비교 플랫폼 등에 관한 규제에도 명시되어 있다.

- P2P 대출에 관한 법률인 「온라인투자연계금융업 및 이용자 보호에 관한 법률」(2021년 시행, 이하 「온라인투자연계금융업법」) 제2조 제1호 정의에서 온라인플랫폼을 통해야 함을 명확히 하고 있다.

- 대출비교 플랫폼에 관해서는 「금융소비자보호법」에서 1사전속규제의 적용 제외 요건으로 전자금융방식의 대출 중개를 허용하고 있다.
- 2023년 7월 혁신금융서비스로 지정된 보험상품 비교·추천서비스의 경우도 부가조건으로 알고리즘에 의한 비교·추천만 가능하도록 규정하고, 온라인플랫폼을 통한 중개만을 영업행위로 한정하고 있다.

금융 플랫폼에 관한 규제에서 온라인을 전제로 하고 있는 것은 불완전판매 등으로 인한 금융소비자의 피해를 방지하기 위함이다. 기존의 금융 상품 중개의 경우 1사전속규제에 따라 금융 상품중개인에 대해서 해당 금융 상품 제조업자인 금융회사가 관리·감독 의무를 부담하기 때문에 인적 통제가 가능했다. 그러나 복수의 금융회사의 금융 상품을 중개하는 금융 플랫폼에 대해서는 관리·감독 책임을 금융회사에 부담시키는 것이 제한되자, 인적 통제가 아니라 금융 플랫폼의 알고리즘을 통제하는 방식으로 전환하고자 한 것이다.

2. 직접금융의 다양화

금융 플랫폼의 등장으로 자금수요자가 자금공급자와 직접 연결되는 직접금융 방식이 다양화되었다. 전통 금융에서 직접금융은 IPO 또는 채권 발행 등과 같은 자본시장에서만 제한적으로 이루어졌고, 금융회사로부터 대출을 받는 간접금융 방식이 대부분을 차지하고 있었다.
- 기존의 직접금융은 지분 투자 등의 방식으로 이루어져 자금공급자의 입장에서는 증권 매각 이외에 자금 회수 등이 제한되는 측면이 있었으며, 「자본시장법」상 공모 규제 등으로 발행도 제한적이었다.
- 자금수요자의 입장에서는 신규자금조달이나 자금 반환 등에서 자금

을 회전하는 데 어려움이 있었으며, 직접금융 시 투자자 관리 업무의 증가, 인수합병(M&A)으로 인한 경영권 침해 등이 문제될 수 있었다.

전통 금융에서의 직접금융은 증권 규제 등으로 제한적이었기에 대안 금융이 필요한 자금수요자와 대체투자를 원하는 자금공급자를 직접 연결하는 메커니즘이 필요해졌고, 이에 P2P 금융이 등장했으며 온라인 플랫폼으로 관련 시장이 급성장했다. P2P 금융은 투자형 크라우드펀딩과 P2P 대출의 형태가 대표적이며, 우리나라에서도 관련 규제의 정비를 완료했다.

- 투자형 크라우드펀딩은 미국의 경우 「JOBS법(Jumpstart Our Business Startup Act)」을 통해서 도입되었으며, 우리나라는 2016년 「자본시장법」 개정을 통해 온라인소액투자중개업을 신설하면서 제도화되었다.
- P2P 대출은 「P2P 대출 가이드라인」 제정 및 「대부업법」 개정(P2P 연계 대부업 신설 및 금융위원회 등록 대상화)을 통해 규율해 오다가 2021년부터 「온라인투자연계금융업법」을 통해 규율하고 있다.

3. 비금융 정보의 활용 증가

금융 플랫폼을 운영하는 사업자는 소비자 맞춤형 금융서비스를 제공하기 위해 다른 사업 또는 다른 사업자와의 업무 제휴 등을 통해 다양한 비금융 정보를 활용하고 있다. 전통 금융에서 금융회사 간 경쟁은 금융 소비자에게 금리, 수수료, 수익률 등과 같은 경제적 이익을 얼마나 제공할 수 있는지에 달려 있었고, 금융회사 간 비교는 제한적이었다. 그러나 금융 플랫폼에서 금융회사 간 비교가 가능해짐에 따라 금융 플랫폼 간 경쟁은 단순한 경제적 이익이 아니라 맞춤형 금융 상품 및 서비스 제공

여부와 편의성이 경쟁의 주된 요인이 된다. 금융 플랫폼으로 성장하고 있는 국내외 회사를 살펴보면, 단순히 금융 상품을 비교·추천하는 것에 그치지 않고, 개별 금융소비자의 라이프 스타일과 관련된 연계 서비스를 제공하는 방식으로 서비스가 이루어지고 있다.

4. 네트워크 효과

네트워크 효과란 특정 상품 등에 대한 수요가 다른 사람에게 영향을 주는 효과를 의미한다. 사람들이 네트워크를 형성하여 다른 사람의 수요에 영향을 준다는 의미에서 이름 붙여진 경제 현상으로 동일한 네트워크에 있을 때 경제 주체 간 영향은 더욱 커지게 되는 효과가 있다. 금융 플랫폼은 금융소비자와의 접점에 있는 만큼 다수의 금융소비자를 확보한 기업일수록 네트워크 효과로 인한 성공 가능성이 높아지게 된다.

- SNS 기반으로 소비자 네트워크를 보유한 '카카오', 쇼핑 플랫폼을 통해 네트워크를 보유한 '네이버' 등과 같은 기업은 간편결제 등 선불전자지급수단을 활용한 지급결제 분야로 진출한 것을 시작으로 금융 플랫폼에 본격적으로 진출하고 있다.
- 유니콘 기업인 비바리퍼블리카의 토스는 사업 초기에 펌뱅킹을 활용한 간편송금 시 수수료를 자부담하는 방식으로 금융소비자의 송금 수수료를 무료로 하고, 앱 광고 등을 최소화함으로써 금융소비자를 다수 확보했다. 이를 기반으로 은행업에 진출했고, 그 밖의 다양한 영역으로 사업을 확장하고 있다.

네트워크 효과의 문제점 중 하나는 락인(lock-in)효과를 유발한다는 것이다. 금융 플랫폼 이용자가 네트워크 효과로 인해 다른 대체재로 이전하지 못하는 문제가 발생할 수 있다. 락인효과의 대표적인 사례는 카카오톡이라고 할 수 있는데, 카카오톡 기능에 불만이 있어도 주변 지인들이 카카오톡을 사용하고 있어 카카오톡을 지속적으로 사용할 수밖에 없다. 락인효과는 시장 경쟁을 저해할 가능성이 높긴 하나, 금융 플랫폼에서는 현재 그러한 문제점은 나타나고 있지 않은 것으로 판단한다. 예를 들어 카카오페이에 무료 송금 기능이 있음에도 불구하고, 소비자는 SNS 사용 여부와 관계없이 토스도 사용하고 있다.

금융소비자의 편익

1. 금융 포용성

전통적인 금융시스템에서는 금융 상품 등을 이용하는 것이 제한되었던 소비자와 사업자 등도 금융 플랫폼을 활용하여 금융 상품 등을 이용할 수 있다. 예를 들어 P2P 대출은 기존 금융업권에서 대출이 제한되었던 업종 및 계층에 대해서 대출하고 있다. 또한 비금융 정보를 활용하는 경우 기존의 일률적인 여신심사에 다양한 기준을 적용하여 신용정보 부족 등으로 금융 상품 등을 이용하지 못한 금융소비자가 대출 등을 이용할 수 있을 것으로 예상된다.

- 혁신금융서비스 중 '핀크'의 경우 대출 중개를 하는 과정에서 통신 정보와 금융 정보를 결합한 대안신용평가모델을 적용했고, 회계 프로그램 업체인 '더존비즈온'은 회계 정보와 같은 재무 정보와 금융 정보를 결합한 대안신용평가모델을 개발하기도 했다.

2. 금융소비자의 선택권 제고

전통 금융은 오프라인 거래 중심이었기 때문에 금융소비자는 대출모집인, 투자권유대행인, 신용카드모집인, 보험설계사 등을 통해 정보를 취득했다. 그러나 금융 상품 등의 종류가 한정되어 금융회사별 금융 상품을 한눈에 비교하여 선택하는 것은 현실적으로 제한되었다. 금융소비자의 정보 비대칭을 해소하기 위해 금융감독원이 금융소비자 정보 포털인 파인(fine.fss.or.kr)을 운영하고 있고, 금융업권별 협회 등이 금융 상품에 대한 비교 정보를 제공하고 있다. 그러나 대략적인 정보만을 제공하고 있어 정확성에 한계가 있다. 그에 반해 금융 플랫폼에서는 금융소비자가 금융 상품 및 금융서비스에 관한 정보를 비교, 분석할 수 있으며, 필요한 경우 다른 금융 플랫폼과도 비교할 수 있어 소비자가 선택할 수 있는 범위가 보다 확대된다. 또한 금융 플랫폼별로 금융소비자의 정보에 기반하여 금융 상품 등에 관한 맞춤형 정보를 제공하는 것이 가능하기 때문에 소비자는 보다 양질의 정보를 취득할 수 있을 뿐만 아니라 비교 가능성도 높아지기 때문에 금융 상품 등에 대한 소비자의 선택권이 강화된다.

금융회사와 금융 상품을 선택하는 것뿐만 아니라 금융 플랫폼을 선택하는 경우에도 금융소비자의 선택권이 확장된다. 금융 플랫폼은 금융 상품 및 서비스의 중개 및 판매 채널에 불과하기 때문에 금융소비자는 자신의 상황이나 선호에 맞는 금융 플랫폼으로 대체하는 것이 자유롭다. 예를 들어 대출 비교 플랫폼의 경우 토스, 네이버, 카카오, 핀다 등 다양한 업체가 존재하는데 금융소비자는 복수의 업체를 이용할 수도 있고, 한 개만 이용할 수도 있다. 만약 한 개만 이용하던 금융소비자가 다른 대출 비교 플랫폼을 이용하는 경우에 신용점수 하락 등과 같은 불이익이 발생하지 않는다.

3. 금융소비자의 비용 감소

현재 우리나라에서 금융 플랫폼은 제한적으로 운영되고 있지만, 금융소비자가 금융 상품 및 서비스를 이용하는 과정에서 발생하는 비용은 감소하고 있다. 수치로는 평가되고 있지 않지만, 금융소비자가 금융 상품 등을 탐색하는 데 소요되는 시간 등과 같은 기회비용은 감소하고 있다. 또한 최근 마이데이터 산업이 등장하면서 금융 정보와 금융 플랫폼이 가지고 있는 비금융 정보 등이 결합되면 소비자에 대한 분석이 보다 정확해지기 때문에 소비자 리스크로 인한 비용이 감소할 것이다. 그 혜택은 직간접적으로 소비자에게 귀속될 것으로 예상된다. 또한 금융 플랫폼 간 경쟁이 촉진될수록 금융 플랫폼이 금융소비자를 유인하기 위해 금융 플랫폼업체가 활용 가능한 다양한 이벤트와 혜택을 금융소비자에게 제공할 가능성도 높다. 특히 우리나라는 구글 등과 같은 빅테크가 네트워크를 독점하지 못하는 경쟁시장이기 때문에 금융소비자를 유인하기 위한 경쟁이 지속될 것으로 예상된다.

4. 복합서비스의 등장

금융회사는 전업주의에 따라 다른 산업과의 융합이 어려웠으나, 금융 플랫폼에 진출하는 신규 플레이어들의 경우 자사만의 독자적인 서비스 또는 다른 산업과의 융합을 추진하고 있어 복합서비스를 제공할 수 있다. 네이버는 스마트스토어의 다양한 비금융 정보를 신용평가에 활용하여 소상공인의 사업자 대출을 지원하고, 빠른 정산시스템을 도입하는 등 기존 금융회사가 제공하지 못하는 복합서비스를 제공하고 있다. 그 결과 빠른정산으로 지급된 누적 금액은 2023년 6월 기준으로 약 24.7조 원에 달하고, 추가 금융 비용이나 수수료 부담 없이 자체 구축한 위험탐지 시스템을 기반으로 제공하고 있다.

5. 금융소비자 중심 경영

금융 플랫폼업체의 성공 요인은 다양한 금융 상품 등의 제공도 있지만, 무엇보다 해당 금융 플랫폼을 이용하는 금융소비자의 숫자에 달려 있다. 금융 플랫폼은 금융 상품 등의 직접 계약당사자가 아니라 중개업자에 불과하기 때문에 금융소비자는 언제든지 다른 금융 플랫폼으로 대체할 수 있다. 따라서 금융 플랫폼은 금융소비자를 유치 및 유지하기 위한 경영전략을 구사해야 하는데, 이를 위해서는 거래 편의성, 정보 제공, 부가서비스, 민원 대응 등 경영 전반에 있어 금융소비자를 중심으로 전략을 수립할 가능성이 높다. 물론 전통 금융회사가 금융소비자 중심 경영을 하지 않는다는 것은 아니다. 그러나 금융소비자가 주거래 금융회사를 변경할 가능성이 금융 플랫폼보다 낮다는 점을 고려하면 금융 플랫폼이 금융소비자를 더 신경 쓸 수밖에 없다는 의미다.

6. 맞춤형 금융서비스

마이데이터 산업이 등장함에 따라 금융 플랫폼은 기존에 가지고 있던 비금융 정보뿐만 아니라 금융 정보를 수입, 활용할 수 있게 되었다. 그에 따라 개별 금융소비자를 위한 맞춤형 금융서비스를 제공할 수 있는 환경이 조성되었다. 맞춤형 금융 상품에 관한 정보 제공 이외에도 다양한 형태의 맞춤형 금융서비스가 제공될 수 있을 것으로 예상된다. 금융 자문의 경우 그동안 특정 금융소비자에게만 제공되던 PB(Private Banker)

등의 서비스를 일반 소비자도 이용할 수 있게 되고, 향후에는 금융 플랫폼과 금융회사가 제휴하여 개별적으로 타깃팅되어 소비자의 라이프 스타일, 라이프 이벤트, 행동, 선호도에 대한 통찰에 기반한 금융 상품 등이 등장할 것으로 예상된다.

대표적인 사례로 네이버페이의 경우 최근 NICE평가정보와 손잡고 기존 신용평가 정보에 네이버페이 이용 내역 등 비금융정보를 활용한 대안신용평가모델을 개발했고 이를 적용하기 위해 다수 금융사와 협의 중으로 알려졌다. 네이버페이가 활용한 비금융정보는 신용평가 상향 요소로 작용하기 때문에 네이버페이 스코어가 금융회사의 신용대출 심사에 활용된다면 금융회사에게는 건전성을 유지하면서 신규 고객 확보가 가능해지고, 금융소비자에게 금리 인하 효과를 가져올 수 있을 것으로 예상된다.

7. 금융산업 내 경쟁 촉진

우리나라의 금융산업은 전업주의로 인해 금융업 간 경쟁이 제한적이었고, 높은 진입 규제 및 자사 중심 영업행위로 인해 경쟁이 제한되어 있었다. 그러나 금융 플랫폼의 등장으로 금융 상품 등의 제판 분리를 촉진하게 됨에 따라 금융업권 간, 금융회사 간 경쟁을 촉진할 것으로 예상된다. 2023년 1~5월 금융 플랫폼을 통한 저축은행의 개인신용대출의 가중평균금리는 연 16.7%로 저축은행이 직접 취급하는 경우의 평균금리 연 17.3%보다 약 0.6% 낮은 수준으로 이로 인한 이자 경감 효과는 약 1600억 원으로 분석된다.[1]

---

1 "핀테크 통한 저축銀 신용대출, 2년 반 새 이자 1600억 줄였다"(≪한국경제≫, 2023.

최근 시행된 대환대출 플랫폼의 경우 은행업권 간 금리 경쟁을 더욱 촉진할 것으로 예상되며, 혁신금융서비스로 지정된 보험상품 비교·추천 서비스의 경우에도 보험회사 간 경쟁을 촉진할 것으로 예상된다.

　금융 플랫폼의 경우 우리나라는 구글과 같은 독점사업자가 없다는 점과 경쟁적 환경이 구축되어 있다는 점 등을 고려하면 다양한 유형과 규모의 금융 플랫폼이 등장하여 금융 플랫폼 간 경쟁이 촉진될 것이다. 즉, 금융회사 대 금융회사, 금융회사 대 핀테크 기업, 핀테크 기업 대 핀테크 기업 등의 경쟁이 촉진될 것으로 예상된다.

금융소비자 리스크

1. 역선택 가능성

　금융 플랫폼은 다양한 금융 상품 등에 관한 정보가 제공되기 때문에 금융소비자 입장에서는 수용해야 하는 정보량이 급증하는 측면이 있다. 금융소비자가 금융 상품 등에 관한 정보에 익숙하지 않거나, 재무 관리 역량 등이 부족한 경우 오히려 많은 정보로 인해 최적의 선택을 하지 못하는 역선택할 가능성이 있다. 또한 금융 플랫폼은 모든 금융회사의 금융 상품 등에 관한 정보를 제공하는 것이 아니라 제휴한 금융회사의 정보만을 제공하는데, 금융소비자는 모든 금융회사의 정보가 제공된 것처럼 오인할 가능성도 있다. 이러한 역선택의 문제는 맞춤형 서비스 고도화를 통해 해결할 여지가 있다.

9.4), https://n.news.naver.com/mnews/article/015/0004887435?sid=101.

2. 디지털 금융소외 현상

 전통 금융에서 금융소외는 금융 정보만을 기준으로 하거나 신용등급과 같은 획일적 기준으로 인해 금융 상품 등의 이용이 제한되는 것을 의미했다. 그러나 금융 플랫폼은 온라인 환경을 기반으로 하기 때문에 디지털 수단을 이용하기 어려운 소비자가 금융 플랫폼의 장점을 이용하지 못하는 디지털 금융소외 현상이 발생할 가능성이 있다. 특히 고령층과 장애인의 경우 일반 성인에 비해 디지털 수단의 활용 능력이 통상 낮기 때문에 금융 플랫폼에 접근하지 못하여 보다 높은 비용을 지불하는 등의 문제가 나타날 수 있다.

 금융 플랫폼에 대한 접근성뿐만 아니라 소비자 차별의 문제도 발생할 여지가 있다. 금융 플랫폼이 활성화되면 비금융 정보, 특히 디지털화된 정보의 활용도가 커지게 된다. 예를 들어 금융소비자가 디지털 흔적(footprint) 혹은 충분한 온라인 개인 데이터를 생성하지 않았거나 개인정보를 공유하지 않으면 맞춤형 금융 상품 등을 제공받을 수 있는 권리 자체가 제외될 수 있다.

3. 책임 소재의 불명확성

 금융 플랫폼은 금융회사와 금융소비자 간 거래에 관여하는 수준에 따라 책임을 부담하게 되므로 책임 소재가 불명확해지는 측면이 있다. 기존 금융 규제에서는 계약당사자가 금융회사이고, 판매채널은 사실상 사자(使者)의 역할로 한정되기 때문에 현행 금융 관련 법제도에서는 거래 당사자인 금융회사가 1차적 책임을 부담하는 것이 원칙이고, 판매채널은 예외적인 경우에만 책임을 부담하고 있다. 그러나 금융 플랫폼 산업이 성장하면 OEM 금융 상품 등과 같이 금융 플랫폼이 금융 상품의 설계 및 제조 과정에 적극적으로 참여하는 사례가 나타날 것으로 예상되기에 '누가 1차적 책임을 부담해야 하는가' 하는 문제가 제기된다. 이와 관련하여 최근 일본은 「금융서비스제공법」을 통해 보편중개인 금융 플랫폼의 경우 1차적 책임을 금융 플랫폼이 부담하는 것으로 명시하고 있다.

금융 플랫폼 국내외 규제 현황

한국

금융 플랫폼은 금융 상품 등을 비교·추천하거나 중개하는 업무를 수행하기 때문에 「금융소비자보호법」상 금융 상품판매대리·중개업에 해당한다. 「금융소비자보호법」은 금융 상품 판매에 대해서 규율하는 법률로서 금융 상품판매업자 등의 등록과 관련하여 동법 제12조에서 규정하고 있으나, 다른 규정과의 관계상 금융 상품직접판매업자의 경우 「은행법」 등 개별 금융업권별 법률에서 정하는 바를 따르도록 되어 있다. 따라서 「금융소비자보호법」에서 별도로 정하지 않는 이상 「은행법」, 「보험업법」, 「자본시장법」 등 개별 법률에서 금융 상품판매대리·중개업에 대해 정하는 경우에는 해당 법률을 따르고 있다. 현재 진입 규제와 관련해서는 대출 중개의 경우를 제외하고는 개별 법률에서 정하고 있다. 각 법률에서 규정하고 있는 금융 플랫폼에 대한 진입 규제를 정리하면 [표 3.1]과 같다.

다만, 예금상품과 보험상품의 경우 최근 금융 분야 규제 샌드박스를 통해 혁신금융서비스로 지정하여 일부 제한적으로 허용되고 있다.

표 3.1 금융 플랫폼 규제 분석

구분	근거법률	겸영 허용	1사 전속	전자금융업자 및 마이데이터사업자 영위 가능
금융 상품 판매대리·중개업 (대출성 상품)	금융소비자 보호법	○	○ (전자금융거래방식으로만 영위하는 법인인 경우 ×)	○
금융 상품 자문업		× (투자일임 및 전자금융 허용)	×	○
은행대리업	은행법 (예정)	미정	미정	미정
보험설계사	보험업법	○	○ (GA 소속인 경우 ×)	×
보험대리점		× (일부 허용)	×	× (간단보험 가능)
보험중개사		○	×	×
투자권유대행인	자본시장법	○	○	×
신용카드모집인	여신전문 금융업법	×	○	× (제휴카드 가능)
본인신용정보 관리업	신용정보법	○	×	○

일본: 금융서비스제공법

일본 금융청은 2020년 3월 6일 「금융상품 판매 등에 관한 법률」(金融商品の販売 等に関する法律)을 「금융서비스 제공에 관한 법률」(金融サービスの提供に関する法律, 이하 「금융서비스제공법」)로 개정 공표했고, 동년 6월 5일 국회를 통과하여 6월 12일에 공포되었다.

- 주요 개정 항목은 ① 다양한 종류의 상품·서비스를 원스톱으로 제공하는 '금융서비스중개업'을 창설하고, ② 고액 송금을 취급할 수 있는

유형(제1종 자금이동업), 소액 송금만을 취급하는 유형(제3종 자금이동업)을 마련하는 등 자금이동업 규제를 재검토하고, ③ 수납 대행이나 선불식 지급수단에 대한 이용자 보호 조치를 정비한다는 내용이다.

일본은 「금융서비스제공법」으로 개정하면서 기존의 금융 상품 중개 라이선스를 개편함과 동시에 금융서비스중개업을 신설했는데, 금융서비스중개업이란 "예금 등 매개 업무, 보험 매개 업무, 유가증권 등 중개 업무, 대부업 대출 매개 업무 중 어느 하나를 업으로 하는 것"(「금융서비스제공법」 제11조 제1항)으로 정의하고 있다. 이에 따라 금융서비스중개업은 1개만 등록하여 은행, 금융 투자, 보험 등 모든 분야를 중개할 수 있는 금융 플랫폼이라 할 수 있다.

- 금융서비스중개업이 도입되었다고 하여 기존의 소속제 방식의 금융 상품중개업이 폐지되는 것은 아니기 때문에 기존의 중개업과 금융서비스중개업이 병존하는데 다만 겸영은 불가능하다.

「금융서비스제공법」 제11조는 금융서비스제공업에 대해 정의함과 동시에 금융서비스제공업자가 중개할 수 있는 금융 상품의 범위를 규정하고 있다. 이 규정에 따라 금융서비스제공업자는 예금, 보험, 증권 등의 중개는 가능하지만, 고객에 대해서 고도의 전문적인 설명을 필요로 하는 것은 제외된다(시행령 제17조부터 제20조). 금융서비스제공업자가 취급할 수 있는 금융 상품의 범위는 [표3.2]와 같이 정리할 수 있다.

표 3.2 금융서비스중개업자의 금융 상품 제공 범위

구분	은행		증권	보험	
	예금	대출		생명보험	손해보험
취급 가능	보통예금, 정기예금	일반 대출	공사채, 상장주식, 투자신탁 등	정기보험, 개인연금, 개호보험 (장기요양보험) 등	상해보험, 여행보험 골프보험, 펫보험
취급 불가	투자성 예금 (구조화/ 외화 예금)	카드 대출	비상장주식 파생상품, 신용거래	변액보험, 외화보험, 종신보험 기초율 변경권이 포함된 제3보험, 고액계약 등	

유럽연합: 은행업 지침 II

유럽연합(EU)은 단일경제공동체를 추진하기 위해 규범의 통일 및 단일시장 구축을 위해 다양한 지침을 공표하고 있다. 1977년에 은행업의 인가 및 영업지역에 대해 「은행업 지침」을 공표했고, 1989년에 두 번째 「은행업 지침」(이하 「은행업 지침 II」)을 공표했다. 「은행업 지침 II」 제4조는 은행업의 자본금 요건에 관해서 규정하고 있는데, 원칙적으로 회원국은 은행업 인가 시 최소 500만 유로(약 67억 8000만 원)를 자본금 요건으로 정해야 하며, 특정 범주의 은행의 경우 자본금 요건을 완화할 수 있다고 규정하고 있다. 「은행업 지침 II」에 따라 리투아니아는 핀테크를 활성화할 목적으로 2016년 6월에 개정하여 전문은행에 대한 규정을 신설하면서 전문은행의 자본금을 최소 100만 유로로 완화했다.

- 리투아니아 은행법 제2조 제10호는 전문은행에 대해서 "비전문가인 시장참여자로부터 예금 및 기타 상환 가능한 자금을 수령하고 관련 위험과 책임을 부담하며, 법 제4조 제5항의 금융서비스만을 제공할 수 있는 신용기관"으로 정의하고 있다.

이처럼 유럽연합에서는 은행업 진입 규제를 완화하여 핀테크가 은행업으로 진출할 수 있도록 허용했으며, 그 결과 N26과 같은 다양한 핀테크 업체가 은행업에 진출하여 유럽 전역에서 다양한 금융서비스를 제공하고 있다. 유럽연합이 핀테크의 은행업 진출을 과감히 허용한 것은 주요 은행을 제외하고는 기반산업으로 생각하지 않아 은행에 대한 진입 규제가 우리나라만큼 강하지 않았기 때문에 가능한 정책적 선택이었다고 생각한다.

결론: 금융 플랫폼 제언

앞서 살펴본 바와 같이 금융 플랫폼에 대한 우리나라의 규제는 「금융소비자보호법」을 통해 등록할 수 있는 근거는 두고 있다. 하지만 특정 상품 등에 한해 일부를 허용하는 방식으로 이루어지고 있다. 금융 플랫폼이 활성화되면 금융산업이 재편될 가능성이 높고, 그로 인해 금융 안정이 깨질 우려가 있다는 점과 금융산업이 금융 플랫폼업자에게 종속될 우려가 있다는 점 등이 전면적인 허용을 가로막는 이유로 제시되고 있다. 구글, 아마존 등과 같은 이른바 빅테크에 의해 해외 금융산업이 변화하고 있는 것을 우려의 근거로 제시하고 있으며, 해외에서 빅테크가 금융업에 진출하는 것을 규제하고 있다는 점을 해외 사례로 제시하고 있다. 그러나 해외의 규제를 면밀하게 살펴보면, 빅테크에 대한 규제는 금융산업 진출을 제한하는 것이 아니라 독과점을 방지하는 차원의 규제를 추진하는 것이며, 자국 내에서 자국 사업자의 금융 플랫폼 진출은 적극적으로 장려하고 있다. 이는 금융 플랫폼이 금융소비자에게 다양한 편익을 제공하고 있을 뿐만 아니라 금융산업의 경쟁을 촉진하여 효율성을 높일 수 있기 때문이다.

금융산업에 대한 국가 정책 및 국민 인식은 각 국가들마다 차이가 있다. 이는 금융 플랫폼에 대한 각국의 진입 규제를 살펴봐도 알 수 있다. 우리나라는 은행, 증권, 보험의 경우 경제시스템 및 사회 안정을 지탱하는 기반산업으로 인식하고 있는 만큼 금융 안정이 무엇보다 우선시되는 것으로 여겨진다. 이러한 문화는 과거 IMF 등을 겪으면서 보다 강해진 것으로 보인다. 그러나 우리나라는 금융위기 등을 경험하면서 금융 안정을 위한 체계를 탄탄하게 구축해 왔다. 이는 최근 코로나19 이후 금리 인상 시기에 한미 금리 차가 역전되었음에도 불구하고 우려했던 것만큼의 금융위기가 없었다는 점에서 알 수 있다. 그렇다면 이제는 금융소비자의 편익 제고, 금융산업의 도약 등을 위해 금융 플랫폼에 대한 정책을 전환하여 파괴적 혁신이 이루어질 수 있도록 뒷받침할 수 있어야 할 것이다.

파괴적 혁신이 가능해야 국내 핀테크 기업과 금융회사 등이 국내에서 성공한 사업 모델을 바탕으로 해외 진출도 용이해질 수 있을 것으로 생각한다.

참고문헌

구자현. 2019. 핀테크 활성화를 위한 기능별 금융업 인허가 도입 방안. 한국개발연구원.
권민경·박선영·이성복·조성훈. 2019. 해외 유망 핀테크기업 사업 모델 분석과 국내외 규제환경 비교. 자본시장연구원.
김규동. 2017. P2P 보험 도입 효과 분석.
김범수·윤지환. 2021. 핀테크의 금융서비스 확대가 금융안정에 미치는 영향. 한국은행.
신경희. 2020. 일본의 새로운 금융서비스중개업 도입. 자본시장연구원.
윤민섭. 2017. P2P금융에 관한 법적 연구. ≪한국금융법학회≫.
_____. 2019. 금융 상품 온라인 플랫폼 제도화 방향 연구. 한국금융소비자보호재단.
이성복. 2021. 핀테크에 의한 금융혁신 양상과 시사점. 자본시장연구원.
장경운. 2019. 글로벌 핀테크 10대 트렌드 및 시사점. 금융감독원.
한국개발연구원. 2017. 4차혁명 대비 금융혁신지원을 위한 법·제도 개선방안. 용역 보고서.
한국은행. 2023. 2022년 중 전자지급서비스 이용 현황.
홍동표·전성운·이상승·김상택. 2020. 네트워크 효과가 시장구조에 미치는 영향과 경쟁 정책. 정보통신정책연구원.

4장

핀테크와 포용적 금융

김우진

요약 | 이 장은 핀테크가 금융 포용성에 어떻게 기여할 수 있는지 기존의 연구 결과와 사례를 중심으로 소개한다. 기술 발전을 통한 금융 혁신으로 인해 디지털 매체에 익숙하지 않은 고령층 등 새로운 금융소외계층이 발생할 수도 있다. 하지만 빅데이터를 활용한 새로운 신용평가 기법 등을 통해 저소득층, 청년층의 금융 상품 접근성을 향상할 수도 있다. 미국을 대상으로 한 연구결과 등에 의하면 핀테크는 대체로 금융 포용성에 기여할 수 있는 것으로 나타났다. 한편, 국내외에서 출시된 후불결제 서비스와 온라인 보험 정보 제공 서비스는 청년층의 소비 평활화와 사업자의 합리적인 보험상품 선택에 기여할 가능성을 시사한다.

서론: 경제발전과 금융소외계층의 대두

금융은 국민 경제의 혈관이다. 혈액 순환이 잘 이루어져야 신체가 건강하듯이, 자금이 잘 융통되어야 경제가 잘 돌아갈 수 있다. 금융의 역할은 자금을 필요로 하는 부문에 적시에 자금이 공급되도록 하는 것이다. 원론적으로 가계, 기업, 정부 등 국민 경제의 3대 주체 중 자금의 공급은 가계의 저축을 근간으로 하고, 자금의 수요는 기업의 실물 투자에서 비롯된다. 기업은 가계의 저축으로 형성된 가용 자금을 금융중개기관과 자본시장을 통해 대출, 증권(주식, 채권) 발행 등의 형태로 조달한다. 이렇게 조달된 자금을 다양한 실물 투자 기회에 투입하여 이윤을 창출하고, 이윤을 이자, 배당 등의 형태로 자금을 공급한 투자자에게 제공한다.

위와 같이 경제 내 자금에 대한 수요는 기본적으로는 기업 부문에서 발생하나, 경제가 발달할수록 가계 자체의 자금 수요도 증가하는 경향이 있다. 경제에서 금융이 차지하는 비중이 커지는 현상을 금융 심화(financial deepening)라고 하는데, 각 경제 주체들의 금융서비스에 대한 접근성이 높아질수록 금융 심화도가 더 커진다. 경제협력개발기구(OECD) 자료에 의하면, 가계 부문의 가처분 소득에서 부채가 차지하는 비율이 가장 높은 국가들은 2021년 기준으로 덴마크, 노르웨이, 스위스 등 주로 북유럽 국가들이며 그다음은 뉴질랜드, 호주, 한국, 스웨덴 순으로 나타나고 있다.

그림 4.1 국가별 가계소득 대비 부채 비중

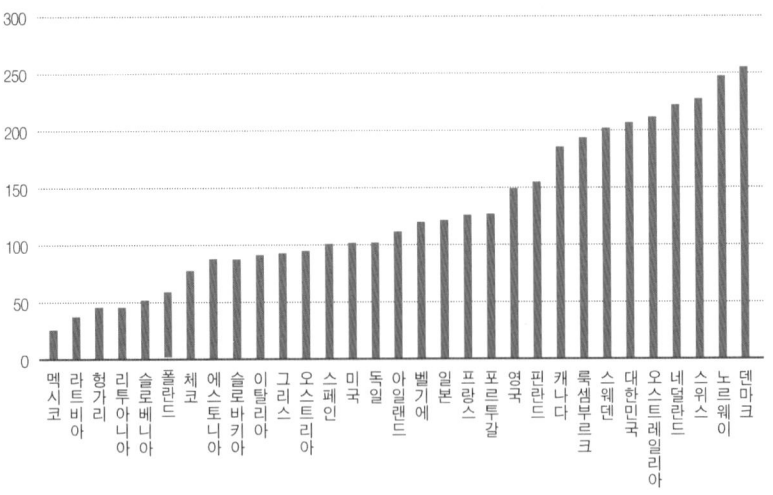

자료: OECD, 2021.

가계 부문 자금 수요의 대부분은 주로 주택 구입과 관련된 대출이다. 경제가 발전할수록 주택담보대출의 만기가 장기화되고, 만기일시상환 대신 원리금균등분할상환(mortgage) 방식이 일반화되면서 관련 대출이 증가한다. 2008년 글로벌 금융위기의 원인 중 하나는 신용도가 높지 않은 가계에 공여된 주택담보대출의 원리금이 제대로 상환되지 않으면서 이를 기반으로 발행된 유동화증권(asset-backed security)들이 연쇄 도산했기 때문이다.

글로벌 금융위기 이후 각 금융회사는 차주의 신용도에 더욱 신경을 쓰게 되었고, 이에 따라 신용도가 부족한 가계와 기업은 자금 시장에서 소외될 가능성이 더 높아졌다. 필자의 연구 결과(Erel, Julio, Kim and Weisbach, 2012)에 의하면 거시경제 상황이 악화될 경우, 신용도가 낮은 기업들은 자금조달이 어려워지는 반면, 신용도가 높은 기업들은 오히려 자금조달이 늘어나는 경향이 있다. 이는 경제의 불확실성이 높아질 경우, 자금의 공급자들이 신용도가 높은 차주를 선호하는 '안전자산 선호(flight-to-quality)' 경향이 있기 때문인 것으로 추정된다.

차주의 신용도는 기본적으로 소득 및 보유자산에 의해 결정된다. 은행 입장에서 소득이 높고, 보유자산이 많은 차주는 우량 고객인 것이다. 그런데 이러한 소득과 자산은 경제가 고도화될수록 상위계층에 더욱 집중되는 소위 양극화 문제가 발생한다. 2022년 12월 통계청에서 발표한 '2022 가계금융복지조사'에 따르면 우리나라 가구 상위 10%의 순자산(자산-부채)은 2022년 기준 19억 6226만 원으로 나타났다. 상위 10% 가구의 경우 코로나19의 영향 없이 코로나19 이후에도 순자산이 지속적으로 증가하여, 2017년 대비 2022년에 재산이 49%나 늘었음을 알 수 있다. 반면 하위 10%의 평균 순자산은 2022년 기준 -903만 원으로 자산보다 부채가 더 많았다. 또, 하위 10% 가구의 경우 2017년부터 2022년 사이 순자산이 36%나 감소한 것으로 나타나, 결과적으로 상위 10%와 하위 10% 가구 간 양극화가 더욱 심해졌음을 알 수 있다. 국내 가계 패널 데이터를 활용한 김동헌·이순호·박영철(2020)의 연구 결과에 의하면 금융심화가 확대될수록 저소득층보다는 고소득층의 금융 접근성이 더 향상되어 소득 불평등이 오히려 심화될 수 있음을 경고하고 있다.

이처럼 양극화가 진행됨에 따라 대출을 비롯한 주요 금융서비스에 대해 접근도가 상대적으로 떨어지는 금융소외계층이 발생한다. 이러한 저소득, 저신용 계층은 은행 등 1금융권에서 대출이 어려워 상대적으로 금리가 높은 저축은행 또는 대부업체를 이용하게 된다. 고금리 대출의 이자를 제때 갚지 못하면 이자에 이자가 더 쌓이게 되어 결국 신용불량 상태까지 빠질 수 있는 위험이 있다. 신용불량 상태에서는 구직 시 제한이 많아 결국 저소득, 저신용이 반복되는 악순환이 지속될 수 있다.

한편, 최근에는 정보통신기술이 급속히 발전함에 따라, 저소득층 이외에 고령층의 금융소외 현상도 발생하고 있다. 고령층은 IT 기술 및 단말기를 기반으로 하는 다양한 비대면 채널에 익숙하지 않아서 지점 등 대면 채널을 선호한다. 그런데 금융회사들은 비대면 채널 확대 및 비용 절감 등을 위해 지점을 점점 축소하는 경향이 있다. 이렇게 되면 고령층의 금융서비스 접근 기회도 점점 축소된다. 이하에서는 기술과 금융의 융합인 소위 핀테크가 어떻게 금융소외계층을 도울 수 있는지 보다 구체적으로 살펴보고자 한다.

핀테크와 포용적 금융

핀테크는 금융(finance)과 기술(technology)의 합성어로, 금융서비스와 정보통신기술의 융합을 통한 금융서비스 및 산업의 변화를 의미한다. 모바일, 사회관계망서비스(SNS), 빅데이터 등을 활용하여 모바일뱅킹, 앱카드 등을 비롯한 새로운 서비스들이 출시되고 있다. Buchak et al.(2018)의 연구 결과에 의하면, 2008년 글로벌 금융위기 이후 미국의 소비자 금융 시장은 전통 은행에서 은행법 규제를 받지 않는 비수신-여신 중심 금융회사로 그 중심이 급격히 옮겨가고 있다. 이러한 여신 중심 금융회사들은 상당 부분 핀테크를 채용하고 있으며, 빅데이터를 활용하여 비대면 채널을 통한 자동화 대출 서비스를 제공한다.

핀테크 금융회사들은 물적 담보 대신 다양한 데이터(차주의 거래 기록, SNS 활동 등)를 활용하여 차주의 신용도를 평가한다. Berg et al.(2020)에 의하면, 소위 '디지털 흔적(digital footprint)'이 전통적인 신용정보점수를 대체할 수 있다고 한다. 디지털 흔적은 본인 관련 기사, 본인의 소셜미디어 기록, 타인이 공유한 본인의 정보 등 대중에게 노출된 디지털 기록과 검색 기록, 쇼핑 기록, CCTV 기록 등 대중에게 노출되지는 않았지만 관리자나 운영자가 데이터로 활용할 수 있는 기록으로 구분된다. 여기서 도출한 몇 가지 단순한 변수만으로 해당 개인에 대한 신용평가가 가능하다는 것이다.

금융 포용성(financial inclusion)이란 개인과 기업이 필요로 하는 다양한 금융 상품과 서비스(거래, 결제, 저축, 대출, 보험 등)를 적절한 가격에 활용할 수 있는 환경을 의미한다. 금융 포용성은 금융소외계층에 직접적으로 도움이 될 뿐만 아니라, 중장기적으로는 제도권 금융시스템 참여 인원을 확대함으로써 경제 활력과 지속가능한 성장에 도움이 된다.

금융 포용성은 2015년 제70차 유엔총회에서 2030년까지 달성하기로 결의한 의제인 17개 지속가능 발전 목표(SDGs: Sustainable Development Goals) 중 7개를 달성하기 위한 중요한 수단으로 인식되고 있다. 2017년 G-20 독일 정상회담에서는 금융 포용성 환경 조성을 위해 '2017 금융 포용 행동 계획(FIAP)'을 채택했다. 지난 정부에서는 금융 포용성을 금융정책의 핵심 과제로 추진했는데, ① 서민의 금융 부담 완화 ② 취약 채무자 보호 ③ 국민 재산 형성 지원 ④ 금융의 사회적 책임 강화기 주요 과제였다. 보다 구체적으로는 서민의 금융 부담을 완화하기 위해 중금리 대출 상품과 미소금융, 햇살론 등 정책성 서민금융 상품의 공급을 확대하고, 소상공인과 자영업자 등 취약채무자 보호를 강화하기 위해 카드수수료를 인하했으며, 청년·대학생에 대한 소액금융 지원을 강화하는 한편, 법정 최고금리 상한을 24% 인하했다. 상환 능력이 없는 계층의 채무를 정리하기 위해 장기소액연체자에 대한 추심을 중단했고, 금융의 사회적 책임을 강화하기 위해 「금융소비자보호법」을 제정했다.

앞서 서술했듯이, 핀테크의 발전은 1차적으로는 이러한 기술 환경에 적응하기 어려운 고령층의 금융소외 현상을 더욱 심화할 가능성이 있다. 그러나 핀테크가 오히려 금융 포용성에 도움이 된다는 다양한 학술 연구 결과도 있다. 우선 이론적으로는 핀테크 금융회사들은 전통 은행에서는 대출이 불가능한 고위험, 저신용자에게도 금융서비스를 제공할 수 있는 장점이 있다. 반면, 시간이 지나면서 핀테크 금융회사들은 위험관리 및 수익성 제고를 위해 전통 은행의 고객인 고신용자에게 초점을 맞출 가능성도 있다. 실제로 Di Maggio and Yao(2021)의 연구에 따르면, 핀테크 금융회사들은 초기에는 제도권 금융에서 소외된 고위험 차주들을 대상으로 영업을 하다가, 이후 어느 정도 사업이 정착되면 안전한 차주들로 고객을 갈아타는 경향을 보였다.

Cornelli et al.(2022)의 연구 결과에 의하면, 미국 내 소상공인 대출 시장에서 비은행 금융회사, 특히 핀테크 회사들의 시장점유율이 지역 은행 대비 더 높게 나타났으며, 이들은 각종 데이터를 활용하여 자체 신용점수를 매기고 있었다. 코로나19 초기 당시 미국의 급여보장프로그램(Paycheck Protection Program, PPP)의 효과를 분석한 Erel and Liebersohn(2022)의 연구 결과에 의하면, 은행 지점 수가 적고, 소득이 낮고, 소수인종이 많은 지역에서 핀테크가 더 많이 활용되는 현상이 관찰되었다. 미국의 급여보장프로그램은 코로나19로 피해를 본 중소기업에 월평균 급여총액의 2.5배에 해당하는 금액을 대출하고, 사전에 정해진 조건을 충족하면 대출금 전부 또는 일부의 상환을 면제하는 제도로 본 연구는 핀테크 대출이 전통 은행 대출을 보완할 수 있음을 시사한다. 반면, Gopal and Schnabl(2022)의 연구에 의하면, 글로벌 금융위기 이후 핀테크 금융회사들은 소상공인 대출을 늘렸는데, 이는 기존 은행 대출의 감소를 수반함으로써 핀테크와 기존 은행 간에 어느 정도 대체 효과가 있음을 의미한다고 볼 수 있다.

이러한 연구 결과는 핀테크가 금융소외계층에 직접적으로 도움을 줌으로써 금융 포용성에 기여할 수 있음을 시사한다. 특히, Fu and Mishra(2022)는 코로나19 확산에 따른 정부의 봉쇄조치 이후 금융 관련 앱의 다운로드가 증가함을 발견했다. 이는 핀테크가 금융소외계층뿐만 아니라 대면 채널이 봉쇄되어 있는 모든 잠재적 금융소비자의 접근성을 향상함으로써 금융 포용성의 범위를 더 넓힐 수 있음을 보여준다.

디지털 기술 발전이 금융 포용성에 기여할 수 있는 사례는 케냐에서도 찾아볼 수 있다. 엠페사(M-Pesa)는 케냐 이동통신사인 사파리콤이 제공하는 모바일 간편결제 및 송금 서비스다. 엠(M)은 모바일, 페사(Pesa)는 스와힐리어로 돈이란 뜻이다. 전통적으로 케냐의 금융 인프라는 매우 취약하다. 예컨대 대도시를 제외하면 은행 지점을 별로 찾아볼 수 없다. 이에 따라 은행계좌 또는 신용카드를 보유한 인구는 미미한 수준이다. 전체 국민의 상당수가 현금으로만 결제하는 금융소외계층이었는데, 모바일 통신의 발달로 이들에게 결제, 송금 등 가장 기본적인 금융서비스를 제공할 수 있게 된 것이다.

금융 플랫폼을 활용한 금융 포용성 확산 사례

이하에서는 금융 플랫폼에서 제공하는 서비스가 어떻게 금융소외계층을 도와 금융 포용성을 확산할 수 있는지 몇 가지 사례를 통해 살펴보고자 한다.

후불결제 시스템

최근 해외에서는 선구매 후지불 서비스 또는 후불결제 서비스(buy now pay later, BNPL) 시장이 급속히 확대되고 있다. 'BNPL'로도 불리는 이 서비스는 소비자가 대금 결제 없이 일단 물건을 받고 추후에 결제하는 방식이다. 실질적으로는 판매 플랫폼이 판매자에게 대금을 선지급하고, 구매자에게 단기 신용을 제공하는 형태다. BNPL은 모바일·디지털 환경을 선호하는 'MZ세대(밀레니얼+Z세대, 1981~2004년생)'가 주요 고객이다. 글로벌 BNPL 시장규모는 2018년 285억 달러(약 319조 원)였으나, 2021년에는 1200억 달러(약 161조 원)로 성장했다.[1] 영국에서는 이미 패션, 미용 용품 구입 시 BNPL이 2대 지불수단으로 성장했으며, 2025년까지 연평균 13% 이상 성장해 680억 달러(약 761조 원) 규모의 시장을 형성함으로써 주요 핀테크 사업으로 자리매김할 것으로 예상된다.

후불결제 서비스는 호주, 미국, 유럽 등 해외에서는 이미 MZ세대를 중심으로 선호도가 높은 편이며 이미 대중화되고 있는 추세다. 대표적인 후불결제 기업으로는 호주의 '애프터페이', 미국의 '어펌', 유럽의 '클라르나' 등을 들 수 있다. 이들 3사의 2020년 기준 거래규모는 전년 대비 각각 98.9%, 76.9%, 32.3% 증가했다.

최근 BNPL 거래 증가는 사용자의 수수료 면제, 저신용자가 이용 가능

---

1   https://economist.co.kr/article/view/ecn202308220013.

표 4.1 주요 BNPL사 거래 규모 (단위: 10억 달러)

	2019	2020	2022
어펌(Affirm)	2.6	4.6	18
애프터페이(Afterpay)[1]	3.8	7.5	19.7*
클라르나(Klarna)	31.0	41.0	76

1) 애프터페이는 2022년에 블록(Block)사에 인수되어 2022년부터 애프터페이만의 거래 규모를 공개하고 있지 않아 2021년 수치를 반영. https://www.afr.com/companies/financial-services/block-says-afterpay-is-still-growing-strongly-20230224-p5cn9g.
자료: 금융위원회.

한 BNPL 거래 구조의 특성, 코로나19로 인한 비대면 거래 확대에 주로 기인한다. BNPL 제공사의 수익구조는 가맹(retailer)수수료 및 소비자(consumer) 연체수수료 등으로 구성되며, 이 중 가맹수수료가 대체로 큰 비중을 차지하고 있다.

1. 애프터페이(호주)

애프터페이(Afterpay)는 2015년 호주 시드니에서 설립되어 BNPL 서비스를 가장 빨리 활성화한 선두주자다. 2021년 기준 전 세계 이용자 수는 1600만 명 이상(전년 대비 63% 증가)이며, 이 중 1000만 명은 북미 고객으로 사용자의 대다수는 MZ세대로 추정된다. 10만 개 이상의 상품을 보유하고 있으며, 가입자의 90%는 체크카드를 결제수단으로 사용한다. 2021년 매출액은 224억 달러로 전년 대비 102% 증가했으며, 2021년 8월 미국의 핀테크 기업 블록이 애프터페이를 290억 달러에 합병(종가 대비 31% 합병 프리미엄 지급)하기로 발표했고, 2022년 1월 인수가 마무리되었다.

애프터페이의 결제 방식은 전체 구매 대금을 4분의 1로 나누어 첫 할

부금은 구매 시 지불하고, 나머지는 매 2주 간격으로 분할 납부하여 6주 동안 갚는 형식이다. 연체가 없을 경우에는 추가 수수료가 없으며(단, 연체 시 수수료 10달러), 가입 시 수초 내에 승인 여부가 결정된다. 취급 품목은 주로 의류, 패션, 미용에서부터 생활, 가전, 건강 용품에 이르기까지 다양하다. 미국에서 패션 부문 e커머스에서 애프터페이의 시장점유율은 6.5%에 달하며, 미국 소비자들은 연간 총 4.6억 달러의 수수료와 이자(거래 건당 6달러)를 절약하고 있다고 주장한다.

2. 어펌(미국)

어펌(Affirm)은 미국 샌프란시스코에 본사를 둔 금융 기술 서비스 회사로 페이팔 창업 멤버인 맥스 레브친(Max Levchin)이 2012년에 설립했다. 2017년 10월 모든 소매점에서 상품 구매 시 대출을 제공하는 BNPL 서비스를 출시했으며, 2019년 2월 월마트와 파트너십을 맺고 월마트 오프라인 매장 및 온라인 사이트(Walmart.com)에서 할부 구매 서비스를 제공하기 시작했다. 어펌은 쇼피파이(Shopify), 빅커머스(BigCommerce), 젠카트(Zen Cart)와 같은 이커머스 회사들과 파트너십을 맺으며 빠르게 성장했다. 특히 코로나19 팬데믹 와중에 펠로톤 바이크를 비롯한 다양한 운동 기구 판매가 급증했고, 이에 힘입어 2021년 1월 주당 49달러로 나스닥에 상장했다.

전체 수익구조는 54%가 판매자 수수료, 31%가 구매자가 지불하는 이자로 구성되어 있다. 판매자 수수료가 큰 비중을 차지하는 다른 BNPL 업체와는 달리 어펌은 구매자 이자가 수익의 주요 부분을 구성하는 등 신용대출 서비스를 취급한다.

3. 클라르나(유럽)

클라르나(Klarna)는 2005년 2월 스웨덴 스톡홀름경제대학 석사과정 학생 3명이 만든 BNPL 서비스 기업이다. 소비자가 무이자로 상품을 구매하면 가맹점이 결제 대금을 모두 선지급하는 방식으로 운영한다. 다른 BNPL 업체와 유사하게 가맹점에서 받는 수수료가 주요 수입원으로 MZ세대의 주목을 받으며 성장했다.

2021년 기준 17개국에서 9000만 명 이상의 고객, 25만 개 이상의 가맹점을 확보하고 있으며, 하루 평균 200만 건 이상의 거래를 기록하고 있다. 2021년 3월까지 누적 투자금 31억 달러(약 3조 4700억 원)를 유치했고, 기업 가치는 310억 달러(약 34조 7000억 원)에 달한다. 2019년 4월부터 2021년 3월까지 2년간 10개의 투자 라운드가 진행되었다.

결제 방식은 (1) 무이자 4회 할부 방식(구매 시점·2주·4주·6주 후 결제, 애프터페이와 동일) (2) 14일, 30일 내 무이자 일시불 결제 방식 (3) 6~36개월간 분할 납부 방식(금리 0~29.99%) 등이 있다. 가맹점으로부터 거래 1건당 0.3달러를 고정비로 받고, 결제 금액의 5.99%를 수수료로 받는다. 비자, 마스터 등 대표 카드사의 고정비(0.05달러)와 수수료(1.29%)보다 높은 편이나, 가맹점 입장에서는 고객 유입에 효과적인 편이라고 평가한다. 클라르나를 통해 다수의 사용자를 앱으로 유입할 수 있고, 간단한 결제 방식으로 고객 구매 횟수와 구매 금액이 늘어나는 효과를 얻기 때문이다.

2021년 기준 기업가치는 456억 달러로 평가되며, 결제규모는 2021년 상반기에 전년 대비 53%가 늘어났으나, 영업손실이 1년 전보다 2.6배 증가한 약 2400억 원으로 집계되었다. 손실의 대부분은 대금 미결제에 의한 것으로 향후 이용자의 신용 위험을 어떻게 관리할 것인지에 대한

표 4.2 해외 주요 BNPL 기업 현황

	애프터페이 (호주)	어펌 (미국)	클라르나 (스웨덴)
설립연도	2015	2012	2005
기업가치	290억 달러(상장)	291억 달러(상장)	456억 달러(비상장)
주요 특징	미국, 영국, 뉴질랜드, 캐나다로 서비스 확대	가맹점 플랫폼 구축 신용대출 서비스	BNPL 세계 최초 도입 유럽 BNPL 시장 주도 은행업 인가(2017)
고객 수	1620만 명(2022)	1390만 명(2022)	1억 5000만 명(2022)
가맹점	5.5만 개 (2020)	6500개	19만 개
분할 납부 기간	2주 간격 4회 분할 납부(무이자)	3, 6, 12개월 0~30% 이자(신용도별 차등)	2주 간격 4회 분할 납부(무이자)
한도 등	2000달러	1만 7500달러 대출 가능	클라르나 카드
연체수수료	1주일 내 7달러, +10달러		2번 지불 요청 후 7달러

자료: https://newsroom.koscom.co.kr/28384, https://happist.com/578144.

문제가 제기된다.

이러한 해외 시장의 변화에 부응하여, 국내에도 네이버, 카카오, 토스 등 대표적인 플랫폼 기업들이 후불결제 시스템을 도입하고 있다. 금융위원회가 2021년 2월 18일 네이버페이의 소액 후불결제를 혁신금융서비스로 지정해 4월에 처음으로 후불결제를 선보인 바 있다. 다만 분할 납부가 가능한 해외와는 달리, 국내 서비스는 신용카드 결제와 유사하게 정해진 결제일에 전체 금액을 완납하는 방식을 채택하고 있다.

4. 네이버

네이버파이낸셜은 2021년 4월부터 만 19세 이상 중에 네이버페이 가입 기간 1년 이상 사용자 일부를 대상으로 후불결제 서비스를 시범 도입했다. 네이버의 후불결제 서비스는 네이버페이로 결제를 할 때 선불 충전금이 부족해도 일정 금액까지 외상으로 결제하고 추후에 갚을 수 있는 서비스다. 심사를 통과한 사람에게 월 30만 원 한도를 부여하며 한도

내에서 후불결제가 가능하다. 네이버는 사회 초년생과 주부 등 금융 이력이 부족한 사람들에게 정해진 한도 내에서 신용 기회를 제공하는 것을 목표로 한다.

5. 카카오

카카오페이도 2021년 4분기부터 버스, 지하철, 택시, 하이패스에서 사용할 수 있는 '후불결제 교통카드 서비스'를 시작했다. 선불 충전금이 부족하면 대안신용평가 후 최대 월 15만 원 한도에서 후불결제를 제공하는 서비스다. 카카오페이 교통카드는 만 14세부터 사용할 수 있지만 후불결제의 경우 만 19세 이상에게만 적용된다.

6. 토스

토스 후불결제 서비스는 2021년 금융위원회로부터 혁신금융서비스로 지정받아 2022년 서비스를 오픈했다. 후불결제 가맹점에서 제품을 고른 후 결제 단계에서 토스페이를 선택하면 후불결제 버튼을 확인할 수 있다. 자동납부 계좌 등록 후 심사를 거쳐야 하며 월 결제 한도는 최대 30만 원이다. 서비스 이용에 따른 별도의 수수료나 이자가 부과되지 않는다. 사용자들의 금융정보와 결제이력 등 비금융 데이터를 기반으로 한 대안신용평가모형을 활용하고 있다.[2]

2021년 미국 연방준비제도가 진행한 조사에 의하면 조상 대상자의 약 10%가 지난 1년간 후불결제 서비스를 이용한 경험이 있었다. 후불결제

---

2 https://mobile.newsis.com/view.html?ar_id=NISX20220510_0001865899.

를 이용하는 이유로는 편의(78%), 신용카드를 사용하고 싶지 않아서(53%), 후불결제를 통해서만 구매 여력이 있어서(51%), 그리고 이용 가능한 지불 방법 중 유일한 수단이라서(19%)로 나타났다. 특히 후불결제를 이용하는 이유가 소득과 교육 수준에 따라 다르게 나타났는데, 연 소득이 5만 달러 이하이거나 교육수준이 고등학교 이하인 이들의 60%가 후불결제 외에 다른 방법으로는 구매 여력이 없다고 응답했고, 소득 10만 달러 이상인 이들의 25%만이 같은 이유를 댄 것과 비교된다. 덧붙여 후불결제 외에 다른 사용 가능한 지불수단이 없다고 답한 이가 저소득·저교육 그룹에서는 25%에 달했고, 고소득·고교육 그룹보다 2배 이상 높은 것으로 나타났다.[3]

네이버 테크핀 리포트 2021 Part 3(김우진·김준범)에서는 국내 신파일러(thin filer)를 대상으로 후불결제 수요를 설문조사한 바 있다. 본 설문에서 신파일러는 신용카드가 없거나 한도가 300만 원 이하인 경우로 정의되었다. 이는 대규모의 신파일러 표본을 통해 이들의 특성을 보다 자세히 분석하고자 하는 취지였으나, 거의 3분의 2에 해당하는 신파일러가 신용카드 보유자로 나타났다. 분석 결과, 신파일러는 연령대가 낮고, 소득과 소비 수준이 낮으며, 저축과 투자 활동도 비교 집단에 비해 적게 하며, 결제수단으로는 주로 체크카드, 계좌이체 등 보유한 현금을 사용하고 있는 것으로 나타났다. 이는 신파일러들이 소비 평활화(consumption smoothing)에 제약을 받고 있으며, 후불결제 서비스를 통해 이들의 소비 평활화를 촉진하고 궁극적으로 사회 후생을 증진할 수 있음을 시

---

[3] Federal Reserve, 2022, Economic Well-Being of U.S. Households in 2021. 〈https://www.federalreserve.gov/publications/2022-economic-well-being-of-us-households-in-2021-banking-and-credit.htm〉.

사한다.

국내에 후불결제 서비스가 출시된 이후 아직 기간이 얼마 경과되지 않아 동 서비스 사용 경험이 있는 응답자를 추가로 확보하여 설문을 진행한 결과, 신규 서비스로서 후불결제에 대한 관심이 높고, 식품을 포함한 다양한 품목을 구매하고는 있으나 대부분 거래가 10만 원 미만으로 아직은 소규모이고, 특히 연체 경험 비율이 9%에 달했다. 후불결제 이용경험과 무관하게 전체 응답자를 대상으로 한 조사 결과, 후불 결제를 기존의 휴대폰 결제 또는 신용카드와 유사한 기능을 수행하는 것으로 인식하는 비율이 높게 나타났으며, 신용카드 발급이 용이한 국내 소비자의 경우 후불결제 서비스에 대한 직접적인 수요는 해외에 비해 높지 않은 것으로 보인다. 향후 후불결제의 개선 방향에 대해서는 신파일러와 팻파일러 모두 '혜택 추가', '사용처 확대', '부분 납부 등 기능 추가' 등 서비스 확대를 요구하고 있다. 해외 주요 BNPL 업체들의 결제 방식이 부분 납부임을 고려할 때, 부분 납부 기능을 추가하여 후불결제 수요를 늘릴 수 있을 것으로 보인다.

온라인 보험 정보 제공

코로나19 이후 비대면 채널이 급속히 성장함에 따라, 국내 온라인 보험 시장이 대폭 성장했다. 2021년 11월 기준 온라인 채널의 생명보험 초회 보험료는 333억 원으로 전년 252억 원 대비 30% 이상 증가했으며, 2021년 3분기 기준 온라인 채널의 손해보험(자동차 보험 등) 초회 보험료는 4조 9000억 원으로 전년(4조 1000억 원) 대비 약 20% 증가했다(한국경제TV, 2022.2.8). 이러한 온라인 보험의 성장은 MZ세대의 영향이 큰 것으로 평가되는데, 보험연구원의 설문 결과에 따르면, MZ세대의 절반 이상은 건강상 우려 등으로 자발적으로 보험의 필요성을 인식했으며, 설계사의 권유와 광고가 미치는 영향은 낮은 것으로 나타났다.

네이버파이낸셜은 이러한 온라인 보험 시장의 확대에 효과적으로 대응하기 위해 현재 네이버 '사장님 보험 가이드' 서비스를 네이버 포털 사이트를 통해 제공하고 있다. 이 사이트에서는 사업자 관련 7대 의무보험 가입 대상 여부를 '3분 셀프체크'를 통해 편리하게 확인할 수 있는 서비스를 제공한다. 7대 의무보험은 개인정보 보호, 다중이용업소 화재, 재난, 가스 사고, 야영장 사고, 학원, 어린이 놀이시설 관련 보험을 말한다. 의무보험 이외에도 추가로 일반 보험(화재, 영업, 생산물, 풍수해, 단체 상해, 이·미용)에 대한 정보도 제공하고 있다. 이 서비스는 현재 월 10만 명 이상의 방문자를 기록하고 있으며, 보장 내용부터 관련 법령 등 의무보험에 대한 방대한 내용도 쉬운 용어로 풀어낸 요약 버전과 일러스트 등을 통해 일반 온라인 사업자의 금융 정보 접근성을 높이고 있다.

네이버 테크핀 리포트 2022 Part 2(김우진·이종섭)에서는 이러한 환경 변화에 따라 네이버를 매개로 한 사업자, 특히 온라인 사업자의 보험 상품에 대한 수요를 설문조사를 통해 분석한 바 있다. 본 연구에서는 설문 중간에 '3분 셀프 체크'를 경유하도록 하여, 사업자의 의무보험 가입 대상 여부를 객관적으로 재평가하고, 사업자 본인의 인식과 실제 가입 대상 여부와의 차이가 어느 정도 되는지를 추정함으로써 '3분 셀프 체크' 서비스의 사업자에 대한 금융 정보 접근성을 높이는 효과를 검증했다.

사업자의 의무보험 가입 대상 여부에 대한 인식을 '3분 셀프 체크' 이전과 이후로 나누어 비교 분석한 결과, 상당수의 사업자들이 실제 가입 대상인지 여부를 부정확하게 인식하고 있는 것으로 나타났다. 의무보험 가입 대상이 아닌데도 의무보험에 가입한 사업자(임의보험)가 있는 반면, 의무보험 가입 대상인데도 미가입하여 위법 상태에 있는 사업자(과소보험)도 상당수 있는 것으로 나타났다. 임의보험 가입자는 전체 비가입 대상자의 8% 수준이며, 위법한 과소보험 사업자는 전체 가입 대상자의 64%에 이른다. 유효한 응답자 전체로 볼 때는 의무보험 가이드를 접한 후에 자신의 가입 필요성을 올바르게 판단할 가능성이 높아진 경우가 24%였다.

의무보험 가입 여부에 대해 잘못 인식하고 있는 사업자들의 특성을 분석한 결과, 과소보험 사업자(가입 대상인데 미가입)들은 주로 투자 자산 및 재무 목표 설정 경험이 적고, 연체 이력이 있는 등 주로 금융 이해력이 낮은 사업자들인 반면, 임의보험 가입자(미가입 대상인데 가입)들은 오히려 금융 이해력이 높은 사업자들인 것으로 나타났다.

이 연구는 금융 이해력이 낮은 사업자들에게 다양한 정보를 온라인으로 제공함으로써 이들의 정보 접근성을 개선할 수 있는 가능성을 제시했다. 특히, 전체 응답자 중 약 70%가 셀프 체크 정보가 충분하다고 인식하고 있어서, 네이버의 '3분 셀프 체크'를 적극 활성화함으로써 위법 상태인 2종 오류를 최소화할 수 있을 것으로 예상된다. 이 사례는 금융 플랫폼이 금융소외계층에 대한 정보 제공 채널로 역할함으로써 금융 포용성에 기여할 수 있음을 보여준 사례로 평가할 수 있다.

결론

최근 기술 발전에 따른 금융 혁신은 가히 혁명적이라고 할 수 있다. 간편결제를 중심으로 시작된 플랫폼 기업들의 핀테크 산업 진출은 카카오뱅크, 케이뱅크 등 인터넷 전문은행의 탄생을 거쳐, 핀테크를 전문으로 하는 토스의 은행업 진출에까지 이르게 되었다. 기존 은행권 등 금융기업들은 자체 플랫폼 개발 또는 계열 금융기업들 간의 공동 플랫폼 개발에 적극 나서고 있다.

이러한 금융 혁신은 디지털 인터페이스에 익숙하지 않은 고령층을 중심으로 새로운 금융소외계층이 형성되는 문제가 있지만, 기존 신용평가 관행으로는 금융서비스에 접근하기 어려운 저소득층이나 청년층의 금융서비스 접근 가능성을 높이는 측면이 있다.

이 장에서는 이와 같이 핀테크가 금융 포용성에 기여할 수 있는 채널을 다양한 각도에서 살펴보았다. 우선 미국을 중심으로 한 연구결과에서는 대체로 핀테크가 금융 포용성에 긍정적인 영향을 미치는 것으로 나타났다. 한편, 국내외에서 출시되고 있는 후불결제 서비스도 청년층 등 금융소외계층의 소비 활동에 기여하고 있으며, 플랫폼의 보험상품에 대한 정보 제공 또한 합리적인 보험 가입을 위한 의사결정에 도움을 줄 수 있는 것으로 보인다.

앞으로 기술 발전을 통한 금융 혁신이 어디까지 갈 것인지 예측하는 것은 쉽지 않다. 이미 청년층의 주요 투자 대상으로 자리매김한 가상자산의 거래에 대한 제도적 정비는 이제 시작에 불과하다. 일부에서는 가상자산에 대한 장밋빛 미래를 강조하고 있으나, 또 다른 일부에서는 새로운 투기 대상에 불과하다는 우려가 제기되고 있다. 핀테크를 통해 인류의 금융 생활이 이전에 비해 훨씬 더 편리해진 것만은 분명하다. 다만, 이 과정을 통해 소외되는 계층이 발생되지 않도록 감독 당국과 핀테크 기업들의 세심한 주의와 노력이 필요할 것으로 사료된다.

참고문헌

김동헌·이순호·박영철. 2020. 금융심화와 소득불평등간 관계에 대한 미시적 접근. ≪한국경제의 분석≫, 26(2), 111-154.

Berg, T., Burg, V., Gombović, A., and Puri, M. 2020. On the rise of fintechs: Credit scoring using digital footprints. *The Review of Financial Studies*, 33(7), 2845-2897.

Buchak, G., Matvos, G., Piskorski, T., and Seru, A. 2018. Fintech, regulatory arbitrage, and the rise of shadow banks. *Journal of financial economics*, 130(3), 453-483.

Cornelli, G., Frost, J., Gambacorta, L., and Jagtiani, J. 2022. The impact of fintech lending on credit access for U.S. small businesses.

Di Maggio, M., and Yao, V. 2021. Fintech borrowers: Lax screening or cream-skimming?. *The Review of Financial Studies*, 34(10), 4565-4618.

Erel, I., and Liebersohn, J. 2022. Can FinTech reduce disparities in access to finance? Evidence from the Paycheck Protection Program. *Journal of Financial Economics*, 146(1), 90-118.

Erel, I., Julio, B., Kim, W., and Weisbach, M. S. 2012. Macroeconomic conditions and capital raising. *The Review of Financial Studies*, 25(2), 341-376.

Fu, J., and Mishra, M. 2022. Fintech in the time of COVID−19: Technological adoption during crises. *Journal of Financial Intermediation*, 50, 100945.

Gopal, M., and Schnabl, P. 2022. The rise of finance companies and fintech lenders in small business lending. *The Review of Financial Studies*, 35(11), 4859-4901.

5장

지속가능한 성장을 위한 금융 플랫폼 역할

최재원

요약 | 금융 플랫폼은 대출금리를 낮추고 현물 담보의 필요성을 줄여 지속 가능한 성장을 촉진할 수 있다. 이는 플랫폼 네트워크의 다음과 같은 장점에 기인한다. 첫째, 빅데이터 분석을 통해 채무자와 채권자 간 정보 비대칭성을 완화해 보다 정확하게 신용평가를 할 수 있다. 둘째, 네트워크 효과로 채무자의 대출상환 인센티브가 증가하고 현물 및 부동산 담보의 필요성이 줄어드는 효과가 있다. 셋째, 저비용 금융서비스의 규모의 경제가 가능해진다. 이와 같은 플랫폼의 장점은 금융 포용성을 높이고 저소득층 및 소상공인이 보다 효율적인 대출을 받을 수 있게 해 지속가능한 성장을 유도한다. 마지막으로, 금융 플랫폼은 은행과 협업하여 거시경제와 금융 안정성 증진에도 기여할 수 있다.

서론

서민 금융이 위기다. 코로나19 팬데믹 이후 급증한 유동성으로 인해 인플레와 함께 정책 금리가 인상되었다. 높은 대출금리와 예대마진은 담보 여력이 없는 저소득층에 더 큰 악영향을 끼치기에 역진적이다. 이는 소상공인의 생계를 위협하며, 중소기업의 운영을 어렵게 한다. 이러한 문제를 해결하기 위해 정책 금융이 시도되고 있으나 정부 주도의 해결 방법은 한계가 있기 마련이다. 한국 경제의 저성장 구도가 고착화되는 시점에 역진적 금융은 빈부 격차를 악화하고 지속가능한 성장에 걸림돌이 되고 있다.

플랫폼 기업의 금융서비스는 이러한 역진적 금융을 극복하고 지속가능한 성장을 촉발할 잠재력이 있다. 이는 다음과 같은 플랫폼 금융서비스의 장점에 기인하는데 이는 기존 금융시스템을 보완하는 역할을 한다.

첫째, 플랫폼 금융서비스는 채무자와 채권자 간 정보 비대칭성을 완화하여 대출금리 인하를 유도할 수 있다. 금융대출에 있어 채무자와 채권자 사이의 정보 비대칭성이 큰 문제다. 채권자는 채무자의 향후 유동성과 사업 전망 등을 걱정하게 마련인데 이는 채권자로서는 알 수 없는 정보다. 채무자는 사업 전망을 최대한 긍정적으로 채권자에게 보여주어 유리한 조건에 대출을 받고 싶어 할 것이다. 이러한 채무자와 채권자의 높은 정보 비대칭성은 대출금리의 중요한 결정변수다. 플랫폼 기업의 빅데이터와 인공지능 기술은 채무자의 신용 정도와 미래 현금흐름에 대해 정확하게 예측할 수 있게 하므로 정보 비대칭성 완화에 크게 기여할 수 있다.

둘째, 플랫폼의 네트워크 효과는 현물담보의 기능을 대체하는 역할을 할 수 있는데 이를 네트워크 담보 효과라 부른다(De Fiore et al., 2023). 기존 금융시스템의 경우 현물담보를 통해 정보 비대칭성을 완화하고 대출자의 상환 인센티브를 늘리려 한다. 반면 플랫폼 금융서비스는 빅데이터와 인공지능 분석을 통해 정보 비대칭성을 해소할 수 있어 담보의 필요성이 줄어들게 된다. 그뿐만 아니라 네트워크 효과는 담보가 없더라도 대출자의 상환 의지를 높이는 효과가 있다.

셋째, 네트워크 담보를 통한 현물담보 대체는 거시경제 발전에 도움이 된다. 현물 및 부동산 담보는 경기순환에 취약하고 신용경기의 변동폭을 악화할 수 있다(Kiyotaki and Moore, 1997). 네트워크 담보는 경기순환에 덜 민감하기에 현물담보를 대체할 경우 거시경제 건전성에 기여할 수 있다.

넷째, 플랫폼 금융서비스의 네트워크 담보 기능과 정보 비대칭성 완화는 저소득층의 금융 포용성(financial inclusion)에 기여한다. 핀테크의 장점은 저비용 확장성(low cost scalability)에 있다. 신용평가가 빅데이터와 인공지능 기술에 의해 자동으로 처리되기에 한계비용은 0에 가깝다. 로보어드바이징(roboadvising)의 경우 인건비를 개선하여 저비용으로 금융 상담이 가능하기 때문에 저소득층에도 자산관리 서비스를 제공할 수 있다(Philippon, 2019). 이와 같이 플랫폼의 금융서비스는 효율적이고 저비용으로 대출 서비스를 제공하므로 금융 포용성과 궁극적으로 지속가능한 성장에 기여하게 된다.

마지막으로, 플랫폼 기업은 은행과 상호 보완 및 협력을 통해 금융 안정성에 도움을 줄 수 있다. 플랫폼 기업이 정보 비대칭성과 네트워크 담보를 유도하는 전단(front-end) 기능을 하고 은행은 레버리지를 통해 후단(back-end)에서 자금을 공급하는 구조가 바람직하다. 이 경우 플랫폼 기업은 은행 대출을 보다 효율적으로 각 대출자의 신용 리스크에 알맞게 연결하는 중개자(matchmaker) 역할을 하게 된다. 은행은 대출 리스크를 낮출 수 있어 재무구조 건전성을 유지할 수 있으며 플랫폼 기업은 레버리지를 일으키지 않으므로 시스템 리스크를 지지 않는다. 이는 전체 금융시스템의 안정성을 높이는 데 기여하게 된다.

금융서비스와 플랫폼의 네트워크 효과

플랫폼 기업의 비교 우위는 빅데이터와 네트워크 외부성(network externality) 효과에 기인한다. 전자상거래 플랫폼을 예로 들면, 상품 판매자가 많을 경우 구매자가 몰리게 되고 이는 더 많은 상품 판매자들을 유인하게 된다. 플랫폼에는 이용자 데이터가 증가하게 되고, 더 많은 데이터 분석을 통해 판매자와 구매자에게 보다 나은 서비스를 제공할 수 있게 되어 판매자와 구매자를 더 끌어들이는 선순환 구조가 만들어진다. 이와 같은 구조를 네트워크 외부성 효과라 부르는데 이는 다양한 군의 서비스를 제공하는 플랫폼 기업의 특징이며 기존의 산업군과 비교해 나타나는 우위성이다.

금융서비스는 플랫폼 기업의 네트워크 외부성 효과를 더욱 강화할 수 있다. 플랫폼 기업의 전자상거래 및 이용자 데이터는 금융서비스 제공에 있어 상호 보완적인 역할을 한다. 결제서비스를 예로 들면, 전자상거래에 결합된 결제서비스는 플랫폼 네트워크의 매출 데이터와 결합되어 보다 정확한 판매자의 신용등급 평가에 쓰일 수 있다. 또한 소셜미디어의 이용자 데이터 등을 통해 구매자의 소비 취향과 데이터를 구축할 수도 있어 구매자의 소비 취향을 더 정확하게 예측할 수 있다.

이러한 방식으로 구축된 데이터는 신용등급 산출 및 예측에 중요한 기반이 될 수 있고 이는 소상공인과 자영업자 대출에 큰 도움을 줄 수 있다. 전자상거래 플랫폼의 매출 및 결제 데이터는 판매자의 현금흐름에 대한 실시간 정보다. 이는 판매자가 대출을 원할 경우 정보 비대칭성을 완화하여 대출금리를 인하하는 역할을 한다. 은행만을 통한 대출보다 낮은 금리의 효율적 대출이 가능한 것이다.

이와 같이 전자상거래 플랫폼에 금융서비스가 결합될 경우 시너지 효과가 생길 수 있고 이는 금융소비자 저변을 확대하는 선순환의 효과가 있다. 판매자는 낮은 대출금리를 통해 경쟁력 있는 가격에 제품을 판매하게 될 것이므로 궁극적으로 소비자 편익을 향상하게 된다. 이로 인해 구매자가 증가하고 이용자 데이터를 축적하게 됨에 따라 네트워크 외부성 효과는 더욱 커지게 된다.

은행 여신의 장단점

은행의 여신 활동은 국가 경제에 중요한 역할을 한다. 은행은 대출자, 기업 등의 서류상의 하드 정보(hard information)뿐만 아니라 서류에 나타나지 않고 대면 관계 등을 통해서만 얻을 수 있는 소프트 정보(soft information) 등을 이용하여 신용정보를 모니터링한다. 이와 같은 모니터링 기능은 채권시장에서는 불가능한 것으로 은행이 신용시장에서 담당하는 중요한 기능이다.

그뿐만 아니라 다양한 금융서비스와 폭넓은 고객 기반은 은행의 대출

포트폴리오가 분산(diversification)되어 있다는 것을 의미한다. 이는 개별 고객의 대출 부도에 대한 위험을 낮출 수 있는 장점이어서 대출금리를 인하할 수 있는 요인이 되기도 한다. 하지만 은행은 플랫폼 기업이 보유한 대출자의 실시간 매출 데이터가 없어 필연적으로 정보 비대칭성의 위험을 떠안게 된다. 이와 같은 은행과 플랫폼 기업의 장단점은 상호 보완하는 역할을 할 수 있다는 점을 시사한다.

은행 대출은 정보 비대칭성을 낮추기 위해 통상 현물담보를 요구한다. 소프트 정보만으로는 채권자와의 대리인 문제를 해결하기 힘들기에 현물담보 특히 부동산 담보를 요구하는 경우가 많다. 현물담보의 경우 객관적 가치평가가 가능하여 정보 비대칭성을 낮출 수 있으나 동시에 담보가치가 경기에 민감하다는 단점이 있다. 이는 금융 가속도(financial accelerator) 효과를 가져와 경기 변동폭이 커지는 원인이 된다(Kiyotaki and Moore, 1997). 즉, 현물담보는 정보 비대칭성을 낮추기도 하지만 불경기에 담보가치가 하락할 경우 대출이 더욱 힘들어지게 만든다. 반면 플랫폼 금융서비스는 네트워크 담보를 통해 이러한 문제를 해결해 줄 수 있기에 고도화된 맞춤형 서비스를 통해 신용 리스크를 해소하는 데 중요한 역할을 할 수 있다.

마지막으로, 은행산업에 있어 규제와 감독은 필수적이다. 이는 은행이 경제순환에 중요한 역할을 하고 있을 뿐만 아니라 은행의 과도한 레버리지에 따른 대리인 문제를 방지하기 위한 것이다. 은행산업의 규제는 역설적으로 은행산업의 과점구조가 필연적이라는 것을 의미하기도 한다. 은행업은 규제가 심하고 인가가 까다롭기에 진입장벽이 높아 자연적으로 경쟁이 낮은 과점구조를 형성한다. 이는 높은 예대마진으로 귀결하여 소비자 편익이 줄어들게 된다.

플랫폼 금융서비스의 장점 1: 정확한 신용평가를 통한 정보 비대칭성의 해결

플랫폼의 빅데이터와 인공지능 기술의 접목은 정보 비대칭성 해결에 도움을 준다. 소상공인 및 중소 자영업자들은 수입원이 불안정하고 현물 담보가 없는 경우가 많고 공신력 있는 회계장부 또한 기대하기 힘들다. 은행은 이와 같이 정보 비대칭성이 높은 경우 대출을 거부하거나 대출금리를 높이게 마련이다.

반면 플랫폼 기업의 경우 상인들의 실시간 매출 정보를 정확하게 알고 있을 뿐만 아니라 플랫폼의 이용자 정보를 인공지능을 통해 분석하여 향후 매출을 예측할 수 있다. 이는 플랫폼을 이용하는 상인들의 향후 현금흐름과 대출상환 능력을 정확하게 분석할 수 있다는 뜻이다. 따라서 기존의 신용등급기관들보다 훨씬 정확하게 신용평가를 할 수 있다.

Frost et al.(2020)의 연구에 따르면 실제로 플랫폼 금융서비스가 기존의 신용평가기관보다 더 정확하게 신용평가를 한다는 것이 실증적으로 증명되었다. 해당 연구는 메르카도 리브레(Mercado Libre)의 아르헨티나 데이터를 이용해 실증 분석한 것인데 플랫폼 금융서비스가 더 정확한 신용평가와 소상공인의 부도 위험을 예측한다는 결과를 보여주었다. 그뿐만 아니라 메르카도 리브레의 대출이 소상공인의 매출 향상에도 기여한다는 점을 보여주었다. 이는 플랫폼 금융서비스가 소상공인에게 상대적으로 더 큰 도움을 준다는 해석이 가능한 결과다.

정확한 신용등급과 부도위험 예측은 정보 비대칭성 완화에 크게 기여한다. 이는 궁극적으로 대출금리의 인하를 가져온다. 이는 기존 은행 여신에서 기대할 수 없는 플랫폼 금융만의 장점이다.

플랫폼 금융서비스의 장점 2: 네트워크 담보를 통한 대출금리 인하

플랫폼 금융서비스는 현물 혹은 부동산 담보를 필요로 하지 않는다. 이는 다음과 같은 네트워크 담보효과에 기인한다.

앞서 말했듯이 플랫폼에 축적된 매출과 상품 트렌드에 대한 빅데이터 분석으로 정확하게 신용평가를 할 수 있다. 이는 정보 비대칭성을 완화하는 효과가 있고 따라서 현물담보의 필요성이 줄어든다. 기존 은행 대출에 있어 현물담보의 중요한 필요성 중 하나는 정보 비대칭성의 완화이기 때문이다.

플랫폼의 네트워크 외부성 또한 현물담보의 필요성을 줄이는 효과가 있다. 담보의 다른 중요한 기능은 대출상환에 대한 인센티브를 높인다는 것이다. 담보가치는 채권자보다 채무자에게 높은 경우가 대부분이다. 대출자가 주거하는 부동산을 담보로 제공하는 경우 그 부동산은 은행에 있어서는 금전적 가치밖에 없지만 대출자에게는 삶의 터전이기도 하기 때문이다. 따라서 담보의 실제 가치는 대출자에게 더 높은 경향이 있기에 대출자는 대출을 상환하고 담보를 찾아오고 싶어 한다. 즉, 담보는 대출자의 대리인 비용(agency cost)을 낮추는 역할을 하는 것이다.

플랫폼상에는 담보가 없어도 대출자가 대출상환을 할 강한 인센티브가 존재한다. 이는 플랫폼의 네트워크 효과 때문이다. 전자상거래의 경우를 생각해 보자. 플랫폼에서 대출을 받은 판매자가 이를 상환하지 않을 경우 플랫폼에서 계속 영업을 하는 데 제약이 따른다. 마찬가지로 구매자도 플랫폼에서 받은 대출을 상환하지 않으면 이에 따른 불이익이 있고 플랫폼 이용이 어려워진다. 따라서 판매자와 구매자 모두 플랫폼에서 받은 대출을 상환할 강한 인센티브가 존재한다. 그뿐만 아니라 이 인센티브는 플랫폼의 네트워크 효과가 크면 클수록 더 증가하게 된다. 판매자와 구매자 모두 강한 네트워크 효과가 있는 플랫폼을 계속 이용하고 싶어 하기 때문이다.

이와 같은 플랫폼 네트워크의 대출상환 인센티브 기전을 '네트워크 담보 효과'라 부른다. 이는 플랫폼 금융의 큰 장점이다. 현물 및 부동산 담보는 정보 비대칭성 완화라는 장점도 있지만 거시경제 측면에서 금융가속도(financial accelerator) 효과로 인한 큰 단점이 있다. 따라서 네트워크 담보 효과는 거시경제 측면에서도 현물담보의 문제점을 해결하는 장점이 있다.

플랫폼 금융서비스의 장점 3:
비용절감 및 규모의 경제의 실현을 통한 금융 포용성

플랫폼 금융서비스의 또 다른 장점은 비용절감이다. 빅데이터를 인공지능 기술을 이용해 분석하므로 대출 심사 및 금융서비스 제공에 있어 상당 부분이 자동화된다. 이는 초기 투자비용이 크다는 단점이 있지만 시스템 구축 이후에는 한계비용이 거의 0에 접근한다는 장점이 있어 비용이 절감되고 규모의 경제(economy of scale)를 실현할 수 있다. 고정비용이 높고 한계비용이 낮을 경우 규모의 경제가 쉬워지기 때문이다.

비용절감 및 규모의 경제의 실현은 필연적으로 저소득층에 더 유리한 구조다. 유저의 포트폴리오를 위험 선호도에 맞게 분석하여 최적의 투자 결정을 도와주는 서비스를 제공하는 로보어드바이징(roboadvising)을 예로 들어보자. 로보어드바이징 서비스는 기존 고소득자 및 자산가에게만 제공되던 프라이빗 뱅킹(PB)이나 자산관리 서비스를 핀테크 유저에게 모두 제공하는 것이다. 이는 금융 포용성을 높이는 효과가 있다(Philippon, 2022).

필수적인 은행과의 협업

앞서 논의했듯이 정보 비대칭성 해결, 네트워크 담보 효과, 그리고 금융 포용성은 플랫폼 기업이 은행에 비해 금융서비스 제공에 있어 가지는 중요한 장점들이다. 그렇다고 해서 플랫폼 금융이나 핀테크가 은행의 기능을 대체할 수는 없다. 은행과 금융 플랫폼은 상호 보완하는 관계에 있고 서로 분업할 때에 시너지 효과를 일으킬 수 있다.

금융 플랫폼은 은행의 고유한 역할을 대체할 수 없다. 은행의 고유한 기능 중 하나는 레버리지와 대차대조표(balance sheet) 역량을 통한 신용창출이다. 이는 금융 플랫폼이 할 수 없는 기능이며 해서도 안 되는 것이다. 플랫폼 기업이 레버리지를 통해 직접 신용창출에 나설 경우 시스템 리스크가 플랫폼 기업에까지 확산될 위험이 있기 때문이다. 시스템 리스크를 방지하기 위해 은행업에 강한 규제 감독이 적용되는데 이를 플랫폼 기업에 확장하는 것 또한 무리가 있다. 강력한 규제 감독이 있다고 하더라도 은행발 금융위기는 반복되기 때문이다. 레버리지를 통한 신용창출은 은행에 국한하는 것이 금융 안정성에 더 적합하다.

그리고 은행은 모니터링을 수행할 뿐만 아니라 채무자와의 대면 관계를 통해 상당한 소프트 정보를 구축했다. 이는 철저히 데이터에 의존하는 플랫폼 금융에서 기대할 수 없는 점이고 플랫폼 기업이 대체할 수 없는 기능이다. 채권시장에서의 대출이 은행의 모니터링에 상당 부분 의존하는 점을 고려할 때에 은행의 모니터링 또한 자본시장에서 중요한 경제적 역할을 수행하고 있다.

금융 플랫폼의 장점은 빅데이터를 통한 정보 비대칭성 완화와 네트워크 담보 효과다. 따라서 금융 플랫폼은 대출자와 은행 간에 최적의 상대를 연결하는 중개자 역할을 전단에서 하는 것이 맞다. 반면 은행은 후단에서 레버리지를 이용한 신용창출 기능을 수행하는 데 적합할 것이다. 이와 같은 구조로 협업할 때 대출금리를 낮추고 담보를 줄여 저비용으로 신용공급을 할 수 있게 된다.

결론: 지속성장과 금융 안정성에 대하여

이와 같은 플랫폼 금융의 장점은 특히 저소득층과 소상공인에게 큰 편익을 가져다준다. 이들은 고소득층이나 대기업에 비해 정보 비대칭성이 심하고, 담보가 부족하기 때문이다. 따라서 플랫폼 금융서비스가 금융 포용성에 기여하는 바가 크다고 할 수 있다.

금융 포용성의 증진은 지속가능한 성장과도 직결된다. 플랫폼 금융은 보다 정확한 미래 현금흐름을 예측함으로써 금융 포용성을 증진한다. 이는 곧 보다 효율적인 자원의 배분을 의미한다(efficient allocation of capital). 생산성이 높고 아이디어가 넘치는 소상공인 자영업자들을 빅데이터와 인공지능 알고리즘을 통해 선별함으로써 그들에게 더 많은 대출이 할당되기 때문이다. 이는 지속가능한 성장의 선결조건이기도 하다.

마지막으로, 플랫폼 금융은 거시경제와 금융 안정성에도 기여한다.

미래 현금흐름이 높고 상환 가능성이 높은 채무자에게 더 많이 대출함으로써 부실 대출을 낮춘다. 네트워크 담보 효과로 현물 및 부동산 담보가 불필요하게 되어 신용경기 안정에도 도움을 준다. 담보가격은 경기순환에 민감하고 이는 신용경기를 확대하는 효과가 있기 때문이다. 플랫폼 금융은 이와 같은 문제점을 해결할 가능성을 지니고 있다.

참고문헌

De Fiore, F., Gambacorta, L., and Manea, C. 2023. "Big techs and the credit channel of monetary policy." *BIS Working Papers* No. 1088.

Frost, J., Gambacorta, L., Huang, Y., Shin, H. S., and Zbinden, P. 2019.

Kiyotaki, N., Moore, J. 1997. "Credit Cycles." *Journal of Political Economy*, 105(2).

Philippon, T. 2022. "On Fintech and Financial Inclusion." *NBER Working Paper* No. w26330.

6장

금융 플랫폼의 미래

이효섭

요약

미래 금융산업은 금융기관 중심에서 금융소비자 중심으로 바뀌고, 대면 거래가 줄고 비대면 거래가 증가하며 전통 금융회사가 제공하는 예·적금 및 대출 업무의 비중은 줄고 지급결제 서비스의 중요성이 커질 것으로 예상한다. 이 장은 금융산업의 변화를 선도할 것으로 예상하는 금융 플랫폼의 최근 혁신 사례를 살펴보고 금융 플랫폼의 미래 모습을 전망했다. 금융 플랫폼의 혁신은 현재 진행형으로, 전통 금융회사와 빅테크, 핀테크 모두 각자의 경쟁력 우위를 기반으로 간편 지급결제 서비스, 차별화된 디지털뱅크 서비스, 비대면 자산관리 및 헬스케어 서비스, 금융 빅데이터 플랫폼 서비스 등을 제공하고 있다. 금융 플랫폼이 경쟁력을 갖기 위해서는 회사의 단기 수익을 추구하기보다 고객 편의를 제고하는 것을 최우선 목표로 삼고, 지급결제 서비스의 경쟁력 우위를 위해 정보통신기술 인프라를 고도화하는 노력이 필요하다. 더불어 양질의 금융데이터와 비금융 데이터를 보다 많이 확보하고 이들을 결합하여 새로운 부가가치를 창출하는 능력이 필요하다. 그리고 차별화된 금융 플랫폼을 활용해 금융서비스 수요가 증가하고 있는 아시아와 중남미 신흥국에 적극적으로 진출하고 글로벌 기술업체들과 전략적 제휴를 강화하는 노력이 필요하다. 금융의 중개 범위가 유형자산에서 무형자산으로 확대되는 만큼 우량한 무형자산을 보다 많이 보유하고 양질의 무형자산을 발굴하고 중개하는 데도 역량을 집중해야 한다. 한편, 금융 플랫폼이 성장하는 과정에서 개인정보 보호 및 해킹 예방 등 이용자 피해를 최소화하고, 금융 안정을 제고하기 위한 노력을 기울일 때 금융 플랫폼이 건전하게 발전할 수 있을 것으로 기대한다.

서론

금융(金融)은 사전적으로 금전을 융통하는 것, 즉 '돈을 주거나 받고, 돈을 빌리거나 빌려주는 것'을 뜻한다.[1] 가계, 기업, 정부 등 주요 경제 주체들 간에 돈에 여유가 있는 주체(surplus unit)로부터 투자, 소비 등을 위해 돈을 필요로 하는 주체(deficit unit) 사이에 돈이 원활히 흐르도록 하는 것이 금융의 본질적 역할이라고 할 수 있다. 과거 금융기관들은 경제 주체들 사이에 자금을 중개하거나 투자 기회를 제공하는 대가로 수수료 수익을 얻었으며, 경제 주체들은 자신의 니즈에 맞는 금융서비스를 제공받음으로써 경제 주체 전체의 효용이 증대되었다.

최근 인공지능, 블록체인, 클라우드, 빅데이터 등 디지털 혁신 기술에 힘입어 금융서비스의 유의미한 변화가 관찰되고 있다. 우선 금융서비스의 제공 형태가 대면에서 비대면 중심으로 바뀌고 있으며, 금융서비스의 수요 주체가 대기업에서 중소기업 및 가계 중심으로 바뀌고 있다(이하 [그림 6.1] 참조). 금융서비스의 공급 주체도 대형 은행, 보험회사, 증권회사에서 빅테크와 핀테크 등으로 무게 추가 옮겨지고 있다. 금융서비스의 가장 큰 변화는 결제 방식의 변화에서 관찰된다. 과거 경제 주체들은 종이 화폐와 신용카드를 주요 결제수단으로 사용해 왔다. 그러나 디지털 기술의 발전과 스마트폰의 보급 확대로 페이(pay)로 불리는 전자지급수단이 보편화되고 있으며, 민간 디지털자산과 중앙은행이 발행하는

---

1   네이버 사전(http://dict.naver.com) 참조.

그림 6.1 디지털 혁신에 따른 금융산업 변화

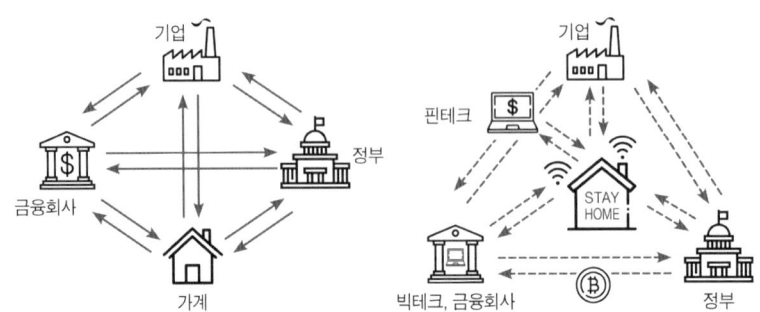

CBDC(central bank digital currency)가 현금, 카드 등 기존 결제수단들을 빠르게 대체할 것으로 전망하고 있다.

미래 금융산업의 변화를 선도할 것으로 예상하는 주체는 혁신 금융 플랫폼을 제공하는 빅테크, 핀테크 또는 디지털 플랫폼 회사로의 변신에 성공한 금융회사가 될 것이다. 플랫폼(platform)은 양면시장(two-sided markets)으로도 불리는데, 두 명 이상의 차별되는 고객들을 상호 연계하여 거래 상대방을 보다 효율적으로 찾을 수 있게 하고, 고객들 간에 가치를 교환할 수 있는 상품 또는 서비스를 제공하여 새로운 부가가치를 창출하는 비즈니스를 뜻한다. Rocket & Tirole(2003)이 양면시장 모델을 제시한 것이 플랫폼 경제학의 시초가 되었으며, 디지털 기술의 발전으로 다양한 분야에서 플랫폼 서비스가 확대되고 있다. 전자상거래 분야의 아마존(Amazon), 모바일 콘텐츠 분야의 애플(Apple) 앱스토어, SNS 분야의 페이스북(Facebook) 등이 대표적이다. 금융 플랫폼의 경우 금융 소비자들의 탐색 비용을 줄이고 금융서비스 이용 수수료를 획기적으로 낮출 뿐만 아니라 금융 상품 또는 금융서비스의 경쟁을 촉진하여 소비자의 니즈에 맞는 혁신적인 금융서비스를 제공하는 긍정적인 역할을 수행한다.

이 장은 금융산업의 변화를 선도할 것으로 예상하는 금융 플랫폼의 혁신 사례와 미래 모습을 전망하고, 금융 플랫폼에 대한 우려를 살펴본다. 금융 플랫폼의 혁신에 대한 기대와 우려를 분석하고 이를 기초로 미래 금융 플랫폼의 건전한 발전 방안을 제안한다.

금융 플랫폼의 미래 모습

혁신 금융 플랫폼 사례

정보통신기술의 발전으로 여·수신, 환전, 간편결제 및 송금, 자산관리, 펀드 및 보험상품 판매, 디지털자산 중개 등 금융서비스를 온라인에서 핵심 서비스로 제공하는 금융 플랫폼 회사들이 빠르게 증가하고 있다. 금융 플랫폼을 운영하는 회사는 대형은행, 보험회사, 증권회사, 카드회사 등 전통 금융회사가 디지털 전환을 위해 온라인에서 플랫폼 기반 금융서비스를 제공하는 유형과 대형 ICT 기업으로 성장한 빅테크들이 기존 또는 새로운 플랫폼에서 금융서비스를 추가로 제공하는 유형으로 구분할 수 있다. 그리고 최근 소규모 자본을 가진 핀테크 스타트업들이 혁신적인 서비스를 출시하여 성공적인 금융 플랫폼으로 발전시킨 사례도 빠르게 늘고 있다.

첫 번째 유형으로, 전통 금융회사가 전사적 디지털 전환을 통해 혁신 금융 플랫폼을 출시하여 발전시킨 사례는 대형 카드회사를 제외하고는 많지 않다. 비자(Visa), 마스터카드(Mastercard)는 양면시장 기반의 금융 플랫폼을 발전시킨 대표적인 전통 금융회사다. 비자와 마스터카드를 보유하고 있는 고객은 누구나 온라인 또는 스마트폰 앱을 통해 결제 플랫폼을 이용할 수 있고, 전자상거래 업체들도 간편하게 플랫폼을 이용함으로써 기존보다 편리하고 저렴한 지급결제 서비스를 이용할 수 있게 되었다. 비자와 마스터카드가 운영하는 금융 플랫폼이 빠르게 성장할 수 있었던 배경에는 전 세계 고객들에게 무료 이용 또는 추가 인센티브를 제시하며 간편결제 서비스의 이용을 유도하고, 전자상거래 업체들에는 경쟁회사 대비 편리하고 저렴한 결제수수료를 제시한 점을 꼽을 수 있다. 무엇보다 고객이 이용한 신용카드 매출 및 결제 데이터를 대규모로 축적하고 분석하여 이를 상업용으로 처리하고 관리하는 역량을 갖춘 부분이 비자와 마스터카드의 금융 플랫폼이 성공한 주된 이유로 판단된다. 실제, 2022년 비자의 순영업이익은 293억 달러인데, 그중 49.3%가 데이터 처리 부문에서 발생했고, 신용카드 회사의 전통적 수익원인 서비스 이용 수익 부문과 국제 결제 수익 부문의 비중은 각각 45.6%, 33.5%에 불과했다.[2]

국내외 상업은행과 투자은행, 보험회사 중에서 디지털 전환을 통해 혁신적인 금융 플랫폼을 발전시킨 사례는 많지 않다. 미국계와 유럽계 상업은행을 대표하는 JP모건체이스, 뱅크오브아메리카, 씨티그룹, HSBC, 바클레이스, 도이체방크 등도 디지털 전환을 목표로 온라인뱅킹 플랫폼을 출시했다. 그러나 여·수신 및 자산관리 서비스 외에 특화된 비대면

---

[2] 비자의 경우, 2022년 말 고객 인센티브 부문에서 103억 달러의 적자가 발생했는데, 이는 전체 순영업이익의 31.5%에 해당한다.

금융서비스를 제공하지 못하고 있고, 고객들에게 저렴하고 보다 편리한 금융서비스를 제공하는 데는 성공하지 못한 것으로 판단한다. 여전히 글로벌 상업은행들의 주요 수익원은 순이자마진에서 발생하는데, 순이자마진의 대부분은 대면 기반의 기업 대출과 고액 현금 수신에 기반을 두고 있기 때문이다. 또한 글로벌 상업은행과 투자은행의 주요 목표는 회사의 단기 수익을 극대화하는 것이기 때문에 고객 수익 또는 고객 편의성 제고를 목표로 하는 금융 플랫폼의 목표와 거리가 먼 점도 전통 은행과 보험회사에서 혁신 금융 플랫폼의 출현이 더딘 이유로 생각할 수 있다. 오히려 국내 상업은행들은 슈퍼앱(Super App)을 출시하여 온라인 금융 플랫폼 혁신을 추구하고 있다. 모바일인덱스의 발표에 따르면 4대 은행의 월간 뱅킹 앱 이용자 수가 500~1000만 명 내외로 고객 수 측면에서 국내 은행의 금융 플랫폼은 높은 성장을 보이고 있다.

두 번째 유형으로, 국내외 빅테크[3]가 출시한 금융 플랫폼은 혁신 금융 서비스를 선보이며 빠르게 성장하고 있다([표 6-1] 참조). 중국 ICT 플랫폼 회사로 급성장한 텐센트(Tencent)그룹과 앤트(Ant)그룹이 대표적이다. 중국 텐센트그룹은 SNS 서비스인 위챗(WeChat) 서비스와 온라인 게임을 제공하는 회사로 유명한데, 간편결제 서비스와 소액대출, 국제 송금, 로보어드바이저, 블록체인 인프라 서비스를 선보이며 매우 빠르게 금융 플랫폼을 발전시키고 있다. 중국 최대 전자상거래 업체인 알리바바의 대주주로 있는 앤트그룹은 2004년에 간편결제 플랫폼인 알리페이

---

3   빅테크를 법적으로 정의하기는 어려우나 통상 혁신 기술에 기반을 둔 대형 ICT 플랫폼 회사가 온라인상에서 다양한 서비스를 제공하며 시장지배력을 행사하는 회사를 뜻한다. BIS(2022), IMF(2022) 등에서는 미국의 구글, 아마존, 애플, 메타(전 페이스북), 중국의 텐센트, 알리바바(앤트그룹), 일본의 라쿠텐, 도코모 등을 빅테크에 포함하고 있다.

표 6-1 주요국 빅테크의 금융진출 현황 및 방식

	중국		미국		일본		한국	
빅테크명	텐센트	앤트 (알리바바)	구글	아마존	라쿠텐	도코모	네이버	카카오
은행	△	△	×	×	License	License	×	License
보험 자산관리	License + Partner	License + Partner	×	Partner	License	License	Partner	License + Partner
신용공여	△	△	×	Partner	×	Partner	Partner	License + Partner
선불지급	License	License	Partner	Partner	License	License	License + Partner	License + Partner

자료: BIS(2022), 황인창(2021)
△ : 제휴 등 간접적인 방식으로 진출.

(Alipay)를 출시하여 전 세계에서 가장 이용자 숫자가 많은 페이 서비스를 제공하고 있다. 여기에 더해 가계 및 중소기업 대출, MMF 등 단기 자금 운용, 비대면 자산관리, 보험상품 판매, 블록체인 인프라, 클라우드 컴퓨팅 서비스 등 다양한 혁신 금융서비스를 제공하고 있다.

중국 외에도 미국과 일본의 빅테크들도 금융 플랫폼 진출을 확대하고 있다. 애플은 2023년 4월 골드만삭스 등과 제휴하여 기존 미국 상업은행보다 10배의 이자를 제공하는 고금리 예금상품을 출시했으며, 애플페이(Apple Pay) 서비스를 출시하여 전 세계 고객을 대상으로 간편결제 서비스를 제공하고 있다. 아마존은 기존 전자상거래 플랫폼의 경쟁력을 기반으로 간편결제 서비스, 보험상품 판매 및 자산관리 서비스, 그리고 신용대출 서비스를 제공하며 금융 플랫폼의 영향력을 확대하고 있다. 일본은 라쿠텐, 도코모 등 ICT 플랫폼 회사로 급성장한 빅테크들이 비대면 은행 예·적금, 대출, 간편결제 및 송금, 보험상품 판매, 자산관리 서비스 등 다양한 금융서비스를 제공하고 있다.

빅테크의 금융 진출은 한국에서 가장 돋보인다. 네이버, 카카오는 양면 플랫폼 기술에 기반을 두고 온라인상에서 검색, 전자상거래, 미디어 등의 서비스를 제공하며 시장지배력을 키워왔으며, 최근 금융서비스로 영역을 확대하고 있다. 네이버와 카카오의 금융 진출 방식에는 다소 차이가 있다. 카카오는 자회사 또는 손자회사가 은행업, 보험업, 증권업, 전자금융업 등 핵심 금융업의 라이선스를 직접 취득하여 금융서비스를 확대하고 있는 반면, 네이버는 금융회사와의 제휴 등을 통해 간접적으로 금융서비스를 확대하고 있다. 예를 들어 카카오는 카카오뱅크, 카카오페이증권, 카카오페이손해보험 등의 자회사와 손자회사를 설립하여 예·적금 수신 및 대출, 금융투자상품 매매 및 중개, 보험상품 판매, 선불 전자지급수단 발행 및 관리 등의 업무를 수행하고 있다. 네이버는 네이버파이낸셜을 중심으로 간편결제 서비스를 제공하고, 금융회사와 전략적으로 제휴하여 예·적금 가입, 소상공인 대출 등의 금융서비스를 확대하고 있다. 한편, 빅테크로 분류하는 것이 적절하지 않다는 의견이 있지만, 토스그룹의 경우 토스뱅크, 토스증권, 토스보험대리점, 토스페이먼트 등의 자회사를 설립하여 온라인 플랫폼에서 금융서비스를 빠르게 확대하고 있는 사례다. 한국 빅테크가 출시한 금융 플랫폼이 성공적으로 정착된 배경에는 네이버, 카카오 등 국내 빅테크들이 우수한 ICT 기술력을 보유하고 있고, 빅테크의 수익 증대보다 이용자의 편의성 제고를 목표로 혁신 금융서비스를 도입했으며, 금융 당국의 진입 규제 완화 및 금융 플랫폼 활성화 정책 등이 뒷받침되었기 때문이다.

세 번째 유형으로, 글로벌 핀테크가 제공하는 금융 플랫폼이 빠르게 성장하고 있다. 핀테크는 소규모 창업자금과 아이디어를 기초로 온라인에서 금융 플랫폼을 운영하는 형태로 발전해 왔는데, 최근 혁신적인 금융 플랫폼을 선보이며 유니콘(unicorn)[4]으로 성장하는 사례가 늘고 있다. 핀테크가 운영하는 금융 플랫폼 유형은 비대면 결제, 예·적금 및 대출, 디지털자산 중개, 자산관리, 보험상품 판매, 금융데이터 분석 등 다양하다. 이렇게 주요 금융서비스 분야에서 빠르게 성장하고 있으며 미래 시장지배력을 가질 것으로 예상하는 핀테크 금융 플랫폼 사례를 살펴보자. 아디엔(Adyen)은 네델란드에 본사를 둔 글로벌 지급결제 서비스 플랫폼 회사로 전 세계 전자상거래 업체, 온라인 및 오프라인 상점에서 다양한 방식의 지급결제 및 송금 서비스를 제공하는 것을 핵심 사업 모델로 하여 성장해 왔다. 2023년 6월 말 기준 아디엔의 시장가치는 530억 달러(약 68조 원)로 중국 앤트그룹과 페이팔에 이어 시장가치가 세계 3~4위의 핀테크 플랫폼 회사로 성장했다. 아디엔 외에도 전 세계 전자상거래 및 오프라인 상점들의 판매 및 재고 관리, 결제대행 서비스를 제공하는 핀테크 회사로 스퀘어(Squre) 등이 있다. 아디엔의 성공 비결은 첫째 전 세계 전자상거래 기반 회사들에 저렴하고 편리한 결제 지시 및 송금 서비스를 제공하고, 둘째 머신러닝에 기반한 고객 빅데이터를 분석하여 충성 고객과 유망 잠재 고객을 제시하고 비정상 거래 및 불법 거래를 신속히 탐지하는 기능을 제공한 것이다. 우버, 이베이, 넷플릭스, 스포티파이, 에어앤비 등을 핵심 고객으로 두고 있는데 해당 전자상거래 플랫폼의 이용자와 입점 판매자가 원하는 결제통화, 결제수단(예: 현금, 카드 등)을 매우 저렴한 비용으로 제공하고 있다. 또한 전자상거래 입점 업체들이 맞춤형 고객 분석을 수행할 수 있도록 빅데이터 분석과 위

---

4 기업가치가 10억 달러(약 1조 3000억 원) 이상으로 평가받는 비상장 신생기업을 일컫는다.

험 관리 분석 솔루션을 맞춤형으로 제공하는 것이 특징이다. 또한 아디엔은 지급결제 금융 플랫폼의 경쟁력을 기반으로 소프트웨어, 게임, 온라인 쇼핑 회사들에 고객 분석 및 디지털 마케팅 서비스를 제공하는 것으로 알려져 있다.

누뱅크(NuBank)는 온라인 플랫폼 기술력에 특화된 디지털뱅크로 2013년 브라질에서 설립되어 5000만 명 이상의 고객수를 보유하고 있다. 2023년 6월 말 누뱅크의 기업가치는 320억 달러(약 41조 원)로 글로벌 특화 인터넷 은행으로 성장한 영국의 레볼루트(Revolut)와 기업가치가 유사하며, 독일의 N26, 미국의 차임(Chime), 영국의 몬조(Monzo), 한국의 카카오뱅크 등이 유사한 디지털뱅크 플랫폼을 제공하고 있다. 이들 글로벌 디지털뱅크 중에서 누뱅크의 고객수가 가장 많고 최근 고객수 증가도 가장 빠른 것으로 알려져 있다. 누뱅크는 브라질과 남미에서 젊은 층과 소외계층을 중심으로 비대면 예·적금, 대출, 증권상품 투자, 보험 판매, 간편결제 서비스를 저렴하고 편리하게 제공하고 있다. 예를 들어 누뱅크는 기존 금융회사와 달리 신용카드 가입 시 연회비와 가입비를 받지 않으며, 자사 상품을 적극적으로 활용하는 충성 고객에게 누뱅크 주식을 무상으로 제공하는 등 차별화된 인센티브를 제공하는 것이 특징이다. 증권회사를 인수하여 고객에게 보수가 저렴한 ETF를 자산관리 상품으로 제공하고, 글로벌 보험회사와 전략적으로 제휴하여 고객에게 스마트폰 도난 및 파손 보험을 제공하는 등 차별화된 금융서비스를 제공하고 있다.

FNZ는 자산관리 플랫폼 서비스(platform as a service, Paas)를 제공하는 글로벌 핀테크 회사로 2003년 뉴질랜드에서 설립된 이후 영국, 독일, 싱가포르, 호주, 동유럽 국가들로 진출을 확대하고 있다. 2023년 6월 기준 200억 달러(약 26조 원)의 기업가치를 기록하는 등 핀테크 유니콘으로 발돋움했으며, 글로벌 핀테크 유니콘 중에서 기업가치 기준 약 15위권을 차지하고 있다. FNZ는 비대면 자산관리, 맞춤형 연금 및 절세 포트폴리오 구축, ESG 통합 전략 제공, 비대면 보험 판매, 금융회사의 디지털 문서관리 등 다양한 금융서비스를 제공하고 있다. FNZ는 다른 핀테크들과 달리 자산관리 분야에 경쟁력을 보유하고 있고, B2B에 가까운 PaaS를 제공하여 중대형 금융회사 및 자산관리 핀테크 회사들을 주요 고객으로 두고 있는 것이 특징이다. 예를 들어 FNZ는 유럽의 비대면 독립 자문 서비스 플랫폼인 Abdrn을 운영하고 있는데 약 3400개의 자문회사들에 고객 맞춤형 생애주기 자산관리 포트폴리오를 제공하고 있다. 이를 통해 약 4만 명의 소매 고객들이 매우 저렴하게 비대면 자산관리 서비스를 이용하고 있다. FNZ가 개발한 Abdrn 플랫폼은 ICT 기술력과 우수한 자산배분 모델을 기반으로 낮은 보수로 전 세계 투자상품을 고객 선호도에 맞춰 장기간 운영하고 있는데, 위험 조정 성과가 타 자문 서비스 대비 우월한 것으로 알려져 있다. 더불어 FNZ는 고객 맞춤형 ESG 통합 전략을 운영하는 아비바(Aviva) 플랫폼을 B2C 형태로 제공하고 있으며, 악사보험 등과 제휴하여 금융회사 고객의 비금융 정보를 분석해서 고객 맞춤형 보험상품을 제시하는 서비스도 제공하고 있으며, 바클레이스와 제휴하여 고객 맞춤형 증권투자 중개 서비스도 제공하고 있다.

플레이드(Plaid)는 인공지능과 빅데이터 기술을 활용해 글로벌 금융회사와 핀테크 및 일반 제조업 회사에 금융 API 솔루션을 제공하는 핀테크 회사다. 2013년 미국 샌프란시스코 지역에서 설립되어 캐나다, 영국, 독일, 프랑스, 네덜란드 등 6개 국가에 진출했고, 8000개 이상의 금융회사 및 핀테크 회사들에 금융 솔루션을 제공하고 있다. 2023년 6월 기준 플레이드의 기업가치는 130억 달러(약 17조 원)를 기록하며 글로벌 핀테크 유니콘 중에서 기업가치 순으로 20위를 차지하고 있다. 플레이드는 맞춤형 금융 API를 제공하여 핀테크가 은행 및 비은행 금융계좌와 편리하게 연결할 수 있도록 돕고, 잔고 확인, 이체 및 송금 대행 서비스를 제공한다. 또한 고객인증 및 금융데이터의 보안관리 서비스를 제공하며, 이용자가 보유한 금융 정보와 비금융 정보를 분석하여 맞춤형 대출 서비스와 자산관리 서비스를 제공한다. 플레이드의 플랫폼이 경쟁력을 가지고 성장한 요인으로 첫째는 금융기관과 비금융기관이 보유한 고객 데이터를 핀테크 회사들의 니즈에 맞게 가공할 수 있도록 맞춤형 API를 제공한 것, 둘째는 핀테크 회사들에 속한 개발자들을 위해 오픈 API와 세부 도큐멘트를 제공하며, 상생형 플랫폼으로 발전시킨 것을 꼽을 수 있다.

레모네이드(Lemonade)는 2015년 뉴욕에서 설립된 디지털 기반 보험회사로 2020년 7월 뉴욕증권거래소에 상장되어 현재 약 13억 달러(약 1조 7000억 원)의 시가총액을 기록하고 있다. 레모네이드는 인공지능 알고리즘과 고객 빅데이터를 활용하여 수초 만에 보험상품에 가입하고, 보험사고 발생 시 보험금 지급도 최단 기간 내에 처리하는 서비스를 제공하는 것으로 유명하다. 레모네이드는 온라인에서 주택보험, 자동차보험, 펫보험, 생명보험을 간편하게 가입할 수 있는데 이때 고객 신용 상태나 과거 연체율 이력, 과거 보험사고 이력 등을 분석하여 고객 맞춤형 보험상품 수수료를 책정한다. 레모네이드 고객 대부분은 대형 보험회사보다 저렴하고 편리하게 보험상품에 가입할 수 있고, 보험사고가 발생해도 스마트폰 앱을 통해 간편하게 보험금을 청구하고 받을 수 있다. 레모네이드가 제공하는 자동차보험 상품은 스마트폰 앱을 통해 고객의 운전습관을 학습함으로써 모럴 해저드와 역선택을 줄일 수 있는 장점을 갖

표 6.2 주요 글로벌 핀테크의 기업가치 순위 및 서비스 유형

순위	회사명	서비스 유형	순위	회사명	서비스 유형
1	스포티파이(Shopify) (76B)	기업 전자상거래 등	6	스퀘어(Square) (38B)	기업 전자상거래 등
2	앤트금융 (75B)	간편결제 등	8	누뱅크(NuBank) (32B)	디지털뱅크 예금, 대출 등
3	페이팔(Paypal) (72B)	간편결제 등	15	FNZ (20B)	자산관리 API
4	아디엔(Adyen) (53B)	간편결제 등	20	플레이드(Plaid) (13B)	기업금융 API, 데이터 분석
5	스트라이프(Stripe) (50B)	간편결제 등	224	레모네이드(Lemonade) (1.3B)	비대면 보험

추었다. 보험서비스를 가입한 이용자도 운전시간이 짧고, 저속으로 운전하고, 저위험 시간에 운전을 주로 하면 보험료를 절약할 수 있어 유리하다. 주택보험의 경우에도 사물인터넷을 통해 각종 주택사고 위험을 실시간으로 분석하므로 보험료 산정에 있어 정확성을 높일 수 있다. 생명보험 상품은 고객 질병 정보나 고객 운동 습관 등을 학습하여 고객 맞춤형 보험상품을 제시할 수 있는 장점이 있다.

 이상을 종합하면 글로벌 핀테크가 금융 플랫폼을 성공적으로 도입하고 발전시킨 분야는 간편결제, 특화 디지털뱅크, 기업 POS(point of sales) 서비스, 빅데이터 분석 및 맞춤형 API 개발, 비대면 보험 등 헬스케어 서비스로 요약할 수 있다. 금융산업의 미래는 금융기관에서 금융소비자 중심으로 변화되고, 대면 결제가 사라지고 비대면 결제가 보편화될 것으로 전망되어 보다 편리하고 혁신적인 결제 서비스를 제공하는 금융 플랫폼이 지배력을 가질 가능성이 높다. 과거 금융산업의 성장을 견인했던 이자 수익 기반의 예·적금 수신, 대출 등의 전통 금융업의 영향력

은 위축되고, 금융소비자와의 접점에서 서비스의 매개가 되고 고객 데이터를 활용하고 생성할 수 있는 결제 관련 분야의 영향력이 커질 것으로 전망한다. 더불어 전통 금융기관이 적극적으로 서비스하기 어려운 신흥국 MZ세대, 소외계층 등을 위한 특화 디지털뱅크가 빠르게 성장할 것이며 이로 인해 전통 금융기관들도 디지털뱅크와 유사한 형태로 금융서비스를 제공할 것으로 예상한다.

다음으로 전자상거래 업체 및 일반 기업들에 자금이체 및 결제 서비스, 회계, 기타 맞춤형 금융서비스를 제공하는 금융 플랫폼은 꾸준히 성장할 것으로 전망한다. 이와 같은 기업금융 서비스는 전자상거래 업체나 일반 기업들이 직접 수행하는 것보다 핀테크가 제공하는 금융 플랫폼을 대신 사용할 때 비용이 절약되고, 고객 확보도 쉽고, 보다 새로운 서비스를 제공할 수 있는 기반을 마련할 수 있기 때문이다. 특히 고객 빅데이터를 수집하고 분석하며 이종 데이터들을 결합하는 기술을 채용한 금융 플랫폼의 성장성이 높을 것으로 예상한다. 금융산업과 비금융산업 간 경계가 허물어지고, 데이터 간 융합이 쉬워짐에 따라 금융데이터와 비금융데이터를 결합하여 보다 혁신적인 서비스를 제공하는 것이 가능해졌기 때문이다. 대표적으로 금융데이터와 통신 및 교통데이터를 결합하면 이용자에게 24시간 맞춤형 금융서비스를 제공할 수 있고, 금융데이터와 의료데이터를 결합하면 이용자에게 맞춤형 보험상품을 제시할 수 있을 뿐만 아니라 헬스케어 서비스를 통해 이용자의 건강 증진에도 도움을 줄 수 있다.

금융 플랫폼에 대한 우려

전통 금융기관이 디지털 전환을 수행하는 과정에서 출시한 금융 플랫폼과 빅테크 또는 핀테크가 출시한 금융 플랫폼이 모두 성공한 것은 아니다. 인공지능, 블록체인, 클라우드, 빅데이터 등 핵심 디지털 기술에서 우위를 차지하지 못했거나 고객 트렌드의 변화를 제대로 파악하지 못했을 때, 그리고 재무 관련 의사결정이 미흡하여 지속적으로 적자를 보는 상황에서는 금융 플랫폼을 성공적으로 도입하지 못할 것이다. 무엇보다 정부가 해당 금융 플랫폼에 대해 부정적 인식을 갖고 있어 진입 규제와 영업행위 규제를 강화하면 금융 플랫폼은 성공적으로 안착하기 어렵다.

대형 금융기관이 막대한 자금을 투자하여 금융 플랫폼을 출시했으나 성공하지 못한 사례는 다수 관찰된다. 글로벌 투자은행으로 유명한 골드만삭스가 소매금융을 확대하기 위해 2016년 소매금융을 총괄하는 마커스(Marcus) 플랫폼을 개발하여 이를 통해 비대면 예·적금 수신, 대출, 신용카드 발급 및 간편결제 서비스 등을 출시했다. 골드만삭스가 출시한 마커스 플랫폼은 출시 3년 만에 500억 달러를 유치하고 비대면 대출 규모를 확대했으며 애플과 전략적으로 제휴하여 신용카드 발급을 큰 폭으로 늘리는 등 양적 성장을 보여주었다. 그러나 2022년 말 골드만삭스 CEO 데이비드 솔로몬은 마커스 플랫폼의 확장을 중단하고 더 이상 비대면 예·적금 수취, 대출 등의 업무를 핵심 업무로 수행하지 않겠다고 발표했다.5 마커스 플랫폼이 실패로 돌아간 배경은 첫째, 골드만삭스가

---

5   *Financial Times*, 2022.10.23, "Goldman executives clashed over consumer bank before retail retreat.

5년 이상 비대면 디지털뱅크 모델을 성장 동력으로 추진했으나 경쟁 회사 대비 수익성이 낮고 최근에 시장금리가 가파르게 인상하며 오히려 마커스 플랫폼 사업 부문에서 상당한 손실을 보았기 때문이다. 즉, 대형 투자은행의 주된 사업 목표는 수익 증대인데 마커스 금융 플랫폼의 수익 기여도가 낮고 오히려 적자 가능성도 제기되었기 때문이다. 둘째, 마커스 플랫폼이 차별화된 금융서비스를 제시하지 못했다는 비판이 있다. 미국 디지털뱅크로 성공한 플랫폼은 캐피털원(CapitalOne) 등이 있으며, 경쟁 투자은행인 JP모건체이스와 뱅크오브아메리카는 비대면 금융 플랫폼을 출시하여 소매 금융을 확대했고, 모건스탠리와 찰스스왑은 대형 증권회사를 인수하여 소매금융과 자산관리의 시너지 전략을 통해 비대면 소매금융 서비스를 확대했다. 셋째, 골드만삭스의 마커스 플랫폼은 고객 트렌드 변화에 민첩하게 대응하지 못했다는 평가가 많다. 골드만삭스의 주된 고객은 고액 자산가와 중산층 이상 자산가들인데, 이들의 연령은 50~60대가 많아 비대면 디지털 서비스에 빠르게 적응하기 어려워한다.

중국은 빅테크가 빠르게 금융 진출을 확대하는 과정에서 이용자 피해와 금융 불안정을 야기해 빅테크에 대한 엄격한 규제를 도입했다. 2018년 전후 중국에서는 P2P 플랫폼 업체들이 다수 파산하여 약 90만 명의 이용자가 76억 달러의 손실을 기록하는 등 P2P 플랫폼의 부실화로 인해 사회적 혼란이 야기되었다.6 2019~2020년 전후로 알리바바그룹이 개인정보 보호를 소홀히 하고 중소 상점 및 전자상거래 업체와의 경쟁을 제

---

6   Huang, 2018, "Online P2P Lending and Regulatory Responses in China: Opportunities and Challenges".

한한다는 이유로 빅테크 그룹에 대한 금융 리스크 관리의 필요성이 제기되었다. 이에 중국 금융 당국은 2020년 11월 주요 빅테크 그룹의 금융 리스크 전이 위험을 관리하기 위해 일정 규모에 해당하는 빅테크 그룹에 대해 금융지주회사(financial holding company, FHC) 설립을 의무화하고7, 금융지주회사를 통해 위험 관리 및 내부 거래 규율을 강화하도록 유도했다. 중국 금융 당국의 규제 강화로 빅테크의 금융서비스 확대가 다소 위축될 것이라는 우려가 제기되었으나, 다행히 코로나19 확산 및 디지털 기술 발전으로 텐센트와 앤트그룹이 제공하는 간편결제, 가계 및 중소기업 온라인 여·수신, 비대면 자산관리, 보험상품 판매 등의 서비스는 높은 성장을 지속하고 있다.

유럽에서는 간편결제 서비스를 중심으로 다양한 금융 플랫폼이 출시되었으나, 일부 금융 플랫폼의 경우 이용자 보호를 소홀히 하고, 금융 플랫폼 회사에 대한 건전성 관리가 미흡하여 다수의 이용자 피해가 발생한 사례들이 있다. 2020년 6월 독일 30대 대표 기업으로 성장한 와이어카드(Wirecard)가 회계 부정 의혹으로 파산한 것이 대표적인 실패 사례다. 와이어카드는 1999년 독일에서 설립된 금융 플랫폼 회사로, 온라인 및 모바일에서 결제 대행 서비스를 제공하며 유럽 전역에서 빠르게 성장하여 2018년 9월에는 독일 코메르츠방크(Commerzbank)를 대신하여 DAX30 지수에 편입되기도 했다. 그러나 와이어카드가 성장하는 과정에서 매출을 과대 계상하여 자산과 자본 항목에서 상당한 부실이 드러나자 와이어카드 주가는 단기간에 95% 이상 급락하고 대규모 고객 자금이

---

7 「금융지주회사의 관리감독 시행방법」(2020.11)에 따르면, 중국 내 비금융회사, 자연인 또는 인가를 받은 법인이 유형이 다른 2개 이상의 금융기관을 사실상 지배하는 경우 금융지주회사(FHC)를 설립해야 한다.

이탈되었다. 와이어카드의 파산으로 유럽 전역에서 와이어카드 결제 서비스를 이용한 온라인 상점과 모바일 서비스가 결제 장애를 겪었으며, 와이어카드에서 결제하기 위해 예치금을 맡긴 고객들도 상당한 혼란을 겪었다. 이때 와이어카드에 지분을 투자하고 대출했던 소프트뱅크, 크레디트스위스 등도 상당한 손실을 보는 등 유럽 대형 금융 플랫폼 회사의 파산으로 시스템 리스크 우려가 제기되었다.

일본은 빅테크 및 핀테크가 이끌 다양하고 혁신적인 금융 플랫폼 활성화를 위해 2021년 금융서비스중개업을 도입했으나 그 성과는 다소 부족한 것으로 평가할 수 있다. 일정 요건을 갖춘 금융서비스중개회사는 한 번의 등록으로 예·적금, 대출, 증권, 보험 등 다양한 금융서비스를 중개할 수 있는데, 2023년 6월 말 기준 400F, SCSK서비스웨어, 리크루트페이먼트(Recruit Payment), 하비토(Habitto), NTT도코모, SBI네오트레이드증권, 리로파이낸셜솔루션 등 7개 회사만 일본 금융청에 등록하여 금융서비스중개업을 수행하고 있다. 이 회사들 중에서 의미 있는 매출과 수익을 창출하는 회사는 아직 없는 것으로 알려져 있다. 이처럼 일본에서 금융서비스중개업자를 통한 금융 플랫폼은 아직 활성화되지 못한 상황이다. 그 배경에는 일본의 금융 규제가 다소 엄격한 것을 꼽을 수 있다. 우선 일본 금융서비스중개업자는 펀드나 고액 보험상품 등을 취급할 수 없고, 설명 의무 등을 엄격히 적용하고 있어 해딩 규제를 준수하는 범위에서 의미 있는 수익을 창출하기 어렵다. 무엇보다 고령화가 빠르게 진행되고 있는 일본은 고객들이 현금 결제를 선호하고, 대면 기반의 금융서비스 니즈가 보다 큰 점 등 디지털화 선호도가 부족한 것도 주된 원인이라고 생각한다.

한국도 카카오 등 일부 빅테크가 데이터센터 화재 등으로 사회적 혼란을 야기하고, 일부 잠재 빅테크들이 심각한 플랫폼 장애가 발생하는 등 이용자 피해 및 금융 불안정 우려가 제기되고 있다.[8] 2022년 10월 판교 데이터센터 화재로 카카오뱅크, 카카오페이 등 카카오가 제공하는 주요 금융서비스가 장애를 겪음에 따라 다수 이용자가 예·적금 이체 및 송금, 환전, 결제 등의 서비스를 이용하지 못했다. KT그룹의 자회사로 잠재 빅테크로 꼽을 수 있는 케이뱅크의 경우 2022년 11월 전산장애가 발생하여 입출금 조회, 송금 등 주요 금융서비스가 7시간 동안 중단되었다. 2022년 9월에는 토스증권이 제공하는 환율 서비스가 오작동하여 환율이 시세와 다르게 반영되는 바람에 대형 금융기관이 고시환율과 다른 값으로 환전 업무를 수행하면서 상당한 금전적 손실을 보기도 했다. 이처럼 한국 빅테크들도 금융 플랫폼을 운영하는 과정에서 이용자 피해, 시스템 리스크 확대 등 다양한 우려가 제기되었다.

즉, 금융 플랫폼에 대한 기대 못지않게, 과거 주요 금융 플랫폼의 실패 또는 오작동으로 인해 다양한 우려가 제기되고 있다. 금융 플랫폼을 도입하고 정착시키는 과정에서 고객의 이익보다 회사의 이익을 우선하거나, 고객 트렌드의 변화에 대응하지 못하면 금융 플랫폼에 상당한 투자를 하더라도 성공하기 어려울 수 있다. 또한 금융 플랫폼을 운영하는 과정에서 이용자 보호나 금융 안정을 소홀히 하면 지속가능하기 어렵다. 금융 플랫폼의 오작동으로 인해 이용자가 피해를 보고, 금융 안정을 훼손하는 리스크가 제기되며, 개인정보 보호를 소홀히 하거나, 시장지배력을 통해 타 경쟁회사 또는 중소 상점 및 소상공인들과 경쟁을 제한할 가능성이 제기된다.[9] 금융 플랫폼이 이 같은 우려를 불식하지 못한다면

---

8   이효섭, 2023, "빅테크의 금융진출 및 금융안정" 참조.

금융 당국이 금융 플랫폼에 대한 진입 규제와 영업행위 규제 등을 강화함으로써 금융 플랫폼의 신규 출현과 혁신을 저해할 수도 있다.

미래 금융 플랫폼의 건전한 발전을 위한 과제

금융기관이나 빅테크, 핀테크 등이 제공하는 금융 플랫폼이 성공적으로 안착하기 위해서는 금융 플랫폼이 미래 금융산업의 변화를 선도하는 동시에, 정부와 금융 당국이 우려하는 잠재 리스크 요인을 최소화할 수 있어야 한다. 이에, 미래 금융산업의 변화를 다섯 가지로 분류하고 각각의 유형별로 미래 금융 플랫폼의 대응 방향을 제시하고자 한다.

첫째, 금융산업의 목적 함수는 단기 수익 증대에서 중장기 고객 편익 제고로 바뀔 것이다. 둘째, 금융산업의 핵심 업무는 예·적금 수취 및 대출 중개에서 지급결제 서비스 중심으로 바뀔 것이다. 셋째, 금융산업의 경쟁력은 관계금융에서 기술금융으로 변화할 것이며, 기술금융의 경쟁력은 데이터 확보와 분석력에서 창출된다. 넷째, 금융산업의 업무 단위는 분절화(unbundling)와 융합화가 쉬워짐에 따라 금융산업과 비금융산업 간 경계가 사라질 것이다. 다섯째, 금융산업의 중개 대상은 유형자산 중심에서 무형자산 중심으로 바뀔 것이다.

첫째, 미래 금융산업에서 회사의 단기 수익을 높이는 목표를 추구해서는 지속가능하기 어렵다. 고객 편익을 높이는 장기적인 목표를 추구할 때 해당 금융회사나 빅테크, 핀테크가 지속가능한 성장을 실현할 수 있다. 이에, 미래 금융 플랫폼이 성공적으로 안착하고 지속가능한 서비

---

9 이석훈·조성훈(2023), "빅테크의 금융진출과 공정경쟁" 참조.

표 6.3 미래 금융산업의 변화 및 금융 플랫폼의 대응 방향

유형	과거 금융산업	미래 금융산업	미래 금융 플랫폼 대응 방향
기업 목적	단기 수익 증대	고객 편익 제고	고객 중심 거버넌스 구축
핵심 업무	예·적금, 대출	지급결제 서비스	ICT 기술력 확보
경쟁력	관계금융	기술금융	데이터 확보, 분석력 제고
업무 단위	통합화	분절화, 융합화	글로벌화, 전략적 제휴
중개 대상	유형 자산	무형 자산	IP금융 인프라, 인수합병(M&A) 활성화

스를 제공하기 위해서는 양면시장의 특징상 무료 또는 낮은 비용으로 이용하는 대규모 이용자들에게 실질적인 혜택을 제공할 수 있어야 한다. 예를 들어 금융 플랫폼 이용자들에게 장기간 편리하고 혁신적인 금융서비스를 제공하려면 해당 금융 플랫폼을 제공하는 금융회사나 빅테크, 핀테크는 단기 수익 추구를 최우선 사업 목표로 두는 것은 바람직하지 않다. 즉, 금융 플랫폼이 이용자 편익 제고를 위해 지속가능한 서비스를 제공하려면 금융 플랫폼 운영 과정에서 단기간 손실을 보는 것을 인내할 수 있어야 한다. 더불어 금융 플랫폼 이용자들이 안심하고 금융서비스를 이용하려면 개인정보 보호, 해킹 예방, 인공지능 알고리즘 사용 등에 있어서 윤리 가이드 마련 등 금융 플랫폼 이용자를 위한 전사적 거버넌스 체계를 구축할 필요가 있다.

둘째, 미래 금융산업의 핵심 업무는 예·적금 및 대출 중개에서 지급결제 서비스로 바뀔 가능성이 높다. 마이크로소프트 창업자인 빌게이츠는 1994년에 미래 금융산업을 전망하면서 미래에 "은행 서비스는 필요한 영역이지만 은행은 사라질 수 있다(Banking is necessary, But Bank is not)"라고 말했다. 마커스 브루너마이어(Markus Brunnermeier) 등 경제학 교

수들도 디지털 기술의 발전과 금융산업의 분업화와 가속화 등으로 지급결제 서비스가 미래 금융산업의 핵심 업무가 될 것으로 전망했다.[10] 미래 경제활동에 있어서 현금 사용이 줄고 간편결제가 보편화되며 사물인터넷 등을 통한 비대면 결제, 온라인과 스마트폰을 통한 정기구독 서비스 등이 증가함에 따라 비대면 결제 수요가 빠르게 증가할 것으로 전망하며 멀지 않은 미래에는 현금을 사용하지 않을 수도 있다. 이용자가 물건을 사거나 서비스를 이용할 때 얼마를 결제했는지, 그리고 결제 안정성과 결제 완결성, 결제 편리성을 누가 더 잘 제공하는지가 금융 플랫폼의 핵심 경쟁력이 될 것이다. 미국, 캐나다, 유럽, 일본, 한국의 중앙은행들도 CBDC 도입을 적극적으로 검토하고 있어 비대면 지급결제 인프라는 더욱 중요해질 것으로 전망한다.

셋째, 미래 금융산업의 경쟁력은 기술금융의 우위를 누가 차지할 것이냐에 좌우될 것이다. 과거 금융산업은 중개금융, 투자금융, 관계금융 형태로 발전해 왔는데 미래 금융산업은 초연결, 인공지능 등 ICT 혁신에 힘입어 기술금융 형태로 발전할 가능성이 높기 때문이다. 이때 기술금융의 우위는 누가 더 많은 데이터를 확보하고, 누가 더 빨리 그리고 효율적으로 데이터를 분석하고 결합하여 양질의 정보를 제공할 수 있는지에 따라 결정될 것이다. 즉, 금융 플랫폼 회사가 경쟁력이 있으려면 이용자의 금융데이터뿐만 아니라 이용자 관련 비금융데이터를 보다 많이 확보하고, 혁신 서비스를 제공하기 위해 이를 적극적으로 활용할 수 있어야 한다. 예를 들어 이용자의 의료 데이터, 통신, 위치, 주거, 기타 공공데이

---

10 Brunnermeier, James and Landau, 2021, "The Digitalization of Money," BIS *Working Paper*.

터를 축적하고 금융데이터와 결합하여 보다 혁신적이고 차별적인 금융서비스를 제공할 것으로 기대할 수 있다.

넷째, 미래 금융산업의 업무 단위가 분절화와 융합화가 쉬워짐에 따라 미래 금융 플랫폼들도 애드인(add-in) 방식으로 확장할 것으로 예상할 수 있다. 앞선 절에서 살펴보았듯이 소규모 금융 플랫폼 또는 금융서비스를 제공하는 핀테크들을 위한 플랫폼 서비스(Paas)가 성장하고 있고, 금융서비스와 비금융서비스가 융합된 B2B 기반 플랫폼을 제공하는 사례도 증가할 것으로 예상한다. 예를 들면, 중소기업의 자금이체 대행, 근로자 임금 및 우리사주 관리, 자금조달, 회계 및 재무 보고 등 금융과 관련된 모든 유형의 업무를 제공하는 금융 플랫폼이 유망할 수 있다. 금융산업 내 업무가 분절화되고, 금융과 비금융 간 경계가 사라짐에 따라 금융 플랫폼의 글로벌 진출이 쉬워지며, 금융 플랫폼과 핀테크 회사 간 또는 금융 플랫폼 간 인수합병(M&A)도 활성화될 것으로 예상한다. 따라서 아시아와 중남미 신흥국 MZ세대를 위한 맞춤형 자산관리 업무를 제공하기 위해 특정 금융서비스 기능이 탑재된 금융 플랫폼을 해외에 수출하거나 해외 금융 플랫폼과 제휴하여 국내 금융 플랫폼이 보유하고 있는 차별화된 서비스를 해외에 제공하는 것이 보편화될 것이다.

다섯째, 금융산업의 중개 범위가 유형자산에서 무형자산 중심으로 바뀜에 따라 양질의 무형자산을 보다 많이 보유하고, 무형자산을 평가하고 활용할 수 있는 능력이 중요해질 전망이다. 이에, 금융 플랫폼을 제공하는 금융기관이나 빅테크, 핀테크는 우수한 무형자산을 보유하거나 해당 무형자산을 중개하는 역량을 갖추는 것이 필요하다. 최근 금융위원회(2023)가 토큰증권 활성화 방안을 발표했다. 토큰증권을 활용하면 과거에 금융화가 어려웠던 음악 및 영상 저작권, 미술품, 특허 등을 토큰화 방식을 통해 발행하고 유통하는 것이 가능해진다. 무형자산의 특징상 양질의 무형자산을 많이 보유할수록 무한한 부가가치를 창출할 수 있기 때문에 양질의 무형자산을 평가할 수 있는 능력과 이를 혁신 서비스로 활용할 수 있는 역량이 중요할 것이다. 무형자산을 공정하게 평가하고 유통하려면 금융 당국이 지적재산권(intellectual property, IP) 금융 인프라를 지원할 필요가 있다.

 미래 금융산업의 혁신을 선도하기 위한 노력 외에 금융 플랫폼 확장으로 인한 우려를 최소화하는 노력도 필요하다. 과거 대형 금융기관, 빅테크, 핀테크가 금융 플랫폼을 도입하고 확장하는 과정에서 개인정보 보호 소홀, 잠재적 불완전판매, ICT 금융서비스 장애 등으로 각종 이용자 피해가 발생했다. 이에, 정부와 금융 당국은 우려하는 리스크를 최소화하기 위해 노력해야 한다. 구체적으로 금융 플랫폼을 확장하는 과정에서 개인정보 보호, 해킹 예방, 이용자 피해 예방, 금융 안정 제고를 위해 보다 많은 자원을 할애할 필요가 있다. 인공지능, 블록체인, 빅데이터 등 우수한 ICT 기술력을 활용하여 규제 준수와 감독 이행을 돕는 레그테크(RegTech)과 섭테크(SupTech)에 대한 지원을 확대하는 것도 방안이 될 수 있다.

결론

이 장은 미래 금융산업의 변화를 조망하고, 금융산업의 변화를 선도할 것으로 예상하는 금융 플랫폼의 최근 혁신 사례를 살펴보고, 미래 금융 플랫폼의 발전 방향을 조망했다. 미래 금융산업은 금융기관 중심에서 금융소비자 중심으로 바뀌고, 대면 거래가 줄고 비대면 거래가 늘며, 은행과 보험 등의 전통 금융업의 영향력은 줄고, 지급결제 서비스와 함께 금융데이터 분석 및 결합 등 새로운 영역의 금융서비스가 확대될 것으로 전망한다.

　금융 플랫폼은 미래 금융산업의 변화를 선도할 것으로 예상한다. 금융회사나 빅테크, 핀테크를 중심으로 금융 플랫폼의 혁신을 추구하고 있는데, 혁신의 모습과 사례는 다양하다. 우선 전통 금융회사들은 전사적 디지털 전환을 통해 금융 플랫폼의 혁신을 추구하고 있는데, 대형 카드회사 등이 간편결제 서비스와 데이터 분석을 통해 성공적인 금융 플랫폼을 운영하는 것으로 판단한다. 대형 상업은행과 투자은행, 보험회사도 디지털 전환의 일환으로 금융 플랫폼의 혁신을 추구하고 있으나 빅테크와 핀테크가 제공하는 금융 플랫폼과 비교하면 혁신의 수준이 다소 낮다. 미국, 중국, 한국에서 빅테크들은 금융 플랫폼을 혁신하며 차별적인 금융서비스를 제공하고 있는데 ICT 기술력과 빅데이터 분석 능력을 기초로 기존 금융회사가 제공하는 서비스보다 저렴하고 편리할 뿐만 아니라 지급결제, 비대면 자산관리, 맞춤형 보험 등을 제시하며 경쟁력을 갖춰가고 있다. 글로벌 핀테크들은 간편결제 서비스, MZ세대를 위한 차별화된 맞춤형 디지털뱅크, 비대면 자산관리 서비스, 헬스케어 서비스, B2B 기반 API 플랫폼 서비스 등을 제공하며 금융 플랫폼의 혁신을 선도하고 있다.

　이렇게 혁신적인 금융 플랫폼이 도입되고 금융 플랫폼의 서비스 영역이 확대되는 가운데, 금융 플랫폼에 대한 우려 또한 커지고 있다. 전통 금융기관이 제공하는 금융 플랫폼의 경우 단기 수익 추구를 우선시하는 과정에서 고객 편익 제고를 소홀히 할 수 있다는 우려가 있다. 일정 기간 동안 금융 플랫폼이 의미 있는 수익을 창출하지 못하면 금융기관이 제공하는 금융 플랫폼에 대한 사업을 축소하는 것이 대표적인 사례다. 빅테크가 금융 플랫폼을 통해 금융서비스를 확대하는 과정에서 독점적 시장지배력, 개인정보 보호 소홀, 플랫폼 운영 과정에 있어서 이용자 피해, 금융 불안정성도 확대될 개연성이 있다. 이러한 우려로 인해 중국 등에서 빅테크의 금융 진출에 대해 엄격한 진입 규제와 영업행위 규제 등을 적용하고 있다. 빅테크와 핀테크에 대한 규제 강화는 자칫 금융 플랫폼의 혁신을 저해할 수 있어 신중하게 접근할 필요가 있다.

　금융 플랫폼이 미래 금융산업의 변화를 선도하고 차별적인 경쟁력을 갖기 위해서는 회사의 단기 수익을 추구하기보다 고객 편의 제고를 최우선 목표로 삼고, 지급결제 서비스의 경쟁력 우위를 위해 ICT 인프라를 고도화해야 할 것이다. 더불어 금융 플랫폼 회사는 양질의 금융데이터와 비금융데이터를 보다 많이 확보하고 이들을 결합하여 새로운 부가가치를 창출할 수 있어야 한다. 금융 플랫폼의 성장성 확보와 차별화를 위해 해외 진출을 적극적으로 수행하고 글로벌 기술업체들과 전략적 제휴를 강화하는 노력도 필요하다. 미래 금융 플랫폼의 중개 범위가 유형자산에서 무형자산으로 확대됨에 따라 무형자산을 보다 많이 확보하고 양질의 무형자산을 발굴하는 노력도 기울여야 할 것이다. 동시에 금융 플랫폼이 성장하는 과정에서 개인정보 보호와 해킹 예방 등을 통해 이용자 피해를 최소화하고, 금융 플랫폼으로 인해 시스템 리스크가 확대되지 않도록 금융 안정 제고를 위한 노력을 기울일 때 금융 플랫폼이 건전하게 발전할 수 있을 것으로 기대한다.

참고문헌

금융위원회. 2023.2.6. 토큰증권(Security Token) 발행, 유통 규율체계 정비방안, 보도자료.
이석훈·조성훈. 2023. 빅테크의 금융진출과 공정경쟁. 자본시장연구원 연구보고서.
이효섭. 2023. 빅테크의 금융진출과 금융안정. 자본시장연구원 연구보고서.
황인창. 2021. 빅테크의 보험업 진출에 대한 기대와 과제.

BIS. 2022. Gatekeeping the Gatekeepers: When Big Techs and Fintechs Own Banks, Benefits, Risks, and Policy Options. *FSI Insight* No 39.
Brunnermeier, James and Landau. 2021. "The Digitalization of Money." BIS Working Paper.
Huang. 2018. Online P2P Lending and Regulatory Responses in China: Opportunities and Challenges. *European Business Organization Law Review*, 19-1.
IMF. 2022. BigTech in Financial Services: Regulatory Approaches and Architecture, Fintech Notes 2022-002.
Rocket & Tirole. 2003. Platform Competition in Two-Sided Markets. *Journal of European Economic Association*, 1(4). P990-1029.

7장

데이터와 프라이버시

류혁선

요약 | 데이터 경제 시대에 데이터 활용의 중요성은 날로 증대되고 있다. 데이터 활용의 질을 높이기 위해서는 정보 보호에 대한 신뢰 구축이 매우 중요하다. 자동차가 빨리 달리기 위해서는 브레이크의 성능이 중요한 것과 같은 이치다.

현대 사회는 정보통신기술의 고도화로 보다 조밀한 초연결 사회로 나아가고 있으며, 고도화된 정보통신 사회의 핵심 자원인 데이터의 효율적 활용은 개개인에게 더 나은 편리와 사회적 진보를 제공하게 될 것이다. 하지만 신뢰에 기반을 둔 데이터 활용과 안전한 보호 장치가 제대로 규율되지 않는다면 인간의 존엄과 가치가 훼손되는 결과를 야기할 수도 있다.

현행 법률은 정보주체에게 불이익이 발생하지 않도록 정보를 활용하여야 한다는 소극적 개념을 적시하고 있다. 하지만 정보주체가 신뢰에 기반을 두고 정보를 제공하고 있음을 고려한다면, 정보 수령자는 정보 제공자에게 최선의 이익이 되는 방향에서 정보를 활용한다는 적극적 개념의 보호 논리를 새롭게 논의할 필요도 있다. 이는 데이터 활용을 촉진하는 촉매제가 될 것이기 때문이다.

서론

인공지능(Artificial Intelligence), 사물인터넷(Internet of Things), 클라우드 컴퓨팅(Cloud Computing) 등 디지털 기술로 촉발된 4차 산업혁명이 진전되면서 데이터가 새로운 핵심 자원으로 부각되고 있다. 4차 산업혁명의 핵심은 바로 '빅데이터'이다. 유발 하라리(Yuval Noah Harari) 히브리대 교수는 그의 책 「호모데우스(Homo Deus)」에서 '데이터이즘(Dataism)'이 기존의 종교와 이념을 대체할 가능성에 대해 언급했다. 경제적으로도 세계 시가 총액 최상위를 차지하는 회사들을 살펴보면, 2011년에는 엑슨모빌, 페트로차이나 등 다국적 석유회사가 상위 그룹을 형성했지만 10년 뒤인 2021년에는 애플, 마이크로소프트, 아마존, 알파벳 등 소위 ICT 기업이 최상위를 독차지하고 있다. 물리적 자산의 효율적 운영이 기업 가치 창출의 원천이었던 시대를 지나 기업의 가치 창출 방식이 변화하고 있는 것이다.

데이터는 현대 사회에서 더 이상 단순히 정보의 집합체가 아니라 경제적·사회적 가치를 지닌 중요한 자원으로 인식되고 있다. 그리하여 데이터를 '21세기의 원유'로 비유하기도 한다. 헌(현)새 우리 사회도 데이터 기반의 디지털 전환(Digital Transformation)을 통해 4차 산업혁명을 적극 경험하고 있다. 이러한 변화 과정에서 데이터의 효과적인 활용은 공공 부문과 민간 부문, 그리고 개인의 혁신 역량과 성과에 영향을 미치는 중요한 요소임은 분명하다. 다만, 유용한 데이터 다수가 개인정보에 해당하므로 데이터를 적절히 활용하기 위해서는 오히려 정보 보호에도 관심을 기울여야 한다. 데이터의 활용과 보호라는 양자의 조화를 꾀할 수 있을 때 데이터의 폐쇄성을 극복하고 데이터 경제(Data Economy)[1] 시대를 경쟁력 있게 열어갈 수 있기 때문이다.

이러한 이유로 이 장에서는 데이터의 법적 정의, 데이터 소유권의 개념, 데이터 활용을 위한 우리 정부의 법률 제정 노력, 데이터 거래와 관련된 쟁점, 프라이버시(Privacy)와 개인정보 보호와의 관계, 개인정보에 대한 자기결정권의 의미, 개인정보 활용과 보호의 균형을 위한 데이터 3법 개정 의의, 데이터 활용의 방책으로 제시된 가명정보 처리에 관한 특례 및 정보 이동권과 마이데이터의 개념, 그리고 현행 정보 보호 방식의 한계와 새로운 패러다임의 필요성 등 다양한 주제를 논의함으로써 데이터의 활용과 관련한 쟁점 및 개인정보 보호의 중요성을 균형 있게 다뤄보고자 한다.

---

[1] 데이터 경제(Data Economy)라는 용어는 2011년 데이비드 뉴먼(David Newman)이 작성한 가트너(Gartner) 보고서 "How to Plan, Participate and Prosper in the Data Economy"에 처음 등장한 것으로 알려져 있고, 2017년 유럽 집행위원회(European Commission)가 경제성장(economic growth)과 일자리 창출(job creation), 사회적 진보(social progress)를 위해서는 데이터가 필수 자원(essential resource)이라고 선언한 "유럽 데이터 경제의 육성(Building a European Data Economy)" 보고서를 통해 조명되기 시작했다. 데이터 경제는 데이터의 생성, 수집, 가공, 유통, 분석, 활용 등을 통해 다른 산업 발전의 촉매 역할을 하고, 새로운 비즈니스 모델과 경제적 가치 창출을 도모하며, 이를 통해 혁신과 성장을 이루어내는 경제 생태계로 이해될 수 있다. 세계 주요 국가들의 데이터 경제에 대한 패권 경쟁은 이미 시작되었다.

데이터의 법적 정의

데이터(data)는 사전적 의미로는 "이론을 세우는 데 기초가 되는 사실. 또는 바탕이 되는 자료", "관찰이나 실험, 조사로 얻은 사실이나 정보", "(정보·통신) 컴퓨터가 처리할 수 있는 문자, 숫자, 소리, 그림 따위의 형태로 된 정보" 등으로 정의된다.[2]

법상 데이터의 정의는 법률이 규율하고자 하는 목적에 따라 그 의미와 범위가 달라진다. 2022년 시행된 「데이터 산업진흥 및 이용촉진에 관한 기본법」(이하, '데이터산업법')은 데이터를 "다양한 부가가치 창출을 위하여 관찰, 실험, 조사, 수집 등으로 취득하거나 정보시스템 및 「소프트웨어 진흥법」 제2조 제1호에 따른 소프트웨어 등을 통하여 생성된 것으로서 광(光) 또는 전자적 방식으로 처리될 수 있는 자료 또는 정보"라고 정의한다(동법 제2조 제1호). 그리고 「데이터기반행정 활성화에 관한 법률」(이하, '데이터기반행정법')은 데이터를 "정보처리능력을 갖춘 장치를 통하여 생성 또는 처리되어 기계에 의한 판독이 가능한 형태로 존재하는 정형 또는 비정형의 정보"라고 정의한다(동법 제2조 제1호). 반면, 2020년 개정·시행된 「지능정보화 기본법」[3]은 데이터를 "부호, 문자, 음

---

[2] 국립국어원, 표준국어대사전 참조, https://stdict.korean.go.kr/main/main.do.
[3] 법률의 개정 이유는 다음과 같다. "최근 우리 사회는 인공지능, 데이터, 5G 등 첨단기술의 혁신적 발전으로 초연결·초지능 기반의 4차 산업혁명 패러다임에 접어들고 있는 바, 4차 산업혁명에 따른 사회·경제적 변화에 선제적으로 대응하기 위한 범국가적 추진체계 구축과 기술혁신을 위한 규제체계 정비가 필요하다. 이에 정보화 혁명을 성공적으로 뒷받침한 「국가정보화 기본법」을 전면 개정하여 4차 산업혁명 지원을 위한 범국가적 추진체계를 마련함으로써 데이터·인공지능 등 핵심기술 기반과 산업생태계를 강화하는 한편, 정보통신에 대한 접근성 품질인증 등을 실시함으로써 4차 산업혁명 과정에서 발생할 수 있는 부작용에 대한 사회적 안전망을 마련하여 국가경쟁력을 강화하고 국민의

성, 음향 및 영상 등으로 표현된 모든 종류의 자료 또는 지식"으로 폭넓게 정의하면서(동법 제2조 제4호 나목), 정보를 "광(光) 또는 전자적 방식으로 처리되는 부호, 문자, 음성, 음향 및 영상 등으로 표현된 모든 종류의 자료 또는 지식(데이터)"으로 정의함으로써(동법 제2조 제1호) 정보와 데이터를 구분하기도 한다. 또한「부정경쟁방지 및 영업비밀보호에 관한 법률」(이하, '부정경쟁방지법')은 데이터를 "데이터산업법 제2조 제1호에 따른 데이터 중 업으로서 특정인 또는 특정 다수에게 제공되는 것으로, 전자적 방법으로 상당량 축적·관리되고 있으며, 비밀로서 관리되고 있지 않은 기술상 또는 영업상의 정보"라고 정의함으로써(동법 제2조 제1호 카목) 보호 법익의 대상이 되는 데이터의 범위를 축소하고 있다.

데이터 소유권 개념

데이터는 복제 가능한 가상 개체(duplicable virtual entity)로서 속성상 유체물도 아니고 배타적이지도 않다. 그런데 데이터 경제 시대를 맞아 사람들은 사실상 상품이나 동산처럼 소유할 수 있는 "물건(thing)"으로 데이터를 취급한다.[4] 즉, 데이터를 새로운 원유(new oil)[5] 또는 새로운 금

삶의 질 향상에 기여하려는 목적으로 법률의 제명 또한 변경했다."

[4] Andreas Boerding et al., 2018, "Data Ownership — A Property Rights Approach from a European Perspective" *Journal of Civil Law Studies*, 11, p.325.

[5] 데이터 과학자(data scientist)인 클라이브 험비(Clive Humby)가 노스웨스턴대학교 켈로그 경영대학원(Northwestern's Kellogg School of Management)에서 개최된 2006 켈로그 마케팅 콘퍼런스(Kellogg Marketing Conference)에서 "Big Data is the New Oil (빅데이터는 새로운 원유다)"이라는 문구를 사용한 것이 시초다(Lauren Henry Scholz,

(new gold)⁶ 등으로 비유하며 재산적 가치가 있는 자산으로 취급하는 경향을 보인다. 하지만 데이터는 사법(私法) 질서 안에서 소유권의 법적 객체로서 아직은 인정되고 있지 않다.⁷

소유권으로 대표되는 지배권에 의한 법적 보호는 본래 유체물을 중심으로 형성된 개념이다. 물론 지식재산권이나 인격권처럼 무형적 가치를 대상으로 하는 지배권도 있다. 하지만 이러한 무형적 가치가 진정한 권리로서 자리매김하기 위해서는 사회적 공감대 및 법 기술적 문제 등으로 인해 많은 시간이 필요하다.⁸ 요약컨대, 데이터는 본질상 무체물이고, 민법상 소유권과 점유권, 용익 물권, 담보 물권의 대상이 되지 않기 때문에 소유권이나 점유권의 개념에 기초하여 데이터에 관한 권리의 유무를 정할 수는 없다. 따라서 저작권 등의 지식재산권이 발생하는 경우를 제외하면, 현행법상 데이터의 소유권이나 기타 물권적인 권리는 성립할 수 없다고 보아야 한다.

그러므로 통상 '데이터 소유권'이라 함은 데이터가 지식재산권 등에

2019, "Big Data is Not Big Oil: The Role of Analogy in the Law of New Technologies" *Tennessee Law Review*, 86, p.866).

6 데이터를 새로운 금(new gold)에 비유한 논문으로는 Thomas J. Farkas, 2017, "Data created by the internet of things: the new gold without ownership?" *Revista la Propiedad Inmaterial*, 23 참조.

7 우리 민법 제211조는 "소유자는 법률의 범위 내에서 그 소유물을 사용, 수익, 치분할 권리가 있다."라고 하여 소유권의 내용을 규정하고 있다. 권리로서 소유권의 객체는 물건이며, 민법상 물건은 "유체물 및 전기 기타 관리할 수 있는 자연력"을 말한다(동법 제98조). 또한 소유권의 객체로서의 물건은 직접적 지배와 배타성을 내용으로 하기에 물건은 특정되고 현존하는 것이어야 하며, 독립된 것이어야 한다. 즉, 데이터에 대한 민법상 소유권의 인정 여부는 결국 데이터가 민법상 '물건'에 해당하는지에 직결된다.

8 이에 관한 논의는 양창수·권영준, 2017, 『민법 II 권리의 변동과 구제』(박영사), 722면 참조.

의해 직접 보호되는 경우를 제외하고, 일반적으로 데이터에 합법적으로 접근하여 그 이용을 통제할 수 있는 사실상의 지위 또는 계약에 따른 데이터 이용 권한을 결정한 경우, 그러한 채권적 지위를 가리켜 '데이터 소유권'이라고 통칭한다고 보아야 한다.[9]

데이터 활용을 위한 법률의 제정

데이터 활용을 위한 법률의 제정은 민간 부문보다는 공공 부문에서 먼저 이루어졌다. 먼저, 2013년 7월 30일 제정된 「공공데이터의 제공 및 이용 활성화에 관한 법률」(이하, '공공데이터법')을 들 수 있다. 동 법률은 공공기관이 보유·관리하는 데이터의 제공 및 그 이용 활성화에 관한 사항을 규정함으로써 국민의 공공데이터에 대한 이용권을 보장하고, 공공데이터의 민간 활용을 통한 삶의 질 향상과 국민경제 발전에 이바지함을 목적으로 한다(동법 제1조). 이 밖에 2020년 6월 9일 제정(2020년 12월 10일 시행)된 데이터기반행정법이 있다. 동 법률은 데이터를 기반으로 한 행정의 활성화에 필요한 사항을 정함으로써 객관적이고 과학적인 행

---

[9] 한국데이터산업진흥원, 2019.12, "데이터 거래 가이드라인", 6면; 현실적으로는 중요하지만 개념적으로는 불투명한 '데이터'에 오랜 시간 공고하게 형성된 재산권인 '소유권'의 개념을 연결하고자 하는 학계의 논의가 있다. 이는 소유권의 강고한 이미지를 빌려 데이터의 귀속과 보호의 당위성을 상징적으로 또는 효과적으로 전파하려는 목적 때문이다. 이에 대한 대표적인 논의로서 최경진, 2019, "데이터와 사법상의 권리, 그리고 데이터 소유권(Data Ownership)", 《정보법학》 제23권 제1호(한국정보법학회); 박상철, 2018, "데이터 소유권 개념을 통한 정보보호 법제의 재구성", 《법경제학연구》 제15권 제2호(한국법경제학회); 이동진, 2018, "데이터소유권(Data Ownership), 개념과 그 실익", 《정보법학》 제22권 제3호(한국정보법학회) 등 참조.

정을 통하여 공공기관의 책임성, 대응성 및 신뢰성을 높이고 국민의 삶의 질을 향상하는 것을 목적으로 한다(동법 제1조). 다만, 동 법률은 정부가 데이터를 정책 수립이나 의사결정에 적극적으로 활용하도록 데이터 통합관리 플랫폼을 운영하여 데이터를 등록함으로써 데이터를 행정기관이 공동 활용하는 것을 규율하기 위한 것으로서 소위 전자정부를 운영하기 위한 법률이지 민간 부문에서 데이터를 자원으로 활용하기 위한 목적의 법률은 아니다.

다행히 최근 들어 우리 정부와 국회는 민간 부문에서의 데이터 활용의 중요성을 인식하고 데이터 경제 시대를 슬기롭게 맞이하기 위하여 데이터 활용에 방점을 둔 법률의 제·개정을 여럿 추진한 바 있다.

첫째, 데이터의 활용에 있어 중심이 되는 법률로써 2022년 4월 20일 시행(2021년 10월 19일 제정)된 데이터산업법을 들 수 있다. 동 법률은 공공 부문의 데이터를 규율하는 공공데이터법 및 데이터기반행정법 등 공공데이터와 관련된 법적 근거에 비하여 민간 데이터의 경제·사회적 생산, 거래 및 활용 등을 위한 기본법제가 부재한 상황임을 인지하고 있다. 특히, 민간 데이터의 가치와 중요성을 재인식하고 기업들의 불확실성을 제거하는 한편, 세계 각국의 데이터 산업 경쟁 상황을 감안한 우리나라의 데이터 산업 육성 의지를 대외적으로 표명하는 데이터 진흥 기본법안의 성격을 갖고 제정되었다.[10,11]

---

10 데이터산업법 제정 이유 참조.
11 오병철 교수는 금번 제정된 데이터산업법은 유럽연합(EU)이 최근 추진하고 있는 「Data Act: Proposal for a Regulation on harmonised rules on fair access to and use of data」 (Publication 23 February 2022)와 같이 데이터의 활용을 위해 당사자들의 구체적인 권리와 의무관계를 규율하는 실질적인 법규범에 이르지 못하고, 데이터산업의 발전을 위한 정책의 법적 근거를 마련하는 일반적인 진흥법 체계를 답습하고 있다고 평가하며, 유

둘째, 데이터와 관련한 부정경쟁행위를 규제하기 위한 부정경쟁방지법이 2021년 12월 7일 개정(2022년 4월 20일 시행) 되었다.[12] 동 법률은 보호 법익이 있는 데이터를 "데이터산업법 제2조 제1호에 따른 데이터 중 업으로서 특정인 또는 특정 다수에게 제공되는 것으로, 전자적 방법으로 상당량 축적·관리되고 있으며, 비밀로서 관리되고 있지 않은 기술상 또는 영업상의 정보"로써 제한적으로 정의하면서 이러한 데이터를 부정하게 사용하는 행위를 부정경쟁행위의 유형으로 신설했다. 구체적인 금지행위 유형은 다음과 같다. ① 접근권한이 없는 자가 데이터를 부정하게 취득하거나 그 취득한 데이터를 사용·공개하는 행위, ② 접근권한이 있는 자가 부정한 이익을 얻거나 데이터 보유자에게 손해를 입힐 목적으로 데이터를 사용·공개하거나 제3자에게 제공하는 행위, ③ 무권한자의 데이터 부정 취득 등의 행위(①) 또는 접근권한이 있는 자의 부정 목적 데이터 제공 등의 행위(②)가 개입된 사실을 알고 데이터를 취득하거나 그 취득한 데이터를 사용·공개하는 행위, ④ 정당한 권한 없이 데이터의 기술적 보호조치를 무력화하는 행위 등이다(동법 제2조 제1호 카목).

럽연합의 데이터법(Data Act)을 참조하여 보완할 필요가 있다고 주장한다. 상세한 내용은 오병철, 2022, "유럽연합 데이터법(EU Data Act) 초안 및 그 시사점", 「국제거래법연구」 제31권제1호(국제거래법학회) 참조.

[12] 대법원은 타인이 영업 목적으로 공개한 데이터와 유명인의 초상·성명 등이 지닌 경제적 가치를 '상당한 투자와 노력의 성과'로 인정하여 이를 무단 사용한 행위를 부정경쟁행위로 제재한 바 있다. 다만, 이는 이 법의 보충적 일반조항에 근거한 것으로, 향후 발생할 수 있는 다양한 형태의 무단 사용행위를 적절히 제재하기에는 한계가 있다. 따라서 데이터를 부정하게 사용하는 행위와 유명인의 초상·성명 등 인적 식별표지를 무단 사용하는 행위를 각각 법률을 통해 부정경쟁행위의 유형으로 명확히 규정하여 제재함으로써 건전한 거래 질서를 확립하고, 부당한 피해로부터 소비자를 보호하고자 함이 동 법률의 개정 이유이다(부정경쟁방지법 개정 이유 참조).

셋째, 4차 산업혁명의 가속화 및 산업의 디지털 전환이 확산됨에 따라 산업데이터의 활용을 촉진하기 위한 방책으로 「산업 디지털 전환 촉진법」(이하, '산업디지털전환법')이 2022년 1월 4일 제정(2022년 7월 5일 시행)되었다. 동 법률은 「개인정보 보호법」 등 기존 권리보호 법령에서 규정하고 있지 않은 '산업데이터'의 개념을 정의하고,[13] 산업데이터 생성·활용의 활성화와 지능정보기술의 산업 적용을 통하여 산업의 디지털 전환을 촉진함으로써 산업 경쟁력을 확보하고 국민의 삶의 질 향상과 국가 경제발전에 이바지함을 목적으로 한다(동법 제1조). 또한 동 법률은 산업 전반에 걸친 디지털 기술 적용 활성화를 통해 밸류체인 전반을 혁신하고 고부가가치화하기 위하여 산업데이터 활용·보호 원칙을 제시하여 데이터 등 디지털 기술 활용에 따른 기업의 법적 불확실성을 해소하고, 산업 디지털 전환 정책을 종합적으로 수립·시행하기 위한 정부 내 추진체계와 민간의 디지털 전환 활동을 강력하게 뒷받침할 수 있는 지원 제도 관련 규정을 마련하기 위하여 제정되었다.[14,15]

---

[13] 산업데이터란 「산업발전법」 제2조에 따른 산업, 「광업법」 제3조 제2호에 따른 광업, 「에너지법」 제2조 제1호에 따른 에너지 관련 산업 및 「신에너지 및 재생에너지 개발·이용·보급 촉진법」 제2조 제1호 및 제2호에 따른 신에너지 및 재생에너지 관련 산업의 제품 또는 서비스 개발·생산·유통·소비 등 활동(이하 "산업활동"이라 한다) 과정에서 생성 또는 활용되는 것으로서 광(光) 또는 전자적 방식으로 처리될 수 있는 모든 종류의 자료 또는 정보를 말한다(동법 제2조 제1호).

[14] 산업디지털전환법 제정 이유 참조.

[15] 산업디지털전환법은 산업 데이터의 활용에 있어 기본 원칙을 제시하고 있다. 산업디지털전환법 제9조 제1항은 산업데이터를 생성한 자는 해당 산업데이터를 활용하여 사용·수익할 권리를 갖는다고 선언하고, 동조 제2항에서는 산업데이터를 2인 이상이 공동으로 생성한 경우 각자 해당 산업데이터를 활용하여 사용·수익할 권리를 갖지만, 당사자 간의 약정이 있는 경우에는 그에 따르도록 규정하고 있다. 또한 동조 제3항에서는 산업데이터가 제3자에게 제공된 경우 산업데이터를 생성한 자와 제3자 모두 해당 산업데이

데이터 거래와 관련된 쟁점

일반적으로 상거래에 적용되는 법률은 역사적으로 부동산(real property), 상품(goods) 등과 같은 유형 자산 또는 지분(shares), 채권(receivables), 지적재산권(intellectual property rights), 라이선스(licenses) 등과 같은 권리를 갖는 무형 자산을 대상으로 한다. 그런데 데이터 경제(data economy) 시대를 맞아 거래 가능한 대상(tradeable items)으로서 기존의 상품(goods) 또는 권리(rights)로 분류될 수 없거나, 그렇다고 서비스(services)도 아닌 대상이 등장했다. 이것이 데이터(data)이다.[16]

데이터 경제 시대에서 데이터는 제2의 원유로 비유되며 핵심 자원으로 인식되고 있다. 다만, 데이터는 원시데이터 상태로 단순히 보유하는 것에 가치가 있는 것이 아니라, 데이터의 융합·가공·분석 등을 통해 새로운 가치를 창출할 수 있다는 점에서 그 중요성이 강조되는 것이다. 데이터는 자체적으로 생산하지 않는 한 시장에서 취득하여야 한다. 결국 데이터에 대하여 누가 어떠한 권리를 가질 것이며, 그 권리는 어떻게 효과적으로 보호되어야 하는지, 더 나아가 데이터를 둘러싼 이해관계자 간의 이해관계를 어떻게 합리적으로 균형 있게 조정할 것인지가 문제로 귀결된다.

이러한 문제를 해결하기 위해 데이터에 대한 물권적 접근방식으로서

터를 활용하여 사용·수익할 권리를 갖지만, 당사자 간의 약정이 있는 경우에 그에 따른다고 규정하고 있다.

16 American Law Institute and European Law Institute, "ALI-ELI Principles for a Data Economy — Data Transactions and Data Rights —" p.6. https://www.europeanlawinstitute.eu/fileadmin/user_upload/p_eli/Publications/ALI-ELI_Principles_for_a_Data_Economy_Final_Council_Draft.pdf.

데이터에 물권, 특히 소유권을 인정할 수 있을 것인지에 관한 논의도 있어 왔다. 하지만 데이터에 대한 지배권을 소유권 개념으로 체계화하는 것은 무형의 디지털이라는 데이터의 본질적 속성으로 인해 매우 어려운 과제가 아닐 수 없고,[17] 더욱이 이와 같은 방식의 지배권 체계화를 위해서는 이론적으로나 현실적으로나 많은 시행착오를 통해 정교하게 다듬는 과정 등 상당한 시간이 요구된다. 그러므로 당면한 디지털 경제 시대를 맞아 데이터에 대한 수요를 충족시키기 위해서는 현실적으로 계약관계를 통한 법적 규율을 채택하는 것은 불가피한 측면이 있다.[18]

다만, 데이터는 본질적 특성으로 인해 배타적 권리가 인정되지 아니하고, 데이터에 관한 계약 법리도 명확하지 않아 데이터 거래는 주로 데이터에 대한 계약상의 사용권 보장에 초점이 맞추어질 수밖에 없고,[19] 더욱이 데이터는 물건이 아니기에 물건을 목적으로 하는 현행 민법상의 매매, 임대차계약 등의 규정 또한 준용할 수 없다는 어려움이 있다. 즉, 데이터 거래와 관련하여 참조할 수 있는 합리적인 표준 원칙이 없는 상태에서 데이터 거래가 계약임을 전제로 하여 당사자들에게만 데이터 거래와 관련한 이해를 조정하도록 맡겨 놓는다면, 정보비대칭으로 인하여

---

[17] 데이터의 소유권론에 대한 비판적 시각은 권영준, 2021, "데이터 귀속·보호·거래에 관한 법리 체계와 방향", 《비교사법》 제28권1호(한국사법학회), 4~16면 참조.

[18] 오병철, 앞의 논문, 509면 참조; 계약이란 둘 이상 당사자의 합치하는 외사표시를 요소로 하는 법률행위로서 민법상 사적자치 원칙이 적용된다. 따라서 원칙적으로는 계약 당사자 간 자유로운 의사에 의해 권리관계를 정하면 된다.

[19] 데이터는 민법상 소유권의 객체가 될 수 없음은 앞서 설명한 바와 같다. 그런데 계약 실무상 어떤 데이터에 대해 한쪽의 계약 당사자에게 데이터의 소유권을 귀속시킨다고 하는 경우가 종종 있다. 이는 해당 계약 당사자에게 소유권 등 물권적인 권리가 있음을 말하는 것은 아니고, 해당 계약 당사자가 다른 당사자에게 데이터의 이용 권한을 주장할 수 있는 채권적 지위를 부여했음을 나타내는 표현 방식으로 이해되어야 한다.

자칫 교섭력이 약한 당사자가 불공평한 계약에 노출될 수 있고, 이는 궁극적으로 시장의 실패로 이어져 데이터 거래의 활성화를 통한 혁신을 어렵게 할 수 있다.

그리하여 미국법률협회(American Law Institute, ALI)와 유럽법률협회(European Law Institute, ELI)는 2018년에 데이터 거래(Data Transaction) 및 데이터 권리(Data Rights)에 대한 제 원칙을 담은 "데이터 경제를 위한 제 원칙(ALI-ELI Principles for a Data Economy)"(이하, 'ALI-ELI 제 원칙')을 발표한 바 있다.[20]

우리나라도 2019년 12월 한국데이터산업진흥원이 주관이 되어 데이터 거래 활성화 방안으로서 새로운 가치의 데이터 생성과 데이터 시장 및 활용 생태계 조성을 위한 데이터 거래 계약 관련 가이드라인과 표준계약서를 담은 '데이터 거래 가이드라인'을 공표한 바 있다.[21] 동 가이드라인은 표준적인 모형이 확립되어 있지 않은 데이터 거래 계약에 대하여 몇 가지 유형을 정하고, 유형별 계약 쟁점 및 그 해결 방안을 제시하고 있으며, 거래 현실을 반영한 안전한 데이터 거래 도모와 거래비용 절

---

[20] 데이터 거래와 관련하여 ALI-ELI 제 원칙의 시사점에 관한 논문으로는 정신동, 2022, "데이터 경제에 있어 계약관계의 규율: ALI-ELI 데이터 경제 원칙상의 데이터 공급 계약과 데이터 마켓플레이스 계약을 중심으로", 《고려법학》(고려대학교 법학연구원); 황원재, 2022, "데이터 권리의 귀속에 관한 일반원칙 정립의 필요성: ALI-ELI 데이터 원칙의 내용과 규율 방향을 중심으로", 《고려법학》(고려대학교 법학연구원) 등 참조.

[21] 현재 데이터 거래 실무에서 표준계약의 모델이 되고 있는 데이터 거래 가이드라인에 대한 비판도 있다. 데이터 거래 가이드라인은 데이터의 귀속에 관한 일률적 기준을 마련하기보다 데이터 창출에 대한 기여도, 장비 소유권 등 여러 고려 요소를 통해 데이터 이용 권한을 적절히 배분함으로써 데이터의 이용과 창출을 촉진하려는 산업진흥적 목적을 갖고 있기 때문에, ALI-ELI 제 원칙과 달리 데이터 시장에 적용될 수 있는 일반원칙이 되기에는 한계가 있다고 지적한다(황원재, 앞의 논문, 284면 참조).

감 및 분쟁 해소를 통하여 궁극적으로 전 산업에서 데이터 활용을 촉진하고 거래 생태계를 조성하는 것을 목적으로 한다.[22]

데이터 거래 가이드라인은 데이터 거래의 유형으로서 데이터 제공형[23,24], 데이터 창출형[25], 데이터 오픈마켓형(Marketplace)[26] 등으로 구

---

[22] 한국데이터산업진흥원, 2019.12, "데이터 거래 가이드라인", 1~2면 참조.

[23] 일반 당사자(데이터 제공자)만 보유하고 있는 데이터를 상대방에게 제공할 때 해당 데이터에 대한 이용 권한, 기타 제공 조건 등을 결정하는 계약 유형이다. 본 표준계약은 기본적으로 데이터 제공자가 데이터 이용자에게 비독점적인 이용 허락을 하고, 파생 데이터에 대해서는 데이터 이용자가 권리를 보유하나 데이터 제공자도 무상 또는 유상으로 파생 데이터를 이용할 수 있도록 하는 것을 특징으로 한다(위의 가이드라인, 14~15면 참조).

[24] 데이터의 제공 방식과 관련하여 "정보 제공자(갑)는 본 계약기간 중 정보 수령자(을)에 대하여 제공 데이터를 부속문서에 정한 제공 방식으로 제공한다. 그러나 갑은 데이터 제공 ○일 전에 을에게 통지하는 것으로 데이터 제공 방식을 변경할 수 있다"라고 규정하고 있다(데이터 제공형의 표준계약서 제3조). 반면, ALI-ELI 제 원칙은 데이터 제공자(supplier)는 데이터 수령자(recipient)가 지정한 매체에 데이터를 전자적으로 전송하는 방식으로 제공하여야 하고, 다만 해당 매체가 보안상 문제가 우려될 경우에는 수령자에게 이를 알리고 대안을 제시하도록 요구할 수 있다고 규정하고 있다[ALI-ELI Principle 7(2)(a)]. 또한 제공 데이터 등에 대한 보증과 관련해서는 "갑은 제공 데이터의 정확성, 완전성(데이터에 하자 내지 결함 없음), 안전성(데이터에 바이러스 등 악성코드 없음), 유효성(본 계약 목적에의 적합성)을 보증하지 않는다"(동 표준계약서 제7조 제3호)와 "갑은 제공 데이터가 타인의 지식재산권 및 기타 권리를 침해하지 않는다는 것을 보증하지 아니한다"(동 표준계약서 제7조 제4호)라고 규정하고 있는데, 이 역시 ALI-ELI 제 원칙과는 사뭇 다르다. ALI-ELI 제 원칙은 데이터 제공자가 제공 데이터의 특성(characteristics of the data supplied)인 성질(nature), 수량(quantity), 정확성(accuracy), 최신성(currentness), 무결성(integrity), 세분성(granularity), 형식(formats) 등을 보증하도록 함으로써 완전한 권리상태로 데이터 수령자에게 데이터를 제공하여야 할 의무를 규정하고 있고[ALI-ELI Principle 7(b)], 데이터 제공자로 하여금 데이터 수령자가 지적재산권 등의 법적 권리상에 있는 데이터에 대해 실효적인 활용을 할 수 있도록 하는 의무규정을 마련하고 있다[ALI-ELI Principle 7(2)(c)(i)]. 즉, 국내 표준계약서는 데이터 수령자의 편의보다는 제공자의 편의를 보다 강조하고 있는 특징이 있다.

[25] 복수 당사자가 관여하여 새롭게 창출한 데이터를 상대방에게 판매 시, 창출에 관여한 당사자 간의 데이터 이용 권한, 이익 분배 등을 결정하는 계약 유형이다. 데이터 창출형의

분하여 표준계약서를 마련하고 있다. 여기서 데이터 오픈마켓형은 데이터 플랫폼형27과는 구분되는 개념이다. 데이터 오픈마켓형 거래에서 중요한 핵심은 오픈마켓 운영자28는 「전자상거래 등에서의 소비자보호에 관한 법률」에서의 통신판매중개업자로서 데이터 거래의 가격 결정, 데이터 상품의 하자 등에 관여하지 않는다는 것이다.29

데이터 활용의 가치를 높이기 위해서는 데이터의 거래 대상으로 포섭

경우에는 어느 쪽 당사자에게 포괄적인 이용 권한이나 데이터 오너십을 귀속시킨다는 형식으로는 당사자 간 협의가 진행되지 않을 수 있으므로, 직접적으로 각 당사자에게 각 데이터에 관해서 이용 권한을 배분한 뒤, 만약 이용 권한을 정하지 않았던 데이터가 발생한 경우에는 어느 쪽 당사자에게 귀속시킨다는 형태를 취하고 있다(위의 가이드라인, 15~16면 참조).

26   오픈마켓을 통한 데이터 거래 시, 오픈마켓 운영자와 데이터 제공자 간, 그리고 데이터 제공자와 이용하는 소비자 간 계약관계에서 발생하는 권리 및 의무 등을 정하는 계약 유형이다. 가이드라인은 이 두 가지 유형을 구분하여 표준계약서를 제공하고 있다(위의 가이드라인, 17면 참조).

27   데이터 플랫폼형 계약은 복수 사업자가 데이터를 플랫폼에 제공하고 플랫폼이 해당 데이터를 집약·보관·가공·분석하고 공용하기 위한 계약을 말한다. 이에 대한 사례로는 다수의 조선사, 선주, 운항회사 등이 개별 보유한 선박 데이터나 해상 데이터를 플랫폼에 집약하고 공동으로 이용하는 경우, 복수 비디오카메라 사업자가 각기 보유한 영상데이터를 플랫폼에 집약하고 상업적 이용이나 도시계획 및 방재 등 공적 목적으로 활용하는 경우 등이 이 유형에 해당할 수 있을 것이다. 이는 중개를 중심으로 하는 오픈마켓형과 차이가 있다. 데이터 플랫폼형은 플랫폼별 목적, 관계자 범위 등 개별 사정에 따라 그 종류가 다양하고 계약 내용에 큰 차이가 있으므로 가이드라인상 표준계약서는 별도로 마련되지 않았다(위의 가이드라인, 19면 참조).

28   오픈마켓 운영자는 데이터 중개 플랫폼인 사이버몰을 운영하면서 사이버몰에 데이터 판매회원으로 가입한 데이터 제공자와 데이터 구매회원으로 가입한 데이터 이용자 간의 데이터 상품 거래를 중개하는 역할을 하는 자로서 데이터 이용자가 데이터서비스를 원활히 이용할 수 있도록 정보 보호 체계를 갖추어야 하며, 장애로 인해 정상적인 서비스가 어려운 경우에는 신속하게 수리·복구를 하고, 적절한 수준의 보안서비스를 제공하여야 한다(위의 가이드라인, 17~18면 참조).

29   위의 가이드라인, 17면 참조.

되는 데이터의 범주에 관한 검토도 중요하다. 데이터의 결합에 의해 새로운 혁신을 가능하게 하기 위해서는 가급적 많은 데이터가 거래 대상으로 포섭되는 것이 필요할 수 있다. 더욱이 인공지능(AI)은 데이터의 투입이 많을수록 기술 발전이 용이해지는 특성이 있다. 하지만 본질적으로 데이터는 폐쇄적이다. 특히 가치가 있는 개인정보는 더욱 그러하다. 이것이 개방을 모토로 하는 디지털 경제에서는 근본적인 딜레마이다. 따라서 개인정보 및 기업기밀 보호 등을 준수하면서 데이터를 활용한 혁신이 가능하도록 다양한 방안이 모색되어야 한다.[30,31]

프라이버시와 개인정보 보호

프라이버시의 사전적 의미는 "개인의 사생활이나 집안의 사적인 일. 또는 그것을 남에게 간섭받지 않을 권리"라고 정의된다.[32]

   우리의 먼 조상들이 유목민으로 살던 시절에는 프라이버시 내지 개인정보 보호 개념은 존재하지 않았다. 오히려 그들은 항상 가까이 머물며

---

[30] 이준배, 2021, "오픈 알고리즘과 클로즈드 데이터: AI 경제의 근본적인 딜레마", ≪AI Trend Watch≫ 2021-2호, 11면 참조. 동 보고서는 데이터 분석 기술을 보유한 스타트업 및 중소기업과 데이터를 보유한 기업들 간에 협업을 확산하고 일반 국민의 데이터 문해력(literacy)을 높이는 방향으로도 정책적 지원이 필요하다는 견해를 피력하고 있다.

[31] 개인식별가능성이 높은 개인정보의 경우에는 거래대상으로 부적합할 수 있다. 개인정보의 재산적 가치는 정보주체의 동의 또는 법적 근거에 기반하여 타인에게 이전되거나 공유될 수 있다고 하더라도 비식별조치되지 아니한 개인정보의 거래는 현실적인 한계가 있다고 보아야 한다.

[32] 국립국어원, 표준국어대사전 참조. https://stdict.korean.go.kr/main/main.do.

함께 사냥하고, 서로를 지켜보고, 집단을 방어하며, 음식과 은신처를 공유하고, 심지어 몸의 온기를 나누는 것이 집단의 이익을 위한 중요한 행동이었다. 서로를 잘 이해하는 것은 서로의 기술을 신뢰하고 적대적인 의도를 파악하기 위한 수단으로 작용했으며, 특히 집단의 지도자 주위에서 발생하는 지속적인 권력 다툼과 같은 적대적인 의도를 파악하기 위해 중요했다. 이러한 상황에서 고립을 자초하는 것은 곧 자신을 위험에 노출하는 것이 되며, 집단에서 배제된다는 것은 사실상 죽음을 의미했다.[33]

하지만 현대 사회는 개인의 일상을 보호받고자 하는 욕구가 강하다. 루이스 브랜다이스와 새뮤얼 워런 주니어(Louis D. Brandeis and Samuel D. Warren Jr.)는 그들의 논문 "프라이버시에 대한 권리(The right to privacy)"[34]에서 '혼자 있을 권리(right to be let alone)'를 주창하며, 사적 영역(private realm)의 보호가 개인 자유의 기초임을 주장한 바 있다. 이러한 프라이버시 개념은 20세기 들어 컴퓨터와 인터넷이 발달하며 '정보 프라이버시(information privacy)' 개념으로 발전하게 된다. 즉, 프라이버시 개념이 영역 개념에서 정보 개념으로 전환된 것이다. 이를 선도한 사람은 앨런 웨스틴(Alan Westin)이다. 그는 1967년 『프라이버시와 자유(Privacy and Freedom)』를 출간하여 프라이버시를 "개인(individuals), 그룹(groups) 또는 기관(institutions)이 자신에 대한 정보를 다른 사람에게 언제, 어떻

---

[33] Leo Besemer, 2020, *Privacy and Data Protection based on the GDPR*, Van Haren Publishing, p.2.

[34] Louis D. Brandeis and Samuel D. Warren Jr., 1890, "The right to privacy", *Harvard Law Review*, Vol.4. 해당 논문은 프라이버시 권리에 대한 법률 제정을 촉구한 최초의 논문으로 잘 알려져 있다.

게, 어느 정도 전달할 것인지에 대하여 스스로 결정할 권리"라고 정의한 바 있다.35

이러한 앨런 웨스틴(Alan Westin)의 정보 프라이버시 개념은 개인정보(personal data)에 대한 개인의 권리와 이를 수집하는 주체의 의무를 정하고 있는 「공정한 정보관행 원칙 규정집(Code of Fair Information Practice Principles, FIPPs)」36 및 더 나아가 1974년 「프라이버시법(Privacy Act of 1974)」의 제정, 그리고 1980년 「OECD의 프라이버시 보호 및 개인정보의 국경 간 이동에 관한 가이드라인(OECD Guidelines on the Protection of Privacy and Transborder Flows of Personal Data)」37의 공표 등으로 이어졌

---

35 "Privacy is the claim of individuals, groups, or institutions to determine for themselves when, how, and to what extent information about them is communicated to others."(Alan Westin, 1967, *Privacy and Freedom*, IG, p.5).

36 1973년 미국 보건·교육·후생부(HEW)는 컴퓨터 시대에 프라이버시가 보호되는 방향으로 적합한 기록 보관 관행의 표준을 수립해야 할 필요성을 주장하며, 모든 자동화된 개인 데이터 시스템(automated personal data systems)에 대해 「공정한 정보관행 원칙 규정집(Code of Fair Information Practice Principles, FIPPs)」의 제정을 요구하면서 시스템에 요구되는 5개 원칙을 보고서에 담았다. 5개 원칙은 다음과 같다. (1) There must be no personal data record-keeping systems whose very existence is secret. (2) There must be a way for an individual to find out what information about him is in a record and how it is used. (3) There must be a way for an individual to prevent information about him that was obtained for one purpose from being used or made available for other purposes without his consent. (4) There must be a way for an individual to correct or amend a record of identifiable information about him. (5) Any organization creating, maintaining, using, or disseminating records of identifiable personal data must assure the reliability of the data for their intended use and must take precautions to prevent misuse of the data. (U.S. Department of Health, Education & Welfare, "Records, Computers and the Rights of Citizens: Report of the Secretary's Advisory Committee on Automated Personal Data Systems", 1973).

37 OECD Guidelines on the Protection of Privacy and Transborder Flows of Personal

다. 이후 정보 프라이버시 개념은 보다 일반적으로 개인정보 보호(personal data protection)라는 용어로 자리매김 되어, 1995년 「유럽연합의 개인정보 처리와 보호에 관한 지침」[38] 및 2018년 5월에 발효된 「개인정보보호일반규정(General Data Protection Regulation, GDPR)」,[39] 그리고 우리나라의 개인정보 보호 관련 법제 등에도 반영되었다.

개인정보 자기결정권

개인정보 자기결정권이란 앨런 웨스틴(Alan Westin)이 언급한 바와 같이, 자신에 관한 정보를 타인에게 알릴 것인지 여부, 그리고 알린다면 언제, 누구에게, 어떻게 전달할 것인지 등에 관해 스스로 결정할 수 있는 권리를 말한다. 우리 헌법재판소도 "개인정보 자기결정권은 자신에 관한 정보가 언제 누구에게 어느 범위까지 알려지고 또 이용되도록 할 것인지를 그 정보주체가 스스로 결정할 수 있는 권리이다"[40]라고 판시하고

Data, https://www.oecd-ilibrary.org/science-and-technology/oecd-guidelines-on-the-protection-of-privacy-and-transborder-flows-of-personal-data_9789264196391-en.

38 Directive 95/46/EC of the European Parliament and of the Council of 24 October 1995 on the protection of individuals with regard to the processing of personal data and on the free movement of such data, https://eur-lex.europa.eu/legal-content/en/TXT/?uri=CELEX%3A31995L0046.

39 이는 2018년 5월 25일부터 시행되고 있는 유럽연합(EU)의 개인정보 보호에 관한 법률로서 유럽연합(EU) 내 사업장이 없더라도 유럽연합을 대상으로 사업을 하는 경우 적용 대상이 될 수 있기에 우리 기업의 주의가 필요한 법률이다. 위반 시 과징금 등 행정처분이 부과될 수 있다.

40 헌법재판소 2005.5.26. 99헌마513 [판례집 17권 1집 668~708].

있어 앨런 웨스틴의 정보 프라이버시의 개념을 그대로 차용하고 있다. 개인정보 자기결정권은 결국 자신에 관한 사항이 본인 의사와는 무관하게 타인에 의해 결정됨으로써 그 정보주체의 인격적 가치가 형해화되는 것을 방어하는 개념으로서 개인정보 보호의 기초가 된다.[41]

이러한 개인정보에 대한 자기결정권 개념은 더 나아가 정보의 흐름에 대한 통제를 강조하는 개념으로 확장되고 있다. 이는 개인정보주체가 정보시스템 안에 보관되어 있는 자기의 개인정보에 접근하여 그 정보를 열람하고 정보보유·처리기관에게 자신에 관한 정보의 정정·삭제·차단 등을 요구함으로써 자신에 관한 정보에 통제력을 행사할 수 있도록 한다는 것을 의미한다.[42]

오늘날의 정보통신기술과 자동화된 전산시스템 및 디지털 데이터베이스는 아날로그 시대의 정보 이용과는 질적으로 다른 차원에서 가능성과 위험을 양산하고 있다. 다양한 개인정보가 국가기관뿐만 아니라 민간 부문에 의해서도 광범위하게 수집·처리되고 있는데, 특히 대규모 데이터베이스의 구축과 자동화된 전산시스템의 활용으로 인해 개인정보에의 무단접근·정보결합·정보공유 등이 그 대상을 가리지 않고 빠른 속도로 더욱 간편하고 손쉽게 일어나고 있다. 분산되어 있던 단편적인 개

---

41   최규환, 2021, "가명정보와 개인정보자기결정권"(헌법재판소 헌법재판연구원 연구보고서), 27면 참조.
42   개인정보와 관련된 헌법적 보호의 초점은 개인정보에 대한 '자율적 통제'에 있고, 이것은 곧 정보의 '흐름'을 자율적으로 통제하여 자신에 관한 정보의 처리과정에 사전적으로나 사후적으로 정보주체가 주체적으로 관여할 수 있게 한다는 것을 의미하므로, 정보주체가 가지는 이러한 적극적 권리의 측면을 효과적으로 설명할 수 있도록 "자기정보통제권"이라는 용어를 사용하는 것이 적합하다는 견해도 있다(권건보, 2006, 『개인정보보호와 자기정보통제권』(경인문화사), 91-93면 참조).

인정보들은 통합정보체계를 통해 간편하게 결합되어 무제한적으로 저장·집적되고 검색·추출됨으로써 인간은 '어항 속의 금붕어'와 같은 존재로 전락할 수도 있다.[43] 자신도 인지하지 못하는 사이에 그 의사에 반해 개인정보가 수집·축적·유통·이용되는 경우 개인은 자신의 인격적 정체성이나 사회적 인격상에 대한 자율적 결정권이나 통제력을 상실하게 되고 인격의 자유로운 발현이나 사생활의 자유로운 형성을 기대할 수 없게 된다.[44]

그러므로 자신의 개인정보에 대한 자기결정권의 보장은 그 정보에 대한 타인의 조사·수집·보관·처리에 앞서 헌법적으로 보호할 필요가 있고, 자유의 행사를 실질적으로 가능하게 하는 상황의 유지로까지 그 헌법적 의의를 확장할 필요가 있게 된다.[45] 결국 개인정보 자기결정권을 헌법상의 기본권으로 보호하는 근거이자 목표는 '자신에 관한 정보에 대한 개인의 결정의 자유'를 유지하고 보호하기 위함이다.[46]

헌법재판소는 개인정보 자기결정권의 헌법상 근거에 대하여 "헌법 제17조의 사생활의 비밀과 자유, 헌법 제10조 제1문의 인간의 존엄과 가치 및 행복추구권에 근거를 둔 일반적 인격권 또는 위 조문들과 동시에 우리 헌법의 자유민주적 기본질서 규정 또는 국민주권원리와 민주주의원리 등을 고려할 수 있으나, 개인정보 자기결정권으로 보호하려는 내용을 위 각 기본권들 및 헌법원리들 중 일부에 완전히 포섭시키는 것은 불

---

43 정태호, 2003, "개인정보자기결정권의 헌법적 근거 및 구조에 대한 고찰 ― 동시에 교육행정정보시스템(NEIS)의 위헌 여부의 판단에의 그 응용 ―", 『헌법논총』 제14집(헌법재판소), 411면.
44 김하열, 2020, 『헌법강의 (제2판)』(박영사), 527면.
45 한수웅, 2019, 『헌법학 (제9판)』(법문사), 572면.
46 최규환, 앞의 연구보고서, 30면.

가능하다고 할 것이므로, 그 헌법적 근거를 굳이 어느 한두 개에 국한시키는 것은 바람직하지 않은 것으로 보이고, 오히려 개인정보 자기결정권은 이들을 이념적 기초로 하는 독자적 기본권으로서 헌법에 명시되지 아니한 기본권이라고 보아야 한다"라고 판시한 바 있다.47

개인정보 보호법 제1조는 "개인정보의 처리 및 보호에 관한 사항을 정함으로써 개인의 자유와 권리를 보호하고, 나아가 개인의 존엄과 가치를 구현함을 목적으로 한다"라고 규정하고 있다. 여기서 '개인의 자유와 권리', '개인의 존엄과 가치'를 구현하기 위해 필수적인 헌법상 권리가 개인정보 자기결정권인 것이다. 헌법상 기본권인 개인정보 자기결정권은 개인정보의 처리 및 취급을 억제할 뿐만 아니라 이용의 관점에서 개인정보를 적극적으로 유통하고 활용할 권리도 포함하는 개념으로서, 자신의 데이터에 대한 통제권이 전제되는 개념으로 볼 수 있다.

개인정보 자기결정권의 보호대상이 되는 개인정보는 개인의 신체, 신념, 사회적 지위, 신분 등과 같이 개인의 인격주체성을 특징짓는 사항으로서 그 개인의 동일성을 식별할 수 있게 하는 일체의 정보라고 할 수 있고, 반드시 개인의 내밀한 영역이나 사사(私事)의 영역에 속하는 정보에 국한되지 않고 공적 생활에서 형성되었거나 이미 공개된 개인정보까지 포함한다. 또한 그러한 개인정보를 대상으로 한 조사·수집·보관·처리·이용 등의 행위는 모두 원칙적으로 개인정보 자기결정권에 대한 제한에 해당된다.48

---

47 헌법재판소 2005. 5. 26. 99헌마513 [판례집 17권 1집 668~708].
48 헌법재판소 2005. 5. 26. 99헌마513 [판례집 17권 1집 668~708]

개인정보 활용과 보호의 균형을 위한 데이터 3법의 개정

인공지능, 클라우드, 사물인터넷, 빅데이터, 5G 등 신기술을 적용한 사업 육성을 위해서는 데이터 이용이 활성화되는 것이 필수 요건이라고 할 수 있다. 그리하여 개인정보의 보호와 활용을 조화시킬 수 있는 제도 마련이 사회적 요구 사항이었고, 2020년 2월 4일 소위 '데이터 3법' 즉, 「개인정보 보호법」,[49] 「정보통신망 이용촉진 및 정보보호 등에 관한 법률」, 「신용정보의 이용 및 보호에 관한 법률」(이하, '신용정보법') 등의 법률이 개정되었다.

가장 중요한 내용은 개인정보 보호법의 개정으로 종래 법상 개인정보 개념이 대폭 확대된 것이다. 개인정보 보호법상 "개인정보"란 ① 살아 있는 개인에 관한 정보로서 성명, 주민등록번호 및 영상 등을 통해 개인

---

[49] 개인정보 보호법 개정 이유로 다음과 같이 밝히고 있다. "4차 산업혁명 시대를 맞아 핵심 자원인 데이터의 이용 활성화를 통한 신산업 육성이 범국가적 과제로 대두되고 있고, 특히, 신산업 육성을 위해서는 인공지능, 클라우드, 사물인터넷 등 신기술을 활용한 데이터 이용이 필요한 바, 안전한 데이터 이용을 위한 사회적 규범 정립이 시급한 상황이다. 그러나 현행법상 개인정보 보호 감독기능은 행정안전부·방송통신위원회·개인정보보호위원회 등으로, 개인정보 보호 관련 법령은 이 법과 「정보통신망 이용촉진 및 정보보호 등에 관한 법률」 등으로 각각 분산되어 있어 신산업 육성을 위한 데이터 이용 활성화를 지원하는 데 한계가 있어 왔다. 이에 따라, 정보주체의 동의 없이 과학적 연구, 통계작성, 공익적 기록보존 등의 목적으로 가명정보를 이용할 수 있는 근거를 마련하되, 개인정보처리자의 책임성 강화 등 개인정보를 안전하게 보호하기 위한 제도적 장치를 마련하는 한편, 개인정보의 오용·남용 및 유출 등을 감독할 감독기구는 개인정보보호위원회로, 관련 법률의 유사·중복 규정은 이 법으로 일원화함으로써 개인정보의 보호와 관련 산업의 발전이 조화될 수 있도록 개인정보 보호 관련 법령을 체계적으로 정비하려는 것이다."

을 알아볼 수 있는 정보, ② 살아 있는 개인에 관한 정보로서 해당 정보만으로는 특정 개인을 알아볼 수 없더라도 다른 정보와 쉽게 결합하여 개인을 알아볼 수 있는 정보, ③ ①과 ②를 가명처리[50]함으로써 원래의 상태로 복원하기 위한 추가정보의 사용·결합 없이는 특정 개인을 알아볼 수 없는 정보(가명정보) 등으로 정의된다(동법 제2조 제1호).

종래 '개인정보'는 상기 정보 중 ①과 ②에 한정되었으나, 2020년 2월 4일 법률 개정을 통해 ③의 '가명정보'까지 확대된 것이다. 또한 상기 ②번 정보에 대하여는 쉽게 결합할 수 있는지 여부에 대한 판단기준을 추가하여 구체화했다. 즉, 쉽게 결합할 수 있는지 여부는 다른 정보의 입수가능성 등 개인을 알아보는 데 소요되는 시간, 비용, 기술 등을 합리적으로 고려하여 판단되어야 한다(동법 제2조 제1호 나목).[51]

이 밖에 신용정보법 개정을 통해 개인신용정보를 가명처리한 '가명정보'의 개념이 신설되었으며, 정보 이동권에 기초한 '마이데이터' 개념도 추가되었다.[52]

---

[50] "가명처리"란 개인정보의 일부를 삭제하거나 일부 또는 전부를 대체하는 등의 방법으로 추가 정보가 없이는 특정 개인을 알아볼 수 없도록 처리하는 것을 말한다(동법 제2조 제1호의2).

[51] 이는 종래 「개인정보 보호 관련 법령 통합 해설서」상 '입수가능성'과 '결합용이성'에 대한 설명을 법률 차원으로 제정한 것이나.

[52] 정보 이동권에 기초한 마이데이터 규정은 개인정보 보호법 개정(2023.3.14)으로 종래 개인신용정보에서 개인정보 전반으로 확대되어 시행될 예정이다. 다만, 이에 대한 시행 시기는 아직 확정되지 아니했다. 적시된 개인정보 보호법 개정 이유는 다음과 같다. "정보주체의 개인정보에 대한 통제권을 강화하기 위하여 정보주체가 개인정보처리자에게 자신의 개인정보를 정보주체 본인, 개인정보관리 전문기관 또는 안전조치의무를 이행하고 대통령령으로 정하는 시설 및 기술 기준을 충족하는 자에게 전송할 것을 요구할 수 있도록 하고, (중략)".

개인정보의 활용은 개인식별성·개인식별가능성이 유지된 개인정보의 활용과 개인식별성·개인식별가능성이 제한 또는 삭제된 개인정보의 활용 등으로 구분하여 볼 수 있다. 먼저, 개인정보 보호법은 개인식별성·개인식별가능성이 유지된 개인정보의 활용을 확대하기 위한 조치로써 당초 수집 목적과 합리적으로 관련된 범위에서 정보주체에게 불이익이 발생하는지 여부, 암호화 등 안전성 확보에 필요한 조치를 했는지 여부 등을 고려하여 대통령령으로 정하는 바에 따라 정보주체의 추가적인 동의 없이 개인정보처리자가 개인정보를 활용할 수 있는 길을 열어주었다(동법 제15조 제3항).

그리고 개인식별성·개인식별가능성의 제한 또는 삭제를 통한 개인정보의 활용 가능성을 확대하기 위한 조치로 가명정보와 익명정보 제도를 도입했다. 가명정보와 익명정보의 차이는 개인정보의 식별가능성 내지 식별가능성에 대한 복원 가능 여부가 기준이 된다. 가명정보는 개인 식별가능성을 낮추는 가명처리를 통해 통계작성, 과학적 연구, 공익적 기록보존 등으로 목적이 제한되어 있긴 하지만, 정보주체의 동의 절차 없이 개인정보를 처리할 수 있도록 규정된 것이고,[53] 익명정보는 식별가능성을 삭제하여 당해 정보를 더 이상 개인정보가 아니게 함으로써 정보의 활용 가능성을 확대한 것이다. 다만, 개인정보의 수집 목적상 익명처

---

[53] 이와 같은 비동의 방식에 대하여, 가명정보의 '생성'과 '활용'이라는 서로 다른 층위의 문제를 하나로 묶고, 생성 단계부터 동의권을 무력화한 데 이어, 개인정보 보호를 위해 마련된 개인정보주체의 각종 권리와 개인정보처리자의 의무를 전면적·일률적으로 배제하는 가명정보의 활용 방식에 대한 문제를 제기하는 견해도 있다(최규환, 앞의 연구보고서, 61~69면 참조). 동 보고서는 가명정보의 활용에 공익적 목적이 있는 경우에만 권리 중 일부를 제한하거나, 그 권리행사가 가명정보처리 목적 달성을 불가능하게 하는 등의 경우에만 제한하는 것으로 기본권 침해를 최소화해야 한다는 입장이다.

그림 7.1 개인정보, 가명정보, 익명정보의 구분

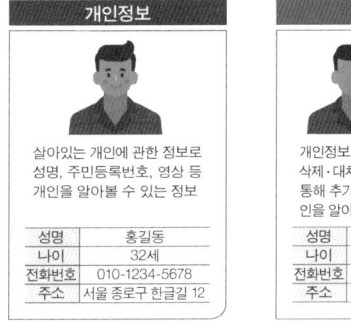
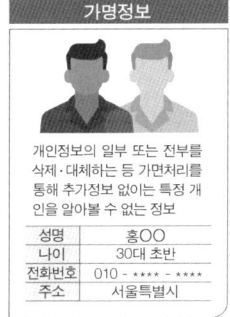
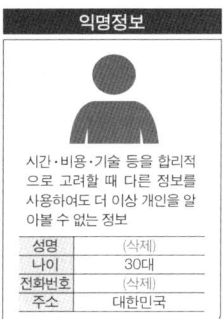

자료: 개인정보보호위원회, 2022.4.29, "가명정보 처리 가이드라인", 9면.

리를 하여도 목적 달성이 가능한 경우에는 최대한 익명처리를 하는 것이 원칙이다. 즉, 개인정보 보호법은 개인정보 보호 원칙의 하나로써 가명처리·익명처리의 단계화를 규정하고 있다. 개인정보처리자는 개인정보를 익명 또는 가명으로 처리하여도 개인정보 수집목적을 달성할 수 있는 경우 익명처리가 가능한 경우에는 익명에 의하여, 익명처리로 목적을 달성할 수 없는 경우에는 가명에 의하여 처리될 수 있도록 하여야 한다(동법 제3조 제7항).

  가명정보는 가명처리에 의해 비식별화한 개인정보로서, 비식별화의 정도에 따라 개인정보의 안정성이 문제가 될 여지가 있다. 더욱이 가명처리한 정보는 원시 개인정보에 비해 정보로서 가치가 하락되고, 해당 정보에 기반한 개인 맞춤형 서비스 제공 등 활용 면에서는 아무래도 제약될 수밖에 없다는 단점이 있다.[54] 따라서 이러한 문제점을 극복하기

---

54 가명정보 처리에 관한 특례 도입으로 본인 동의 없이 가명정보를 활용할 수 있도록 하여 데이터의 활용의 폭을 대폭 넓혀 주고자 했으나, 개인정보보호위원회와 한국인터넷진

위한 방안으로 정보 이동권에 근거하여 동의 기반의 마이데이터 개념도 도입되었다. 결국, 데이터 3법의 개정에 따른 가명정보와 마이데이터 제도의 도입으로 원론적으로는 데이터의 활용을 위한 길은 대폭 확대되었다고 볼 수 있다.[55]

가명정보 처리에 관한 특례

개인정보 보호법상 가명정보는 개인정보의 일부를 삭제하거나 일부 또는 전부를 대체하는 등의 방법으로 추가 정보 없이는 특정 개인을 알아볼 수 없도록 가명처리함으로써 원래의 상태로 복원하기 위한 추가 정보의 사용·결합 없이는 특정 개인을 알아볼 수 없는 정보를 말한다(동법

홍원이 조사한 "2022년 개인정보보호 및 활용조사 주요결과" 보고서에 의하면, 가명처리 경험이 있거나 향후 계획이 있는 공공기관은 30.1%, 민간기업은 5.2%에 그쳤다. 아직은 미흡한 수준이다. 가명처리의 어려운 점으로 공공기관은 '전문인력 부족'(62.2%), '기술 교육·지원 부족'(59.7%), 민간기업은 '기술 교육·지원 부족'(10.3%), '전문인력부족'(6.7%) 순으로 응답했다(개인정보보호위원회, 2023.3, "2022년 개인정보보호 및 활용조사 주요결과", 3면 참조). 이런 이유로 정부는 최근 금융데이터 규제혁신 T/F를 발족하여 가명데이터 처리 컨설팅 및 보안 네트워크 구축 등을 통한 중소 핀테크 기업의 가명데이터 활용 지원, 데이터 결합률 제고 등 데이터 결합 활성화 지원, 합성데이터(Synthetic Data) 활용 확대 등 금융AI 활성화 지원 등의 방안을 모색하고 있다(금융위원회, 2023.5.18, "금융데이터 규제혁신 T/F 1차 회의 개최"(보도자료), 1면 참조).

55 정보주체의 동의를 기반으로 데이터의 가치를 최대한 높일 수 있는 마이데이터는 데이터 활용의 새로운 패러다임을 제시한 것으로 평가된다. 따라서 2020년 2월 4일 신용정보법 개정 이후에도 마이데이터와 관련된 많은 입법이 뒤따랐다. 이와 관련된 주요 법률로는 「민원 처리에 관한 법률」(2020년 10월 20일 개정, 1년 후 시행), 「전자정부법」(2021년 6월 8일 개정, 6개월 후 시행) 및 개인정보 보호법의 추가 개정(2023년 3월 14일 개정) 등을 들 수 있다.

제2조 제1호 다목).

개인정보처리자는 통계작성, 과학적 연구, 공익적 기록보존 등을 위하여 정보주체의 동의 없이 가명정보를 처리할 수 있는데(동법 제28조의2 제1항),[56] 이를 '가명정보 처리에 관한 특례'라고 한다.[57,58] 다만, 주의하여야 할 것은 정보주체의 동의 없이 처리가 가능한 가명정보는 통계작성, 과학적 연구, 공익적 기록보존 등의 목적에 한정되므로 처리 목적이 설정되지 않은 상황에서 보유하고 있는 개인정보를 가명처리하여 보관하는 것은 동조가 기술하고 있는 '가명정보 처리에 관한 특례'에 근거한 처리로 볼 수 없다.[59] 그리고 서로 다른 개인정보처리자 사이의 가명정보의 결합은 개인정보보호위원회 또는 관계 중앙행정기관의 장이 지정하는 전문기관만이 수행할 수 있으며(동법 제28조의3 제1항), 개인정보처리자는 가명정보를 처리하는 경우에는 원래의 상태로 복원하기 위한

---

[56] 개인정보처리자는 제1항에 따라 가명정보를 제3자에게 제공하는 경우에는 특정 개인을 알아보기 위하여 사용될 수 있는 정보를 포함해서는 아니 된다(동조 제2항).

[57] 2020년 2월 4일 가명정보 개념을 명시적으로 도입하는 법률 개정이 있기 이전에도 종래 「개인정보 보호법」(법률 제14839호, 2017.7.26. 개정)은 "통계작성 및 학술연구 등의 목적을 위해 특정 개인을 알아볼 수 없는 형태로 개인정보를 제공하는 경우" 목적 외 용도로의 이용 및 제3자 제공을 허용하는 규정을 두고 있었다(제18조 제2항 제4호). 다만 동 규정이 말하는 "특정 개인을 알아볼 수 없는 형태로 개인정보를 제공하는 경우"가 개인정보외 '이명화'인지 아니면 '가명처리'인지를 두고 논란이 있었다. 이와 함께 '비식별 조치'된 정보 내지 '익명정보'가 개인정보에 해당하는지 여부에 관해서도 불확실성이 상존했다. 이에 따라 '가명정보' 개념을 새로 도입하면서 그 정의조항을 '개인정보'에 관한 정의규정 아래에 내포되도록 입법함으로써 가명정보가 개인정보에 해당함을 분명히 했다(최규환, 앞의 연구보고서, 16면 참조).

[58] "가명처리"가 개인정보의 일부를 삭제하거나 일부 또는 전부를 대체하는 과정이라면, "가명정보 처리"는 가명처리를 통해 생성된 가명정보를 이용하거나 제공하는 등 활용하는 행위를 말한다.

[59] 개인정보보호위원회, 앞의 가이드라인, 9면 참조.

추가 정보를 별도로 분리하여 보관·관리하는 등 해당 정보가 분실·도난·유출·위조·변조·훼손되지 않도록 안전성 확보에 필요한 기술적·관리적·물리적 조치를 할 의무를 부담한다(동법 제28조의4 제1항).60

가명정보는 가명처리에 의해 비식별화한 개인정보이다. 하지만 비식별화의 정도에 따라 개인정보의 안정성이 문제될 여지도 있다. 따라서 개인정보보호위원회는 가명정보 활용에 필요한 가명정보 처리 목적, 처리 절차 및 방법, 안전조치에 관한 사항 등을 안내하여 안전한 데이터 활용 환경을 마련하고자 가명정보 처리 가이드라인을 주기적으로 발표하고 있다.

가명정보는 가명처리를 수행한 당시의 목적과 처리 환경(활용 형태, 처리 장소, 처리 방법)에 따라 이용하는 것이 원칙이다. 따라서 가명정보를 다른 목적으로 사용하는 경우에는 목적 달성을 위해 꼭 필요한 항목만으로 구성되어야 하며 처리 환경이 달라지는 경우 추가 가명처리 과정을 거쳐야 한다. 개인정보의 가명처리는 ① 가명처리 목적 설정 등 사전 준비, ② 위험성 검토 ③ 가명처리 수행, ④ 적정성 검토 및 추가 가명처리, ⑤ 가명정보의 안전한 관리 단계로 이루어진다.61

민감정보(동법 제23조) 또는 고유식별정보(동법 제24조)도 가명정보 처

---

60 개인정보처리자는 제28조의2 또는 제28조의3에 따라 가명정보를 처리하는 경우 처리 목적 등을 고려하여 가명정보의 처리 기간을 별도로 정할 수 있고(동조 제3항), 개인정보처리자는 제28조의2 또는 제28조의3에 따라 가명정보를 처리하고자 하는 경우에는 가명정보의 처리 목적, 제3자 제공 시 제공받는 자, 가명정보의 처리 기간(제2항에 따라 처리 기간을 별도로 정한 경우에 한한다) 등 가명정보의 처리 내용을 관리하기 위하여 대통령령으로 정하는 사항에 대한 관련 기록을 작성하여 보관하여야 하며, 가명정보를 파기하는 경우에는 파기한 날부터 3년 이상 보관하여야 한다(동조 제3항).
61 개인정보보호위원회, 앞의 가이드라인, 10면.

리 특례에 따라 가명처리하여 활용하는 것은 가능하지만, 개인정보 보호 원칙(동법 제3조)을 준수하여 처리 목적에 필요하지 않은 민감정보 또는 고유식별정보는 삭제하여야 한다. 특히, 주민등록번호는 법령에 주민등록번호를 처리할 수 있는 근거가 없는 경우 가명정보 처리 특례에 따른 가명처리는 허용되지 않는다(동법 제24조의2).

정보 이동권과 마이데이터

유럽연합의 개인정보보호일반규정(GDPR)은 기존 개인정보 보호 지침이 보장하는 정보주체의 권리를 보다 명확히 하는 한편, 기존에 존재하지 않았던 정보주체의 권리를 새롭게 도입했다. 신설 및 강화된 권리에는 삭제권(잊힐 권리)(right to erasure or right to be forgotten),[62] 개인정보의 처리제한권(right to restriction of processing),[63] 반대권(right to object),[64]

---

62 정보주체는 본인에 관한 개인정보의 삭제를 컨트롤러(controller)에게 요구할 권리를 가지며 컨트롤러는 개인정보 처리 목적의 달성, 정보주체의 동의 철회 등의 경우에 개인정보를 삭제하여야 한다. 다만 표현 및 정보의 자유에 관한 권리 행사, 공익 목적 등의 경우에는 삭제권 행사가 거부될 수 있다(Art. 17 GDPR).

63 정보주체는 자신에 관한 개인정보의 처리를 차단하거나 제한할 권리를 가지며, 개인정보 처리가 제한되면 컨트롤러(controller)는 그 정보를 보관하는 것만 가능하고, 처리 제한을 해제하는 경우 그 사실을 정보주체에게 고지하여야 한다. 나만, 개인징보 처리가 제한된 경우에도 정보주체의 동의가 있거나, 법적 청구권의 입증이나 행사를 위한 경우, 제3자의 권리 보호를 위한 경우, 유럽연합(EU) 또는 회원국의 중요한 공익상의 이유가 있는 경우에는 처리가 가능하다(Art. 18 GDPR).

64 정보주체는 프로파일링[개인의 사적인 측면(직장 내 업무 수행, 경제 상황, 건강, 개인적 취향 등)을 분석, 예측하기 위한 자동화된 처리] 등 본인과 관련한 개인정보 처리에 대해 언제든지 반대할 권리가 있으며, 컨트롤러(controller)는 정보주체에게 최초 고지하는 시점에 반대권에 관한 내용을 알려주어야 하며, 이러한 사항은 다른 정보와 분리하여 분

프로파일링을 포함한 자동화된 의사결정(automated individual decision-making, including profiling),[65] 그리고 개인정보 이동권(right to data portability) 등이 있다.

여기서 '개인정보 이동권'이란 컨트롤러(controller)[66]에게 제공한 자신의 정보를 정보주체의 요청에 따라 구조화되고, 통상적으로 사용되며, 기계로 판독 가능한 형식으로(in a structured, commonly used and machine-readable format) 본인이 제공받을 수 있는 권리를 의미하며, 기술적으로 가능한 경우에는 정보주체의 개인정보를 직접 다른 컨트롤러(controller)에게 이전할 수 있는 권리를 포함한다(Art. 20 GDPR). 이러한 권리를 도입하는 목적은 정보주체의 권리 강화, 기업 간의 공정한 경쟁 유도 및 데이터 활용 활성화에 있다. 따라서 정보 이동권에 기초한 마이데이터의 전송요구권은 원칙적으로 고객의 요청 시 개인정보 보관기관은 전송 대상자에게 활용도 높은 형식으로 데이터를 전송해야 한다는 점이 전제된다.[67]

명하게 제시해야 한다. 과학적 또는 역사적 연구 목적 또는 통계적 목적으로 처리 시 정보주체는 자신의 특수한 상황을 근거로 반대권을 행사할 수 있다. 다만 해당 처리가 공익을 위한 업무 수행을 위하여 필요한 경우에는 예외로 한다(Art. 21 GDPR).

[65] 법적 효력을 초래하거나 이와 유사한 중대한 효과를 미치는 사항에 대하여 프로파일링을 포함한 자동화된 처리에만 근거한 인적 개입 없는 결정의 적용을 받지 않을 권리로서 정보주체는 인적 개입을 요구할 권리, 정보주체가 자신의 관점을 표현할 권리, 그 결정에 대한 설명을 요구할 권리 및 그에 반대할 권리 등을 갖게 된다(Art. 22 GDPR).

[66] 단독 또는 다른 사람과 공동으로 개인정보 처리의 목적 및 수단을 결정하는 자연인 또는 법인, 공공기관, 대리인(agency), 기타 단체를 의미한다[Art. 4(7) GDPR].

[67] GDPR Recital 68에 따르면, 데이터의 전송방식은 구조화되고, 통상적으로 사용되며, 기계로 판독 가능하고, 상호 호환성이 높은 형식으로(in a structured, commonly used, machine-readable and interoperable format) 전송되어야 한다.

우리나라도 데이터 경제로의 전환이라는 전 세계적 환경 변화를 적극적으로 수용하면서 적극적인 데이터 활용으로 소비자 중심의 금융혁신 등의 계기를 마련하기 위하여 빅데이터 분석·이용의 법적 근거를 명확히 함과 동시에, 빅데이터 활용에 따라 발생할 수 있는 부작용을 방지하기 위한 안전장치를 강화하기 위하여 신용정보법을 개정한 바 있다.[68]

이에 따라 신용정보법은 빅데이터 분석·이용의 법적 근거 마련 및 데이터 활용을 촉진하기 위하여 개인신용정보에 대해서도 개인정보 보호법과 마찬가지로 가명정보의 개념을 도입했고(동법 제2조 제15호 및 제16호, 제32조 제6항 제9호의2 및 제9호의4), 개인인 신용정보주체가 신용정보제공·이용자 등에 대하여 그가 보유하고 있는 본인에 관한 개인신용정보를 마이데이터 사업자 등[69]에게 전송하여 줄 것을 요구할 수 있도록 개인신용정보의 전송요구권을 신설했다(동법 제33조의2 제1항).

아울러, 데이터 활용에 있어 부작용 방지를 위하여 신용정보회사 등이 자기가 보유한 정보집합물을 제3자가 보유한 정보집합물과 결합하려는 경우에는 반드시 데이터전문기관을 통해서만 결합할 수 있으며(동법 제17조의2 제1항), 데이터전문기관이 결합된 정보집합물을 해당 신용정보회사 등 또는 그 제3자에게 전달하는 경우에는 가명처리 또는 익명처리가 된 상태로 전달하도록 규정하고 있다(동법 제17조의2 제2항).

신용정보주체 본인은 신용정보제공·이용자 등에 대하여 해당 개인신

---

68 신용정보법 개정 이유 참조.
69 전송대상자는 해당 신용정보주체 본인(본인 앞 전송), 본인신용정보관리회사(마이데이터사업자 앞 전송), 대통령령으로 정하는 신용정보제공·이용자(기관 앞 전송), 개인신용평가회사, 그 밖에 제1호부터 제4호까지의 규정에서 정한 자와 유사한 자로서 대통령령으로 정하는 자(개인사업자신용평가회사) 등이다.

용정보의 정확성 및 최신성이 유지될 수 있도록 정기적으로 같은 내역의 개인신용정보를 전송하여 줄 것을 요구할 수 있으며(동법 제33조의2 제4항), 이 경우, 본인에 관한 개인신용정보는 컴퓨터 등 정보처리장치로 처리가 가능한 형태로 전송되어야 한다(동법 제33조의2 제3항). 그리고 전송을 요구하는 방법은 개인인 신용정보주체가 전송요구를 할 때에는 ① 신용정보제공·이용자 등으로서 전송요구를 받는 자, ② 전송을 요구하는 개인신용정보, ③ 전송요구에 따라 개인신용정보를 제공받는 자, ④ 정기적인 전송을 요구하는지 여부 및 요구하는 경우 그 주기, ⑤ 그 밖에 제1호부터 제4호까지의 규정에서 정한 사항과 유사한 사항으로서 대통령령으로 정하는 사항(전송요구의 종료시점 등)을 모두 특정하여 전자문서나 그 밖에 안전성과 신뢰성이 확보된 방법으로 하여야 한다(동법 제33조의2 제5항).

개인신용정보의 전송요구권의 대상이 되는 신용정보의 범위와 관련하여서는 이해관계자 간 많은 논란이 있다. 다만, 법률은 다음의 요소를 모두 고려하여 대통령령으로 정하도록 하위법령에 위임하고 있다. 범위를 산정함에 있어 고려할 요소는 다음과 같다. 첫째, 신용정보주체와 신용정보제공·이용자 등 사이에서 처리된 신용정보로서 ① 신용정보제공·이용자 등이 신용정보주체로부터 수집한 정보, ② 신용정보주체가 신용정보제공·이용자 등에게 제공한 정보, ③ 신용정보주체와 신용정보제공·이용자 등 간의 권리·의무 관계에서 생성된 정보 중 어느 하나에 해당하는 정보일 것, 둘째, 컴퓨터 등 정보처리장치로 처리된 신용정보일 것, 셋째, 신용정보제공·이용자 등이 개인신용정보를 기초로 별도로 생성하거나 가공한 신용정보가 아닐 것 등을 원칙으로 제시하고 있다.[70]

마이데이터 서비스 관련 현황을 보면, 2022년 1월 5일 금융 분야 마이데이터 서비스를 전면 시행한 이후, 2022년 9월 말 기준 누적 가입자 수는 약 5480만 명으로 2022년 1월(약 1400만 명) 대비 약 3.9배 증가했고,[71] API 일평균 전송건수는 2022년 1월 2.74억 건(1월 말, 누적 85억 건)에서 2022년 9월 말 기준 약 3.84억 건(9월 말, 누적 1048억 건)으로 증가하고 있으며, 마이데이터 서비스 제공업체도 2022년 초 33개 사에서 2022년 9월 말 기준 52개 사로 약 1.5배 증가했다. 정부는 마이데이터 산업 육성의 기본 전제인 데이터 독점 해소를 통한 공정한 경쟁의 장(level playing field) 마련을 통해 다양한 개인 맞춤형 상품·서비스 경쟁이 가속화될 것으로 기대하고 있으며, 더욱이 향후 의료·교육 등 비금융 마이데이터 확대 시 금융 마이데이터의 성공적인 안착 경험이 혁신적 융복합서비스 창출의 밑거름이 될 것으로 전망하고 있다.[72,73]

---

70 금융 마이데이터 정보 제공 범위는 지속적으로 확대되고 있으며, 2022년 말부터 순차적으로 더욱 확대되어 기존 492개 정보 항목에서 은행, 보험, 카드, 금융투자, 공공 등 전 분야에 걸쳐 총 720개로 크게 늘어날 예정이다. 주요 항목을 보면, 퇴직연금(DB형·DC형) 및 공적연금 정보, 국세·지방세·관세 및 건강보험료 납부정보, 입·출금 자동이체 및 대출상품 거치기간 정보, 계약자·피보험자가 상이한 보험정보, 인보험 외 보험상품정보, 온라인 쇼핑몰 주문 내역 관련 사업자등록번호, 카드 결제예정금액에 대한 세분화된 정보, 카드 결제 관련 실시간 정보의 제공 확대, 은행업권 신탁·ISA 정보 등이다(금융위원회, 2022.10.20, "「내 손안의 금융 비서」가 보다 똑똑해집니다. ― 금융 마이데이터 정보 제공 항목 대폭 확대 ―" (보도자료), 3~7면 참조).

71 2023년 5월 금융위원회 보도자료에 의하면, 마이데이터 가입자 수는 8,025만 명으로 증가되었다(금융위원회, 2023.5.18, 앞의 보도자료, 2면).

72 금융위원회, 2022.10.20, 앞의 보도자료, 1면 참조.

73 개인정보보호위원회와 한국인터넷진흥원이 조사한 "2022년 개인정보보호 및 활용조사 주요결과" 보고서에 의하면, 마이데이터 도입 시 유용할 분야로 '보건·의료'(64.5%), '금융'(63.7%), '정보·통신'(56.2%), '교육'(27.9%), '고용·노동'(24.9%) 순으로 선택되었다. 2023년 3월 개인정보 보호법의 개정으로 종래 신용정보에서 보건·의료 등 개인정보 전

결론: 정보 활용과 보호의 균형

인터넷의 보급과 속도 향상, 클라우드 컴퓨팅, 빅데이터 분석 기술, 인공지능과 머신러닝의 진화 등 디지털 기술의 발전은 현대 사회에 큰 영향을 미치고 있다. 이러한 디지털 기술의 발전이 데이터의 생성과 활용을 향상하는 데 기여하고 있는 것은 분명하다. 이제 데이터는 기업들이 경쟁 우위를 확보하고, 경영 의사결정을 내리며, 비즈니스 모델을 변화시키고, 혁신과 성장을 이루는 데 중요한 역할을 담당하는 핵심 자원이 되고 있다. 이러한 디지털 기술의 발전과 데이터의 중요성은 서로 긴밀하게 연결되어 있으며, 현대 사회에서는 데이터 경제가 중요한 경제적 패러다임으로 자리 잡아 가고 있다.

데이터가 중요해지고 활용 가치가 높아질수록, 데이터 중 정보 가치가 높은 개인정보의 오용과 남용 등의 위험도 함께 증가할 수밖에 없다. 현행 개인정보 보호 방식은 통지와 선택(Notice and Choice) 모델이다. 이는 개인정보 수집자가 서비스 구독을 위한 정보 제공자에게 개인정보의 수집 사항과 활용 방법에 대해 구체적으로 공지하고 통지하면(notice and disclose), 정보 제공자는 이러한 정보에 기반하여 사전에(ex ante) 자유롭게 상호작용을 통해 선택(choice) 및 동의(consent) 방식을 통해 정보

반으로 전송요구권이 확장된 것은 기대를 갖게 한다. 하지만 마이데이터 서비스 제공 및 서비스를 위한 개인정보 전송 경험이 있거나 향후 계획이 있는 공공기관은 7.0%, 민간기업은 0.6%로 조사되었다는 점은 여전히 데이터 경제로 가는 길이 미약한 수준임을 보여준다. 이와 같이 마이데이터가 활성화되지 못하는 이유로서 공공기관은 '국민 인식 및 홍보 부족'(33.9%), '전송인프라 부족'(31.7%)을 꼽았고, 민간기업은 '개인정보 유출사고 위험'(72.7%), '전송인프라 구축'(25.3%) 등을 애로사항으로 응답했다(개인정보보호위원회, 2023.3, 앞의 조사보고서, 4~7면 참조).

의 제공 여부를 결정할 수 있다는 법적 원리에 기반하고 있다.[74] 즉, 이러한 정보 보호 방식은 자신의 선택에 의해 정보의 제공 여부를 결정하기 때문에 헌법상 기본권에 준하는 개인정보 자기결정권이 보장된다는 원리이다.

그러나 이러한 방식은 정보 공유가 선택적이고 맥락에 따라 다르게 적용될 수 있음을 고려하지 못하는 측면이 있다. 또한 매번 "동의합니다"를 클릭할 때마다 긴 면책조항과 약관을 살펴보는 것은 현실적으로 불가능할 수도 있다. 실제로 개인정보보호위원회와 한국인터넷진흥원이 조사한 "2022년 개인정보보호 및 활용조사 주요결과" 보고서에 의하면, 개인정보 제공 시 개인정보 수집·이용·제공 등 처리에 대한 동의 내용을 확인하는 경우는 정보주체의 37.8%에 그치고 있음을 확인할 수 있다.[75]

더욱이 작금의 데이터 경제 시대를 견인하기 위해서는 질 높은 정보를 활용할 수 있도록 다양한 방안을 모색할 필요가 있기에 우리 정부도 가명정보 처리에 관한 특례의 도입 외에도, 동의 기반의 개인정보 활용의 가능성을 높이기 위하여 개인정보 전송요구권에 기반한 마이데이터의 개념을 도입했고, 더 나아가 당초 수집 목적과 합리적으로 관련된 범위 내에서는 추가 동의 없이 수집된 개인정보를 활용할 수 있도록 규정을 신설한 바 있다. 그런데 이러한 정보 활용의 근간에는 정보 수령자와 정보 제공자 간에 정보 제공 목적의 맥락에 대한 일치가 전제되어야만

---

74 Sanjay Sharma, 2020, *Data Privacy and GDPR Handbook*, Wiley, p.9.
75 개인정보보호위원회, 2023.3, 앞의 조사보고서, 6면 참조. 동 조사보고서는 이렇듯 동의 내용을 확인하지 않는 이유에 대해서는 '번거로움'(37.4%), '내용이 많고 이해하기 어려워서'(32.7%) 등을 꼽고 있다.

한다. 아울러 법률은 합리적 목적 내에서 추가 활용을 함에 있어 정보주체에게 불이익이 발생하지 않도록 정보를 활용하여야 한다는 소극적 개념을 적시하고 있지만(개인정보 보호법 제15조 제3항), 정보 제공자는 정보 수령자에게 신뢰에 기반을 두고 정보를 제공하고 있음을 고려한다면, 정보 수령자는 정보 제공자에게 최선의 이익이 되는 방향에서 정보를 활용한다는 적극적 개념의 보호 논리가 필요할 수도 있다.[76] 이러한 점을 감안한다면, 현행 정보 보호 방식인 통지와 선택(Notice and Choice) 모델이 질 높은 정보 활용이 필수 요소인 데이터 경제의 시대에 걸맞는 최선의 정보 보호 방식인지에 대하여는 사회적 논의가 필요한 부분이다.

개인정보를 공유하는 우리의 본성적인 특성에 따르면, 우리가 정보를 공유하는 행동은 맥락에 따라 다르며 신뢰에 기반한다.[77] UC버클리 로스쿨의 로버트 포스트(Robert Post) 교수는 프라이버시 규범(privacy norms)은 개인과 사회생활 사이의 대립(perceived opposition)에서 비롯된 것이 아니라, 서로 의존하는 관계(their interdependence)에 기인한다

---

[76] 이와 관련하여 신탁법 내지 기업법에서 오랜 기간 연구된 신인의무(fiduciary duty) 개념이 정보 보호에서도 원용될 수 있다는 주장이 제기되고 있다. 신인의무에 따라 수탁자(fiduciary)인 정보 수령자가 정보 제공자에게 최선의 이익이 되도록 행동할 의무를 부담하게 하고, 공시한 목적 이외의 개인정보 사용 등 정보 제공자에게 해를 끼쳤을 경우에는 손해배상의 책임을 부담할 수 있도록 함으로써 정보 공개에 따른 당사자 간의 내재된 취약성 내지 권력의 불균형 문제를 완화할 수 있고, 궁극적으로는 정보 공유의 활성화에 기여할 수 있다는 주장이다. 대표적인 학자로는 뉴욕대학교 로스쿨의 아리 에즈라 왈드먼(Ari Ezra Waldman) 교수를 들 수 있다. 왈드만 교수는 종래 '통지와 선택(Notice and Choice)' 모델 대신에 신뢰 기반으로서의 개인정보 보호 모델인 'privacy as trust' 모델을 주장한다. 이에 대한 상세한 내용은 Ari Ezra Waldman, 2018, *Privacy as Trust: Information Privacy for an Information Age*, Cambridge University Press 참조.

[77] Sanjay Sharma, op. cit., p.9.

고 설명한다.[78] 따라서 개인정보 보호 개념은 다른 사람들로부터 분리하거나 연결을 제한하고자 하는 것은 아니다. 다만, 정보 제공자인 개인이 정보 수령자가 공시한 내용을 신뢰하고, 공시된 목적에 따라 공유된 정보가 제대로 사용될 것으로 기대하며 해당 정보를 공유하는 것이므로, 이러한 신뢰를 최대한 담보할 수 있는 방식으로 사회적 관계가 구조화될 필요가 있는 것이다.

더욱이 정보주체들은 '활용'과 '보호' 중에서 '보호'에 훨씬 더 큰 중요도를 부여한다.[79] 즉, 정보주체가 정보 보호를 중요하게 생각하는 만큼 정보 보호가 제대로 작동된다고 신뢰하지 못한다면, 데이터의 폐쇄성으로 인해 정보 제공 역시 한계가 있을 수밖에 없고, 이는 결국 데이터 경제 시대에 중요한 데이터 활용의 길을 제약하는 결과로 이어질 수밖에 없다.

자동차가 빨리 달리기 위해서는 브레이크의 성능이 중요한 것처럼, 우리 사회가 경쟁력 있는 데이터 경제로 이행하기 위해서는 신뢰를 충분히 담보할 수 있는 정보 보호에 대한 책임 능력을 갖춘 주체들에 의해 데이터의 활용이 제대로 이루어질 수 있도록 제도의 정비가 선행되어야 하며, 더 나아가 보다 신뢰 높은 정보 보호 모델에 대하여도 사회가 적극적으로 고민해 보아야 한다.

---

[78] Robert C. Post, 1989, "The Social Foundations of Privacy: Community and Self in the Common Law Tort," *California Law Review*, Vol.77, p.959.

[79] 개인정보보호위원회와 한국인터넷진흥원이 조사한 "2022년 개인정보보호 및 활용조사 주요결과" 보고서에 의하면, 개인정보 보호와 데이터 활용의 중요도에 대해 '보호가 더 중요'(48.5%), '둘 다 중요'(43.1%), '활용이 더 중요'(8.4%)로 응답이 집계되었다(개인정보보호위원회, 2023.3, 앞의 조사보고서, 8면 참조).

참고문헌

개인정보보호위원회. 2023.3. "2022년 개인정보보호 및 활용조사 주요결과".
_____. 2022.4.29. "가명정보 처리 가이드라인".
권건보. 2006. 『개인정보보호와 자기정보통제권』. 경인문화사.
권영준. 2021. "데이터 귀속·보호·거래에 관한 법리 체계와 방향". ≪비교사법≫, 28(1). 한국사법학회.
금융위원회. 2022.10.20. "「내 손안의 금융 비서」가 보다 똑똑해집니다. ─ 금융 마이데이터 정보제공 항목 대폭 확대 ─". 보도자료.
_____. 2023.5.18. "금융데이터 규제혁신 T/F 1차 회의 개최". 보도자료.
김하열. 2020. 『헌법강의』(제2판). 박영사.
박상철. 2018. "데이터 소유권 개념을 통한 정보보호 법제의 재구성". ≪법경제학연구≫, 15(2). 한국법경제학회.
양창수·권영준. 2017. 『민법 II 권리의 변동과 구제』. 박영사.
오병철. 2022. "유럽연합 데이터법(EU Data Act) 초안 및 그 시사점". ≪국제거래법연구≫, 31(1). 국제거래법학회.
이동진. 2018. "데이터소유권(Data Ownership), 개념과 그 실익". ≪정보법학≫, 22(3). 한국정보법학회.
이준배. 2021. "오픈 알고리즘과 클로즈드 데이터: AI 경제의 근본적인 딜레마". *AI Trend Watch*, 2021-2.
정신동. 2022. "데이터 경제에 있어 계약관계의 규율: ALI-ELI 데이터 경제 원칙상의 데이터 공급계약과 데이터 마켓플레이스 계약을 중심으로". ≪고려법학≫. 고려대학교 법학연구원.
정태호. 2003. "개인정보자기결정권의 헌법적 근거 및 구조에 대한 고찰 ─ 동시에 교육행정정보시스템(NEIS)의 위헌여부의 판단에의 그 응용 ─". ≪헌법논총≫, 14. 헌법재판소.
최경진. 2019. "데이터와 사법상의 권리, 그리고 데이터 소유권(Data Ownership)". ≪정보법학≫, 23(1). 한국정보법학회.
최규환. 2021. "가명정보와 개인정보자기결정권". 헌법재판소 헌법재판연구원 연구보고서.
한국데이터산업진흥원. 2019.12. "데이터 거래 가이드라인".
한수웅. 2019. 『헌법학』(제9판). 법문사.
황원제. 2022. "데이터 권리의 귀속에 관한 일반원칙 정립의 필요성: ALI-ELI 데이터 원칙의 내용과 규율 방향을 중심으로". ≪고려법학≫. 고려대학교 법학연구원.

Alan Westin. 1967. *Privacy and Freedom*, IG.
Andreas Boerding, Nicolai Culik, Christian Doepke, Thomas Hoeren, and Tim Juelicher.

2018. "Data Ownership—A Property Rights Approach from a European Perspective," *Journal of Civil Law Studies*, 11.

Ari Ezra Waldman. 2018. *Privacy as Trust: Information Privacy for an Information Age*, Cambridge University Press.

Lauren Henry Scholz. 2019. "Big Data is Not Big Oil: The Role of Analogy in the Law of New Technologies," *Tennessee Law Review*, 86.

Leo Besemer. 2020. *Privacy and Data Protection based on the GDPR*, Van Haren Publishing.

Louis D. Brandeis and Samuel D. Warren Jr. 1890. "The right to privacy," *Harvard Law Review*, 4.

Robert C. Post. 1989. "The Social Foundations of Privacy: Community and Self in the Common Law Tort," *California Law Review*, 77.

Sanjay Sharma. 2020. Data Privacy and GDPR Handbook, Wiley.

Thomas J. Farkas. 2017. "Data created by the internet of things: the new gold without ownership?" *Revista la Propiedad Inmaterial*, 23.

8장

금융 플랫폼 규제와 혁신

안수현

요약 | 금융위원회는 금융 플랫폼 혁신을 디지털 혁신금융 발전방향으로 보고, 특히 새정부 출범 이후에 금융회사의 플랫폼 금융 활성화 및 금융산업의 균형 있는 플랫폼 금융서비스 발전을 지원할 것을 밝히고 있다. 향후 금융 플랫폼은 금융회사 주도의 금융 플랫폼과 대형 IT기업 주도의 금융 플랫폼으로 양분화된 모습으로 발전할 가능성이 크다. 그 때문에 이들 간의 공정한 경쟁환경 조성이 필요하다. 기존의 금융산업에 적용되는 규제와 균형 또한 고려되어야 한다. 특히 대형 IT기업과 금융회사 간 업무제휴 증가로 대형 IT기업의 시장지배력으로 인한 지위남용 가능성과 금융회사의 제3자 리스크 관리의 중요성이 강조된다. 또한 금융 플랫폼이 금융회사의 핵심 기능을 수행하고 매출에 심각한 영향을 줄 경우, 서비스 중단(예: 해킹)이나 과도한 위험 추구로 시스템 리스크가 발생할 수 있다.

그러나 국내에서는 현재 금융 플랫폼과 관련한 규제가 법률에 의해 명확하게 규율되지 않아 종합적인 규율체계 마련이 필요하다. 이 경우 규율체계 정비 시 금융 플랫폼은 취급하는 상품의 수와 규모 및 오픈뱅킹을 넘어 종합지급결제사업자로 영위하는지 여부에 따라 이용자 보호와 불공정행위 및 시장안정성에 미치는 영향에 차이가 남을 감안할 필요가 있다. 산업규모와 상관없이 성장속도가 가파를 가능성에 초점을 맞추어 규제할 경우 과잉규제가 될 수 있기 때문이다. 무엇보다 소비자 안전과 신뢰를 위해 책임 있는 금융 플랫폼이 되는 규율체계 정비가 필요하다. 요컨대 금융 플랫폼은 기존의 개별 행위나 업무별 규제가 아닌 금융의 디지털화 과정에서 나타난 비금융과 인프라 측면의 연결성을 고려하여 종적-횡적으로 리스크 요인을 모두 감안한 종합적인 규율체계가 마련되어야 한다.

서론

국내에서는 그간 지속적으로 금융 플랫폼에 대해 금융정책 당국의 지원 방안과 규제 방향이 발표되어 왔다. 그간 금융 플랫폼의 발전은 정보통신기술의 발전 등 기술적 배경도 있지만, 토대가 된 것은 2015년 비대면 계좌 개설 허용(2015.12), 오픈뱅킹 전면 시행(2019.12), 마이데이터 산업 허용(2020) 등 제도적 개선이 크게 기여했다. 이후 금융위원회는 2020년 7월 "디지털금융 종합혁신방안"을 발표하고 2020.11 의원입법(윤관석 의원 대표발의)을 통해 「전자금융거래법」의 전면 개정을 추진했다. 동법 개정안에는 금융 플랫폼의 정의 규정과 종합지급결제사업자 허용, 지급지시전달업(마이페이먼트) 도입, 전자지급거래 청산 허용을 포함하고 있다.

그러나 현재까지 금융 플랫폼에 대한 정의를 포함하여 법률에 기초한 종합적인 규제는 마련되어 있지 않은 실정이다. 이와 달리 실무에서는 다양한 금융서비스를 제공하기 시작한 빅테크 기업과 간편결제 및 간편송금, 대출 비교, 로보어드바이저 등 신규 영역에서 급속히 성장하고 있는 핀테크 기업, 그리고 디지털 전환을 통한 금융회사의 금융 플랫폼으로의 진화가 가속화되고 있다.

국제결제은행(BIS)은 플랫폼을 활용한 비즈니스 모델을 채용하여 금융서비스를 제공하는 것을 "플랫폼 기반 금융(platform-based finance)"이라고 정의한 바 있다(BIS, 2022.1). 금융위원회는 "종합금융 플랫폼"이라고 부르고 이를 "하나의 가상공간에서 고객에 대한 각종 금융서비스를 제공하는 것"이라고 정의하고 있다(금융위원회, 2019.12.18. 보도자료). 2020년 11월에 제출된 「전자금융거래법」 개정안에는 "이용자 또는 금융회사나 전자금융업자로 이루어진 둘 이상의 집단 사이에 상호작용을 목적으로 금융 상품 및 서비스의 제공에 대하여 일정한 행위(금융 상품 및 서비스에 대한 대리, 중개나 주선 내지 금융 상품 및 서비스에 대한 광고, 홍보나 정보 제공 행위 등)를 할 수 있는 인터넷 홈페이지(스마트-모바일 기기에서 사용되는 애플리케이션, 그 밖에 이와 비슷한 응용프로그램을 통하여 가상의 공간에 개설하는 장소를 포함한다) 및 이에 준하는 전자적 시스템(제2조)"이라고 정의하고 있다.

그런데 금융 플랫폼은 금융소비자들 간에 금융 상품 및 서비스 제공 관련 행위가 일어나는 이른바 P2P 유형과 금융회사와 금융소비자 간에 금융 상품 및 서비스 제공 관련 행위가 발생하는 경우 모두 가능하다. 전자의 예로는 P2P대출과 크라우드펀딩 플랫폼, P2P보험[1]을 들 수 있다. 정부가 "종합금융 플랫폼"이라는 용어를 사용하고 각종 금융서비스를 제공하는 것이라고 표현하는 것에 미루어 짐작할 때, 현재 금융소비자들 간에 이루어지는 P2P 거래 유형은 각각의 대출 내지 크라우드펀딩 플랫폼에서 이루어지는 것임을 감안하면 이들 유형은 정부의 종합금융 플랫폼에는 포함되지 않는 것으로 보인다.

한편, 금융위원회는 금융 플랫폼 혁신 활성화를 디지털 혁신금융 발전 방향의 하나로 보고 있다. 특히 새 정부 출범 후에는 금융회사의 플랫폼 금융 활성화 및 금융산업의 균형 있는 플랫폼 금융서비스 발전을 지

---

[1] 금융위원회는 P2P보험을 활성화하겠다는 계획을 발표한 바 있다. 이에 대해서는 금융위원회, 2021.3.2, "보험산업 신뢰와 혁신을 위한 정책방향 — 2021년 보험산업 금융위 업무계획" 보도자료, 8면 참조.

원할 것을 밝히고 있다.[2]

즉, 금융의 디지털 혁신을 기존 금융회사와 핀테크 회사 간에 균형 있게 지원하는 방침하에 균형 있는 플랫폼 금융서비스가 되도록 다음과 같이 세 가지 기본 방향을 밝히고 있다. 첫째, 소비자가 금융회사의 플랫폼을 통해 은행, 보험, 카드, 증권 등 다양한 금융서비스를 이용할 수 있도록 규제를 개선한다. 둘째, 핀테크와 관련해서는 하나의 플랫폼에서 대출뿐만 아니라 예금, 보험, P2P 등 다양한 상품을 비교, 추천할 수 있도록 서비스를 시범운용한다(혁신금융서비스 심사 추진). 셋째, 한편에서 플랫폼 사업의 부작용을 최소화하도록 알고리즘 공정성 확보, 불완전판매 방지, 손해배상 보증금 예치, 플랫폼의 우월적 지위 남용 방지 등 보완 방안을 마련한다.

이처럼 최근의 정책 당국의 금융 플랫폼에 대한 기본 방향은 소비자의 편리한 디지털 금융생활을 위한 플랫폼 금융 활성화와 발전을 지원하면서 동시에 소비자 보호 등 관련 리스크를 보완하는 양대 축으로 구성되어 있다.

이하에서는 이러한 종합금융 플랫폼의 등장으로 인한 변화와 리스크에 대해 개관하고, 그간 금융 당국이 금융 플랫폼을 규율하고자 접근한 방향과 최근 발표된 금융위원회의 정책을 중심으로 소개하고 이에 대한 평가와 개선 방안을 모색하기로 한다.

---

2   금융위원회, 2022.8.23, 금융규제혁신 ① 금융회사의 플랫폼업무 활성화 및 온라인 플랫폼 금융 상품 중개업 시범 운영, ② 금융규제 샌드박스 내실화 추진, 보도자료 참조.

그간의 금융 플랫폼 규제 경과

국내에서 플랫폼을 법률로 규율하려는 시도는 여러 차례 있었으나,3 금융 플랫폼을 대상으로 한 것은 2020년 11월 윤관석 의원이 대표 발의한 「전자금융거래법」 개정안이 처음이다. 동법 개정안에는 금융 플랫폼에 대한 정의를 규정하고, 금융회사나 전자금융업자가 금융 플랫폼을 직접 운영하는 경우 또는 금융 플랫폼과 제휴하는 경우 준수해야 할 행위를 규제하고 있다. 구체적으로 금융 플랫폼 이용자에게 다른 금융회사 또는 전자금융업자의 금융 상품 및 서비스를 자신이 직접 제공하는 금융 상품 및 서비스로 오인하게 하거나 금융 상품 및 서비스의 종류, 내용, 거래조건 등에 대해 오인하게 하는 행위를 금지한다(개정안 제36조의3 제3항 제2호). 또한 금융회사나 전자금융업자에 대한 정당한 사유 없는 용역 사용 요구, 경제상 이익 제공 요구, 손해 전가, 경영 간섭과 같은 우월적인 지위를 남용하는 행위를 금지한다(개정안 제36조의3). 아울러, 전자금융거래에 대해 「전자금융거래법」이 우선 적용된다(개정안 제3조의2 제1항).

한편, 이외에도 금융 플랫폼이 제공하는 금융 상품 소개, 맞춤형 광고 등의 서비스가 법적으로 어떤 성격을 갖느냐에 따라 금융법령이 적용될 수 있다. 예컨대 이들 서비스가 광고가 아니라 중개에 해당하는 경우에는 금융 플랫폼은 첫째, 「자본시장법」 투자중개업 인가 또는 「보험업법」

3 　대표적으로 온라인플랫폼에 대해서는 여러 개의 법률안이 국회에 상정되어 있다. 대표적으로 온라인플랫폼 중개거래의 공정화에 관한 법률안(공정거래위원회 안, 김병욱 의원 안, 민형배 의원 안)과 온라인플랫폼 이용자 보호에 관한 법률안(전혜숙 의원 안) 등이 있다. 이들 온라인플랫폼과 금융 플랫폼과 중복 적용이 있을 수 있으나 김병욱 의원 안은 금융 상품 거래에 대해 명시적으로 적용배제조항을 두고 있고, 공정거래위원회 안과 민형배 의원 안은 대통령령을 통해 배제할 수 있는 근거조항을 두고 있다.

상 보험대리점 등록 등 개별 법령에 따라 진입이 규제되고, 둘째, 금융소비자 보호에 따른 설명 의무, 광고 관련 준수 등 영업행위 규제 및 위반 시 손해배상 책임 등의 규제를 받게 된다.

금융위원회는 금융 플랫폼 규제 접근방식으로 기본적으로 '동일기능 동일규제' 원칙을 제시하고 있다. 이에 따라 그간 금융 플랫폼업체들이 해온 금융 상품에 대한 판매광고에 대해 「금융소비자보호법」 대상으로 간주하여 중개행위로 등록할 것을 요구했다. 즉, "특정 금융 상품 추천 및 설명이 없는 광고(예: 배너광고) 클릭 시 계약을 체결할 수 있도록 금융 상품판매업자에게 연결하는 것은 광고로 보되, "상품 추천 및 설명과 함께 금융 상품판매업자와 계약을 체결할 수 있도록 지원"하거나 "광고에 더하여 청약서류 작성 및 제출 기능을 지원"하는 것은 중개로 보고 있다.[4] 아울러 「금융광고규제 가이드라인」에서 "온라인 포털, 핀테크 업체는 그 역할이 광고매체가 아니라 판매 과정에 적극 개입하는 광고주체에 해당하는 경우에는 금융 상품판매업자로 등록해야" 한다고 규정하고 있다.[5]

이에 대해서는 「금융소비자보호법」의 판매중개 관련 규제를 획일적으로 해석하여 운영함으로써, 당초 우려되었던 빅테크의 불공정 거래와 불완전 판매뿐만 아니라 다수의 핀테크 비대면 업무도 크게 제약을 받게 되며, 빅테크와 금융회사 간 경쟁구도에서 빅테크가 아직 시장지배력을 가진 사업자라기보다는 신규 진입자의 입장이므로 미래의 잠재적 시장 지배 가능성에 대한 규제가 금융 혁신을 저해하는 방향으로 작용

4　금융위원회·금융감독원, 금융소비자보호법 FAQ 답변(2차), 2면.
5　금융위원회·금유감독원, 금융광고규제 가이드라인, 2면.

할 가능성이 있다는 비판이 있다.[6]

그러나 금융 플랫폼의 서비스 제공이 단순한 광고매체 이상의 역할을 할 가능성이 있음은 이견이 없어 보이므로 금융소비자의 오인 가능성을 최소화할 수 있는 제도를 마련할 필요가 있다고 보인다. 특히 업무수탁을 통해 금융 플랫폼이 금융회사가 제공하는 금융 상품 및 기능을 해체하고 다른 기능을 결합할 경우 오인 가능성이 더 커진다. 금융소비자 입장에서 단순 광고에서 나아가 계좌 개설과 실명 확인 등의 기능을 추가적으로 수행하는 경우 광고매체 이상의 역할을 한다고 볼 여지가 충분하기 때문이다. 갈수록 단순한 업무수탁이 아니라 다른 기능과 재결합한 상품이나 서비스를 제공함으로써 금융회사의 매출에 금융 플랫폼의 역할과 영향력이 커짐에 따라 금융소비자의 입장에서는 금융 플랫폼을 단순한 업무수탁자로 보지 않을 가능성이 있기 때문이다.

한편, 현재 금융 플랫폼은 금융 상품 및 금융서비스 판매 시 「금융소비자보호법」상은 1사 전속주의로 대출성 상품의 온라인 판매를 제외하고 금융 플랫폼을 통해 여러 금융회사의 투자성 상품, 예-적금성 상품을 판매하는 것을 불허한다(금융소비자 보호에 관한 감독규정 제22조 제1호 마목). 그러나 현재 혁신금융서비스로 지정될 경우 금융 플랫폼을 통한 예금상품 비교 및 추천서비스를 제공할 수 있다.[7] 다만 급격한 자금 이동

---

[6] 조성훈, 2022, "빅테크에 대한 공정경쟁 규제 동향 및 금융산업 진출 관련 이슈" 자본시장연구원, ≪자본시장포커스≫ 2022-06호.

[7] 금융위원회는 2022년 11월 9일 온라인플랫폼을 통한 예금상품 비교 및 추천서비스사업자 9개사를 혁신금융서비스 사업자로 지정했다. 2023년 6월부터 순차적으로 서비스를 개시하고 있고, 2023년 6월 21일 16개사를 추가 지정했다. 본래 타 금융회사의 예금성 상품을 비교 및 추천하는 것은 「금융소비자보호법」상 금융 상품의 중개에 해당하여 금융 상품판매대리 및 중개업 등록이 필요하지만, 현재 금융 관련 법령에서 예금성 상품

등에 따른 금융시장 안정성 저해 가능성을 고려하여, 신청회사와 금융회사 간 중개 계약 체결 시 판매비 중 한도에 관한 사항을 계약으로 포함하는 등 부가조건이 붙어 있다.[8]

그 외, 금융위원회는 인공지능을 접목한 금융 플랫폼 서비스를 이용자가 안전하게 이용할 수 있도록 2021년 7월「금융 분야 AI 가이드라인」을 마련했다. 동 가이드라인은 ① 금융서비스 및 금융 상품의 제공을 위한 업무에 인공지능시스템을 직간접적으로 활용하거나 활용하고자 하는 금융회사는 물론, ② 상품 추천 및 신용평가 등 금융 연관 서비스 제공을 위한 업무에 인공지능시스템을 직간접적으로 활용하거나 활용하고자 하는 비금융회사에도 적용된다. 아울러 금융위원회는 '모범규준'과 '업권별 자율규제' 형식의 2단계 규율을 계획하고 있다.[9]

중개 업무의 등록에 관한 요건을 규정하고 있지 않아 규정이 불가한 상황이며, 금융 상품판매대리 및 중개업자는 같은 유형의 금융 상품에 대해 둘 이상의 금융회사를 위해 중개할 수 없다(1사 전속의무). 이에 따라 혁신금융서비스로 지정하여 금융 상품판매대리업 등록, 1사 전속의무 등에 있어 특례를 부여받았다. 2023년 말까지 중개서비스 대상에 수시 입·출금 포함 여부, 모집한도 상향 여부 등을 검토할 예정이다(금융위원회, 2023.7.5, 은행권 경영-영업 관행-제도 개선방안, 보도자료).

8 즉, 은행의 경우 전년도 예·적금 신규모집액의 5% 이내에서 모집해야 하며, 서축은행과 신협의 경우 전년도 예·적금 신규모집액의 3% 이내에서 모집할 수 있다. 그 외 서비스 출시 전 알고리즘의 공정성과 적정성에 대해 신뢰할 수 있는 기관으로부터 검증을 받아야 하며, 소비자의 오인을 방지하기 위해 예금성 상품의 계약주체는 신청회사(플랫폼운영사)가 아니라 금융회사이며 해당 금융회사에서 상품을 가입하게 된다는 점을 명확히 안내하도록 하고 있다.

9 자세한 내용은 이수환 외, 2021, "금융분야 AI 가이드라인 도입 추진과 시사점", ≪이슈와 논점≫, 제1878호, 국회입법조사처, 참조.

최근 금융위원회 금융 플랫폼 정책 주요 내용

금융위원회는 금융회사들이 금융 플랫폼으로 발전하는 추세와 빅테크기업 및 핀테크기업이 금융산업에 진출하면서 다양한 금융 및 비금융 서비스를 제공하는 한편, 소비자들도 플랫폼상에서 자신의 다양한 활동을 통합하고 관리하는 추세를 감안하여 현재 오프라인 중심의 규제를 개선하는 것이 시급하다고 인식했다. 아울러 플랫폼 금융은 금융서비스의 비용을 낮추어 금융서비스의 효율성(efficiency)과 포용성(inclusion)을 제고할 것이라고 기대하고 있다.

구체적으로 금융위원회는 2022년 8월 23일 제2차 금융규제혁신회의에서 금융회사의 플랫폼 업무 활성화를 위해 금융회사의 업무 범위 제한 및 자회사 투자 규제를 합리화하겠다고 밝혔다. 구체적으로 은행의 경우 디지털 유니버설 뱅크 구축을 지원하기 위해 ① 은행이 다양한 금융 및 비금융 서비스를 제공할 수 있도록 부수업무 해당 여부를 유연하게 해석하고, ② 은행이 통합 앱을 통해 보험-카드-증권 등 계열사 서비스를 제공할 수 있도록 (i) 통합 앱 운영을 부수업무로 허용하고, (ii) 「금융소비자보호법」상 중개 해당 여부 판단기준을 명확히 하고(은행이 계열사 상품 권유와 계약 체결에 관여하지 않고, 판매주체에 대한 오인 가능성이 낮은 경우는 중개로 보지 않는다고 명확히 함) (iii) 계열사의 비금융서비스를 연결, 제공하는 것(예: 보험사의 경우 헬스케어 서비스, 여신전문사금융회사의 경우 중고차 거래 중개와 렌탈 중개)을 명확히 허용하며, ③ 고객의 사전 동의를 받아 계열사 등에 고객 정보를 제공하는 경우 부수·겸영업무 신고 등 별도 절차 없이 허용하기로 했다.

보험회사의 경우에도 헬스케어 금융 플랫폼 구축을 지원하기 위해 ①

그림 8.1 2022.8.23. 금융위원회의 플랫폼 금융서비스 활성화 방안

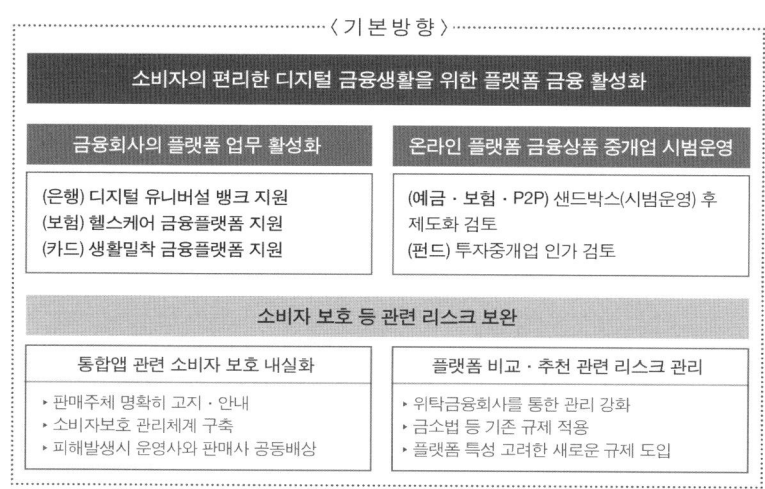

자료: 금융위원회, 2022.8.23, 플랫폼 금융서비스 활성화 방안, 보도자료 2면.

보험회사가 제공할 수 있는 디지털 헬스케어서비스 범위를 확대하고, ② 헬스케어 자회사에 다양한 헬스케어 업무(개인 및 기업 대상 건강관리 서비스, 헬스케어 관련 물품의 도소매, 소프트웨어 개발 및 판매, 시설 운영 등)를 허용하며, ③ 보험계약자의 건강관리 노력에 비례한 리워드 지급 한도를 상향하고, ④ 헬스케어 플랫폼에서 종합 금융서비스를 제공할 수 있도록 보험사의 오픈뱅킹 참여를 허용하고, 전자금융거래법 개정 시 보험사의 지급지시전달업(my payment) 영위를 허용하기로 했다.

카드회사의 경우에는 생활밀착 금융 플랫폼의 구축을 지원하기 위해 ① 감독규정을 개정하여 여신전문금융회사가 신고 없이 영위할 수 있는 부수업무 범위를 확대하고, ② 여신전문금융회사도 기업 및 법인 정보의 경우 정보주체의 동의 없이 활용할 수 있도록 「여신전문금융업법」을 개정하고, 카드사가 마이데이터 사업자로서 고객 상황에 적합한 타 카

표 8.1 금융 플랫폼 리스크 관리방안

▶ 플랫폼의 영업 관련 리스크에 대해 금융회사를 통한 간접 규율과 플랫폼 직접 규율을 병행하는 중층 관리체계 마련

구분	기존 규제	새로운 규제 도입
간접 규율	[1] 위탁 금융회사를 통한 관리 업무위탁 규정에 따라 보고 → 점검 → 변경 권고	-
직접 규율	[2] 기존 판매중개업 규제 적용 ① 금소법상 6대 판매규제, 내부 통제기준 마련, 각종 금지행위 등 ② 개별업법상 규제 *보험업법 상 설명의무, 모집규제 등	[3] 플랫폼 특성을 고려한 새로운 규제 도입 ① 소비자와의 이해상충 방지 ② 온라인 거래 특성을 고려한 판매·정보보호 ③ 우월적 지위 남용 방지

자료: 금융위원회, 2022.8, 제2차 금융규제혁신회의 안건 ①-(1)-소비자의 편리한 디지털 금융생활을 위한 플랫폼 금융서비스 활성화방안, 보도자료, 15면.

드사 상품을 추천할 수 있도록 허용한다고 밝혔다.

한편 지주회사의 경우에는 지주회사 내 체계적인 통합 앱을 운영하도록 ① 지주회사가 통합 앱을 기획, 개발하고 유지·관리 업무를 하는 것을 허용하고, ② 중장기적으로 법령을 개정하는 등 지주회사가 통합 앱을 직접 운영할 수 있도록 허용하는 방안을 검토하기로 했다.

또한 소비자 편익을 높이기 위해 ① 예금과 보험, P2P상품에 대한 온라인 금융 상품 판매중개업의 시범운영을 혁신금융서비스로 지정하여 허용하되 일정 조건하에서 시범운영하여 리스크를 점검하고, ② 펀드상품은 원금 손실 등 불완전판매 우려가 있음을 고려하여 예금과 보험 등 시범운영 성과를 일정 기간(예: 6개월) 지켜보면서 플랫폼업체에 대한 투자중개업 인가를 검토하기로 했다. 상품별로 보면 예금의 경우 정기 예·적금 상품에 대해 테크기업뿐만 아니라 금융회사도 복수 금융사의 예금

상품을 비교, 추천할 수 있다. 보험의 경우에는 마이데이터사업자와 전자금융업자가 복수 보험사의 보험상품을 비교, 추천하는 온라인서비스를 시범운영할 수 있으며 상품은 소비자 피해 우려가 큰 종신보험, 변액보험, 외화보험은 제외된다.

한편, 소비자 보호를 위해 통합 앱을 운영하는 것과 관련해서는 ① 소비자가 혼동하거나 오인하지 않도록 판매주체를 명확히 고지하거나 안내하도록 하고, ② 민원 및 분쟁 해결 절차, 정보 보호 및 보안 등 소비자 보호체계 구축을 의무화하며, ③ 판매주체 미고지, 부당 표시, 광고 등으로 피해 발생 시 통합 앱 운영사가 판매주체와 함께 배상 책임을 부담하도록 할 예정이다. ④ 그 외에 플랫폼 영업 리스크에 대한 '중층 관리체제'를 구축하게 할 계획인데, 이는 금융회사를 통한 간접규율과 플랫폼 직접규율을 병행하는 것을 말한다.

즉, 플랫폼에 판매를 위탁하는 금융회사는 위탁에 따른 리스크를 적절하게 통제, 관리하는지 점검할 의무가 부과되며, 플랫폼에는 「금융소비자보호법」상의 판매중개업자에 대한 영업행위 규제(내부 통제기준 마련 의무, 설명 의무, 부당 권유 금지 등)가 적용된다. 아울러 플랫폼의 특성을 고려하여 소비자 보호, 불공정행위 방지, 금융시장 안정 등의 새로운 규제(불완전판매 방지를 위한 취급 상품 제한, 비교 및 추천 알고리즘의 공정성 확보 의무, 플랫폼의 보험사에 대한 우월적 지위 남용 방지 등)도 적용될 예정이다. 현재 이들은 관련 법 개정 전까지 혁신금융서비스로 시범운영하되 혁신금융서비스로 지정 시 진입요건 및 부가조건에 반영될 예정이다.

플랫폼을 통한 금융 상품 중개가 확대될 경우 금융회사가 플랫폼에 종속되는 문제가 발생할 수 있다는 우려에 대해서는 ① 온라인 플랫폼의 업무 범위를 적절하게 제한하고(예컨대, 보험의 경우 소비자 피해 우려

표 8.2 불공정행위 방지를 위한 제도적 보완장치

보험	예금
(플랫폼→보험사) 보험사에 일반적인 거래조건보다 불리한 거래조건 요구 금지 서비스 변경·중단 시 사전 통지 보험사에 사전안내 없이 알고리즘 주요내용 변경 금지 등	모집실적 및 수수료 공시의무 부과 금융회사별로 플랫폼을 통한 판매비중 제한
(플랫폼 간) 특정 플랫폼이나 특정 보험상품모집위탁 강요 금지 경쟁 플랫폼에 저가 제공하지 못하도록 요구하는 행위 금지 등	

자료: 금융위원회, 2022.8.23, 금융규제혁신 ① 금융회사의 플랫폼 업무 활성화 및 온라인 플랫폼 금융 상품 중개업 시범운영, ② 금융 규제 샌드박스 내실화 추진, 보도자료.

가 큰 상품인 종신보험, 변액보험, 외화보험 등은 보장 범위에서 제외하고, 예금도 실명 확인과 예금 수취는 제외할 예정임), ② 불공정행위 방지를 위한 다양한 제도적 보완장치를 마련하며, ③ 그 외 금융회사가 플랫폼에 금융 상품 판매 권유 업무를 위탁하게 되므로 금융회사를 통해 플랫폼이 법규준수 및 관련 리스크를 충실히 관리하도록 이를 점검케 한다는 것이다.

한편, 소규모 핀테크 기업에 대해서 대형 IT기업인 이른바 빅테크 기업과 동일하게 규제하는 것은 과도한 게 아닌지 하는 우려가 있으므로 금융위원회는 빅테크 기업과 핀테크 기업의 시장영향력 차이, 규제 준수 부담을 고려하여 차등화된 규제를 적용한다는 계획이다. 예컨대 보험상품 취급 시 영업규모(예: 비교 및 추천을 통해 계약 체결된 금액)에 비례하여 영업보증금을 예치하도록 하고, 시장영향력이 큰 대형 플랫폼에 한해 소비자 보호와 공정 경쟁 측면에서 내부 통제기준 강화, 특정사에 편중된 비교 및 추천 방지 규제(방카슈랑스 규제 등)를 적용할 계획이다.[10]

---

10 금융위원회, 2022.8.23, 금융규제혁신 ① 금융회사의 플랫폼업무 활성화 및 온라인 플랫폼 금융 상품 중개업 시범 운영, ② 금융규제 샌드박스 내실화 추진, 보도자료.

정책 평가와 보완사항

디지털 기술과 플랫폼 비즈니스가 금융 분야에 활용되는 것은 자연스러운 발전 과정이므로 새로운 기술과 사업 모델의 활용을 제한하는 것은 타당하지 않다. 따라서 금융 혁신의 제도적 기반을 마련할 필요가 있다. 즉, 기술과 사업 모델에 차등 없이 중립적이고 유연한 법제도 및 규제체계를 마련해야 한다.

금융 규제가 핀테크와 금융 플랫폼에 미치는 영향과 과제, 혁신과 안정 측면에서 새로운 금융서비스가 출현하도록 촉진하여 혁신금융서비스를 발전시키고, 이로 인한 소비자 편익을 극대화하도록 지원할 필요가 있다. 금융 플랫폼의 활성화는 이에 부합할 것으로 보인다. 다만 금융 플랫폼은 금융회사가 주도하는 금융 플랫폼과 대형 IT기업이 주도하는 금융 플랫폼으로 양분화될 가능성이 크다. 그 때문에 이들이 공정하게 경쟁할 수 있는 환경이 조성되어야 한다. 즉, 규제 공백으로 인한 불공정행위나 금융소비자 피해의 발생은 최소화하면서 금융산업의 효율성을 활성화하는 방향으로 정책을 수립하고, 핀테크 기업의 질적 성장을 지원하되 대형 IT기업과 기존 금융회사 간에 상호 경쟁력을 강화할 수 있도록 규제와 정책 틀을 마련할 필요가 있다.

아울러 기존 금융산업에 적용되는 규제와 균형을 이루어야 한다. 즉, '동일 기능, 동일 리스크, 동일 규제 원칙'이 요구된다. 금융 플랫폼이 기존 금융 업무의 일부나 변형·재결합된 업무를 수행하기 때문이다. 다만 이에 대해서는 이견이 없지 않고 국제적으로도 스몰라이선스를 통해 해결하는 경향이 있음을 참고할 필요가 있다. 이처럼 영업행위 중심의 규제와 함께 필요한 경우 새로운 라이선스 도입 등 새로운 규제기법을 병행할 뿐만 아니라, 소비자 후생도 중요하므로 특정 산업의 보호가 아닌 공정한 경쟁과 독과점 폐해 감소를 유도해야 한다.

한편으로 대형 IT기업이나 핀테크 기업과 금융회사 간에 규제차익으로 인한 불균형을 해소해야 한다. 예컨대 금융회사의 비금융 플랫폼 운영 제한이라든가 금융회사의 부수업무 범위와 투자 범위도 이러한 점에서 개선이 필요하다. 이런 점에서 2022년 8월 금융위원회는 제2차금융규제혁신회의에서 금융회사의 플랫폼 사업 활성화를 위해 금융회사의 업무 범위 제한 및 자회사 투자와 관련하여 규제를 합리화하는 접근은 방향 면에서 타당하다고 평가할 수 있다.

무엇보다 대형 IT기업이 운영하는 금융 플랫폼과 금융회사 간 업무제휴가 늘어나는 것에 대해 규제상 특히 주목할 필요가 있다. 이들 간 업무제휴가 증가함에 따라 금융회사의 제3자 리스크 관리가 중요해졌기 때문이다. 종래 이들 관계를 단순한 업무수탁 정도로 이해하고 규율했으나 이를 넘어 종합적인 업무제휴가 될 경우 위탁 업무 중심의 기존 규제로는 충분하지 않다. 즉, 종합적인 리스크 관리 중심으로 규제를 접근하는 것이 무엇보다 중요해졌다. 금융위원회는 2022년 8월 '중층 관리체제'를 구축하게 하는 방안을 내놓았다.

금융회사의 핵심적 기능을 수행하게 되고 매출에 심각한 영향을 줄 정도가 되는 금융 플랫폼 기업의 서비스 중단(예: 해킹) 또는 과도한 위험 추구는 시스템 리스크로 연결될 수 있는데[11] 이에 대해서는 방안이 누락되어 있다. 향후 금융 플랫폼에 대한 종합적인 규율체계 마련 시 이들 리스크를 감안한 방안이 마련되어야 할 것이다.

---

11 IMF, Global financial stability report, 2022.4, "The rapid growth of fintech: Vulnerabilites and Challenges for financial stability.

해외의 금융 플랫폼 규율 내용과 특징

우선, 국제기구들은 금융 플랫폼의 유형을 ① 신규 핀테크, ② 빅테크, ③ 기존 금융회사로 구분하고, 플랫폼 기반 금융서비스의 긍정적 효과와 함께 리스크 관리를 강조하고 있다. 대표적으로 국제결제은행(BIS)은 플랫폼 기반 금융은 신흥개발국과 선진국 모두에서 금융 포용성에 기여하는 등 긍정적 효과가 있다고 평가하면서, 다만 플랫폼을 통한 독과점 현상이 심화될 수 있어 이에 대한 리스크 관리를 위한 정책적 수단을 도입할 필요가 있다고 강조하고 있다.[12] 국제통화기금(IMF)은 핀테크의 성장이 금융 접근성 제고 등 긍정적 효과가 있다고 보지만, 급격한 성장이 금융시스템 안정에 미칠 수 있는 리스크 유형을 제시하고 있다. 즉, 금융의 디지털 전환이 기회와 리스크를 함께 가져오므로 핀테크에 대한 적절한 규율체계 마련이 필요하다고 제언하고 있다. IMF가 구분한 리스크 유형은 세 가지다. ① 제휴관계를 통해 금융회사의 핵심 기능(예: 리스크 관리, 컴플라이언스, 자금세탁 방지 등)을 수행하는 핀테크 기업의 서비스 중단 시(예: 해킹) 시스템 리스크로 연결될 수 있고, ② 금융회사와 유사한 기능을 수행함에도 규제 공백 상태에 있는 경우 과도하게 위험을 추구함으로써(예: 위험에 대한 과소평가, 가격경쟁력 확보를 위한 고위험 자산운용 등) 자본잠식이 일어날 수 있으며, ③ 급진적으로 기존 금융 중개 기능을 생략하는 경우(예: P2P 대출) 플랫폼의 신뢰도 저하와 과도한 담보 요구 등이 발생할 수 있다고 경고하고 있다.

한편, 각국에서는 금융 플랫폼이 금융 상품 종합중개업으로 규율되는 경

---

12 BIS, 2022.1. Platform-based Business Models and financial Inclusion.

표 8.3 일본 금융서비스중개업자의 금융 상품 취급 범위

구분	① 예금	② 대출	③ 유가증권	④ 보험	
취급 가능	보통예금, 정기 예·적금	주택담보대출, 카드대출(법인)	공사채, 투자신탁	(생보) 개인연금, 정기사망보험, 교육/어린이 보험	(손보) 펫보험, 상해/여행자/ 골프/자전거보험

* (제외) 구조화예금-외화예금, 파생상품-공매도, 변액보험-종신보험-재보험 등.

향이 있다.[13] 대표적으로 일본은 2021년 『금융서비스제공법』을 시행하여 금융서비스중개업 라이선스를 받아 4개 금융 상품(예금, 대출, 보험, 투자)을 함께 온·오프라인에서 중개할 수 있게 했다. 즉, 중개로 업무범위를 한정하고, 중개에 해당하는 경우로 ① 계약 체결의 권유 ② 권유를 목적으로 하는 상품 설명 ③ 계약 체결을 위한 조건 교섭을 들고 있다. 아울러 이들 금융서비스중개업자에 대한 행위규제로 ① 중요사항 설명 ② 수수료 및 손해배상 관련 정보 제공, ③ 내부 통제체계 마련, ④ 우월적 지위 남용 방지 등 세부사항을 규율하고 있다.

영국과 미국도 플랫폼사업자는 물론 금융회사도 중개업 겸업이 가능하고 금융 상품별로 중개 라이선스를 받아 영위할 수 있다. 예컨대 미국 핀테크기업인 소파이(SoFi)는 대출, 보험, 신용카드, 로보어드바이저 등 중개 라이선스를 받아 소파이 앱에서 원앱 방식으로 서비스를 제공하고 있다. 영국 최대 규모의 금융 상품 비교 사이트인 머니슈퍼마켓(Money SuperMarket)은 보험, 모기지, 신용대출, 카드 등 다양한 금융 상품의 가격을 비교, 추천하고 있다.

---

13 금융위원회, 2022.8.23, 제2차 금융규제혁신회의의 안건 ①-(1)- 별첨 3 해외 주요국 금융 상품 중개업 규제체계, 23면.

시사점 및 향후 개선과제: 결론에 갈음하여

해외와 달리 국내의 경우, 현재 금융 플랫폼과 관련한 규율체계가 법률에 의해 명확하게 규율되어 있지 않은 실정이다. 앞서 설명한 바와 같이 2021년 「금융소비자보호법」에 따라 대출상품 비교·추천서비스만 등록제도를 이용하여 시행되고 있는데, 예금, 보험, 펀드, P2P 등의 비교·추천서비스를 제공할 경우 온라인 금융 상품 중개에 해당하기 때문에 등록을 하거나 인허가를 받아야 한다. 그러나 현재 금융 플랫폼의 특성을 고려한 등록요건 등은 마련되어 있지 않아 규정을 정비해야 한다. 이처럼 관련 법을 개정해 제도화하지 않고 혁신금융서비스를 지정해 플랫폼의 취급상품을 단계적으로 넓히는 접근방법은 앞서 대출상품 비교·추천서비스에도 취했던 방식이다.

「금융혁신법」에 따라 도입된 규제 샌드박스를 통해 혁신금융서비스를 심사, 지정하고, 혁신금융사업자에 대한 감독과 소비자 보호 업무 등을 수행할 수 있게 지원하고 있다. 그런데 국내 정치 상황상 제도 정비 방법으로서 국회를 통한 법 개정은 신속하게 실현되기 어려운 측면이 있고, 금융위원회의 입장도 인공지능을 활용한 알고리즘 분석 등을 통해 소비자에게 다양한 금융 상품을 제공하는 온라인 플랫폼의 특성을 감안하여 접근하는 것으로 이해된다. 즉, 플랫폼은 거대한 가입고객 등을 보유하고 있어 시장영향력이 막대한 점, 금융 상품 취급을 전면 허용 시 파급효과와 문제점 등을 예상하기 어려운 점 등을 고려할 때 단계적으로 시범운영함으로써 플랫폼의 영향력과 시장 변화 등을 고려하고, 혁신성이 인정되는 등 운영성과를 보면서 법 개정 등의 제도화를 추진하려는 것이다.

이러한 단계적 접근방법은 금융 플랫폼에 내재한 기회와 리스크를 현재로서 정확히 파악하기 어려운 점에서 적절한 규제체계를 갖추려는 신중한 규제 접근방법으로 보인다. 하지만 국내에서 규제 샌드박스를 통한 시범운영은 관련 법 개정이 이루어지지 않는 한 이용기간에 한계가 있고,14 해외의 경우 금융서비스중개업으로 명확히 규율되고 애드온(add on) 방식으로 가능하다는 점에서 종합금융중개서비스업자로서 사업 영위에 제한이 없다. 반면, 규제 샌드박스로 운영되는 경우 혁신금융서비스로 지정받을지라도 여러 가지 부가조건으로 인해 종합금융중개서비스업자로서 사업 영위가 가능한지 의문이 제기된다.15

한편, 최근 금융 당국의 금융 플랫폼 지원 활성화 방안은 금융회사의

---

14 혁신금융서비스 지정의 취지는 특정 서비스에 대해 영구적인 특례를 인정하는 것이 아니라 해당 서비스의 시장성 테스트를 위한 한시적인 특례를 허용하는 것이기 때문에 지정기간을 2년으로 한정하고 있고 1회 연장이 가능하다. 하지만 지정기간(2년+2년)이 종료되는 기업들은 규제법령이 개정되지 않을 경우 업이 지속될 수 있을지 불안하기 때문에 신속히 법령이 개정될 수 있도록 사업 종료 전에 사업의 안전성과 효과성을 검증하는 방법을 구체적으로 안내하고, 검증을 통해 안전한 것으로 판단되면 규제법령의 개정 계획을 기업에 알려주어 예측할 수 있게 할 뿐만 아니라 정부의 규제법령 개정 책임을 강화할 필요가 있다. 이러한 계획을 정부 차원에서도 밝힌 바 있는데 이에 대해서는 국무조정실 규제조정실, 2022.3, 신기술이 빛을 보게 하다-규제 샌드박스 백서, 64면 참조; 또는 혁신금융사업자가 사업을 계속 영위할 수 있도록 기존 금융업 인허가 단위를 세분화한 스몰라이선스(small license) 제도를 통해 해당 서비스를 영위할 수 있도록 하는 것도 고려할 수 있다. 스몰라이선스는 금융업 인허가 단위를 쪼개서 기업이 필요한 업무와 관련된 인허가만을 신속히 받게 하는 제도를 말한다.

15 혁신금융사업자는 지정 기간 내에 영위하는 혁신금융서비스에 부과되는 부가조건을 준수해야 한다. 그런데 부가조건이 지나치게 까다로울 경우 부가조건을 충족하기 위한 사전 준비기간이 지나치게 길어져서 제도의 취지를 실현하기 어렵거나 자유로운 사업 테스트, 수익성 및 사업 안전성 확보를 어렵게 한다는 비판이 있다. 김원순, 2021, 「금융혁신지원득법」상 금융규제 샌드박스제도에 대한 소고(小考)-혁신 친화적 금융규제체계의 정립, 《홍익법학》 제22권 제2호, 홍익대학교 법학연구소, 57면.

플랫폼 금융에 포커스를 두고 있고, 종래 규제 샌드박스를 통과한 업체 중 상당수도 기존 금융회사 또는 금융회사가 투자하거나 설립한 회사라는 점에서 향후 빠르게 금융회사가 주도하는 금융 플랫폼과 대형 IT기업이 주도하는 금융 플랫폼 간의 경쟁이 격화될 것으로 예상된다. 동시에 금융회사들이 종전과 같이 플랫폼 회사나 핀테크 기업과 제휴 내지 연계도 활발할 것으로 기대된다.

특히 오픈뱅킹 법제화와 마이페이먼트(지급지시전달업) 도입이 추진되고 있는데, 금융 플랫폼 전략 강화 차원에서 오픈뱅킹 참여와 종합지급결제업,16 마이페이먼트, 마이데이터 사업 겸영은 금융 플랫폼으로서는 필수가 될 것으로 보인다. 무엇보다 종합지급결제업 허용으로 고객에게 지급결제 전용계좌를 발급하여 관리함으로써 급여 이체, 카드대금 결제, 보험료 납입, 공과금 납부, 외국환 업무 등의 계좌 기반 서비스를 원스톱으로 제공할 수 있게 되었다.17 이에 따라 전용계좌와 연계된 고객의 결제 관련 각종 데이터를 독자적으로 확보, 활용할 수 있어 금융 플

---

16 금융위원회는 전자금융거래법 개정안(2020년 윤관석 의원 대표발의 전자금융거래법 전부개정안, 2021년 김병욱 의원 대표발의 전자금융거래법 개정안)을 통해 종합지급결제사업자의 도입을 추진하고자 한다. 이는 자금이체업자, 겸영전자금융업자(증권사, 카드사, 보험사 등) 중에서 지정받은 자로서 이용자에게 계좌(지급결제 전용계좌)를 개설하는 방법으로 전자지급거래 청산기관(금융결제원) 등을 이용하는 선사후금이체에 관한 업무를 할 수 있는 사업자를 말한다. 별도 등록 없이 자금이체업, 대금결제업, 결제대행업 등 다른 전자금융업(지급지시전달업 제외, 별도 등록 필요)을 영위할 수 있다. 다만 현재 종합지급결제사업자 도입 논의는 국회 심의 과정에서 보류 또는 중단된 상태다. 자세한 것은 김시홍, 2023년, "전자금융거래법상 전자금융업종 규제 동향과 카드업계의 대응", 《여신금융》 2023년 봄호, 여신금융협회, 60면.

17 금융위원회, 2020.7.26, "4차 산업혁명 시대의 디지털금융 종합혁신방안: 전자금융거래법 등 개정방향".

그림 8.3 종합지급결제사업자

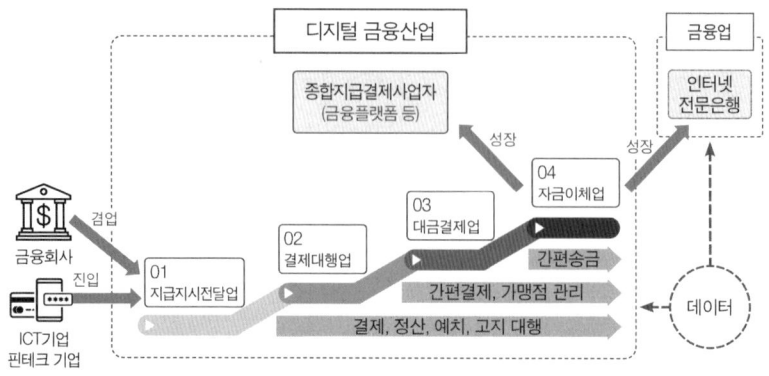

자료: 금융위원회, 2020.7.27, "디지털금융 종합혁신방안 – 디지털 금융의 혁신과 안정의 균형적인 발전을 위해 전자금융거래법의 전면 개편을 추진하겠습니다", 보도자료.

랫폼에서 다양한 부가사업을 할 수 있고, 마이데이터의 고도화에도 기여한다. 이용자의 경우는 은행계좌 없이도 입출금, 이체, 법인지급결제 등 은행 수준의 다양한 지급결제서비스를 받을 수 있으며, 종합지급결제사업자 경우는 금융 상품의 중개·판매를 포함한 종합자산관리가 가능하고 금융결제망에 직접 참가가 가능한 점에서 여신과 수신을 제외하고는 다른 업무에서는 은행이나 인터넷전문은행과 큰 차이가 없는 내로뱅크(narrow bank) 역할을 하는 종합금융 플랫폼 사업자가 된다.[18] 그 때문에 은행에 준하는 실명 확인과 높은 수준의 AML, 내부 통제, 보안 인증 규제들을 준수해야 할 것이다.

이러한 점에서 금융 플랫폼은 취급하는 상품 수와 규모, 그리고 오픈뱅킹을 넘어 종합지급결제사업자로 영위하는지 여부에 따라 이용자 보

---

18 박태준·윤종문, 2020.12, "지급결제시장 구조 변화와 카드업 영향에 관한 고찰: 간편결제서비스 등장을 중심으로", *신용카드리뷰* Vol 14-4, 27면.

호와 불공정행위, 시장안정성에 미치는 영향에 차이가 날 것으로 예상된다. 단지 산업규모와 상관없이 성장속도가 가파를 것으로 예상하고 여기에 포커스를 두고 규제할 경우 과잉규제가 될 수 있다. 이러한 점에서 중요 금융기능을 수행하여 금융시스템에 중대한 영향을 줄 가능성이 있는 금융 플랫폼과 그렇지 않은 플랫폼의 규율 정도에 차등을 두는 규제도 고려할 수 있다.[19] 예컨대 지급결제뿐만 아니라 비금융과 상호 연계되는 광범한 서비스 네트워크를 가진 경우 또는 IT 인프라에 지나치게 의존하는 경우 국내는 물론 글로벌 금융시스템에도 영향을 줄 수 있는 점에서 금융시스템의 안정에 중요한 영향을 미치는 경우에는 그림자 금융(shadow banking)으로서 강하게 규율할 필요가 있다.

한편, 금융 플랫폼이 소비자 편의에 부응하는 다양한 금융서비스를 창출하기 위해서는 자동차, 의료, 통신, 쇼핑, 여가 등과 관련한 비금융 분야와도 활발하게 협력하도록 지원할 필요가 있다. 이처럼 금융 플랫폼 활성화와 함께 무엇보다 소비자가 안심하고 이용할 수 있는 책임 있는 금융 플랫폼이 되도록 규율체계를 정비해야 한다. 온라인 금융 플랫폼에서는 소비자의 행적을 모두 확인할 수 있고 해당 데이터를 활용하여 사업을 하지만, 데이터 해킹 등의 문제가 발생할 경우 누가 책임을 지는지 명확히 해야 할 것이다.

결론적으로 금융 플랫폼은 개별 행위나 업무 별로 규율하는 것은 급속한 디지털화로 업종 간, 산업 간 경계가 없어지는 현재 상황에 맞지 않

---

19 예컨대 싱가포르는 주요 지급결제기관(Major Payment Institute)과 일반 지급결제기관으로 구분하여 규제 수준을 달리하고 있다. 주요 지급결제기관은 계좌 발급, 송금, 전자화폐 발행, 디지털지급토큰 등의 7개 서비스를 제공할 수 있으며, 월평균 거래금액을 기준으로 일반 지급결제기관과 차등하여 규율하고 있다.

다. 그보다 비금융과 인프라 측면에서, 연결성이 강한 측면에서 종적, 횡적으로 리스크 요인을 모두 감안하여 종합적인 규율체계를 마련할 필요가 있다. 이러한 측면에서 금융업 관련 개별 법령과 「전자금융거래법」, 「금융소비자보호법」 등 관련 법령 개정이 후속조치로서 신속히 이루어지길 기대한다.

참고문헌

국무조정실 규제조정실. 2022.3. 신기술이 빛을 보게 하다-규제 샌드박스 백서.
금융위원회. 4차 산업혁명 시대의 디지털금융 종합혁신방안: 전자금융거래법등 개정방향. 2020.7.26.
_____. 보험산업 신뢰와 혁신을 위한 정책방향-2021년 보험산업 금융위 업무계획. 보도자료, 2021.3.2.
_____. 은행권 경영-영업 관행-제도 개선방안. 2023. 7.5. 보도자료.
_____. 제2차 금융규제혁신회의의 안건 ①-(1) – 별첨 3 해외 주요국 금융 상품 중개업 규제체계. 2022.8.
금융위원회-금융감독원. 금융소비자보호법 FAQ 답면(2차).
금융위원회 금융규제혁신. 금융회사의 플랫폼 업무 활성화 및 온라인 플랫폼 금융 상품 중개업 시범운영. 금융규제 샌드박스 내실화 추진. 2022.8.23. 보도자료.
김시홍. 2023. 전자금융거래법상 전자금융업종 규제 동향과 카드업계의 대응. ≪여신금융≫ 2023년 봄호. 여신금융협회.
김원순. 2021. 『금융혁신지원특별법』상 금융규제 샌드박스제도에 대한 소고(小考)-혁신 친화적 금융규제체계의 정립. ≪홍익법학≫, 22(2). 홍익대학교 법학연구소.
박태준·윤종문. 2020.12. 지급결제시장 구조 변화와 카드업 영향에 관한 고찰: 간편결제서비스 등장을 중심으로. ≪신용카드리뷰≫, 14-4.
안수현. 2016.1. Automated Investment Tool(일명 '로보어드바이저')을 둘러싼 법적 쟁점과 과제. ≪상사판례연구≫, 29(2). 한국상사판례학회.
_____. 2018.2. IT환경하에서의 고령소비자보호: 소비생활과 금융거래시의 사전-사후적 보호 방안 모색. ≪법학연구≫, 29(1). 충남대 법학연구소.
_____. 2018.1. 금융분야에서의 규제 샌드박스(regulatory sandbox) 도입과 법적 과제:『금융혁신지원특별법(안)』을 소재로. ≪상사판례연구≫, 31(3). 한국상사판례학회.
_____. 2016.1. 배달앱 서비스 산업을 둘러싼 법적 이슈와 과제. ≪경제법연구≫, 15(2). 한국경제법학회.
_____. 2016.10. 영국의 핀테크관련 법제도와 지원정책: 지급결제산업을 중심으로. ≪강원법학≫, 49. 강원대 비교법학연구소.
_____.2009.1. 일본은행법상의 은행대리업제도 검토 및 시사점. ≪동북아법연구≫, 3(2). 전북대 동북아법연구소.
_____. 2014.1.『금융소비자보호법』제정안의 판매관련 금융소비자보호의 의의와 한계. ≪금융법연구≫, 11(1). 한국금융법학회.
이수환 외. 2021. 금융분야 AI 가이드라인 도입 추진과 시사점. ≪이슈와 논점≫, 제1878호. 국회

입법조사처.

정순섭. 2021. 기술발전과 금융규제법의 전망. *BFL*, 107. 서울대 금융법센터.

정준혁.2021.7. "금융 플랫폼 규제의 과제와 전망. *BFL*, 108. 서울대학교 금융법센터.

조성훈. 2022. 빅테크에 대한 공정경쟁 규제 동향 및 금융산업 진출 관련 이슈. 자본시장연구원. ≪자본시장포커스≫, 2022-06.

Abdulhakeem. S. A., and Hu, Q. 2021. Powered by Blockchain technology, DeFi (Decentralized Finance) strives to increase financial inclusion of the unbanked by reshaping the world financial system. *Modern Economy*, 12(01), 1.

Agustin Carstens, Stijn Claessens, Fernando Restoy and Hyun Song Shin, 2021.8.2. Regulating big techs in Finance, No.45.

BIS. 2022.1. Platform-based Business Models and financial Inclusion.

Daniel A. Hanleyd. 2020. A Topology of Multisided Digital Platrforms, 19 *Conn. Pub. Int. L. J.* 271.

Douglas Arneral, Ross Buckleya, Kuzi Charambaa, Artem Sergeeva, Dirsk Zetzschea, Governing FinTech 4.0: BigTech, Platform Finance and Sustainable Development, 27 F*ordham J. Corp. & Fin. L.* 1.

IMF, Global financial stability report. 2022.4. "The rapid growth of fintech: Vulnerabilites and Challenges for financial stability.

Lucia Pacheco Rodriguez, Pablo Urbiola Ortun. 2020.5. From FinTecch to BigTech: an evolving regulatory response, Working paper 20/09, BBVA Research.

Ryan Jones and Pinar Ozcan. 2021. Rise of BigTech Platforms in banking, Industry paper 1. University of Oxford, www.sbs.oxford. edu.

Tobias Adreian. 2021.616. BigTech in Financial Services. IMF.

9장
대한민국에 빅테크는 없다

강형구

요약

이 장은 플랫폼 간의 관계, 특히 위계와 권력 관계에 초점을 맞춰 플랫폼을 크게 콘텐츠/서비스, 메타정보, 앱스토어, 운영체제, 클라우드로 분류한다. 콘텐츠/서비스 플랫폼과 메타정보 플랫폼은 모두 매칭을 주요 기능으로 하며 경쟁이 매우 치열하다. 대부분의 콘텐츠/서비스는 메타정보 플랫폼을 통해 정보를 수집하고 접근하는 경향이 있다. 앱스토어, 운영체제, 클라우드는 '플랫폼의 플랫폼(platform of platforms)'이라고 할 수 있다. 플랫폼의 플랫폼은 진정한 빅테크를 특징짓는다. 미국과 중국의 소수 빅테크 기업이 플랫폼의 플랫폼으로 장악하고 있어 최근 국익을 앞세운 각국 정부의 견제 대상이 되고 있다. 한국의 경우 플랫폼 계층적 구조를 무시한 채 외국의 규제를 도입해 국내 플랫폼을 규제하려는 시도를 경계해야 한다. 특히 국내에는 존재하지도 않는 빅테크를 상정하여 핀테크를 규제하려는 시도는 논리적이지도 않고, 금융 경쟁력에도 도움이 되지 않는다. 예를 들어 기존 금융기관에 비해 규모가 비교도 되지 않게 작은 온라인 플랫폼의 핀테크 산업을 빅테크 금융 사업 진출이라고 프레이밍하는 것을 경계해야 한다. 한국이 진정한 금융 플랫폼 강국이 되고 빅테크 기업을 보유하기 위한 전략은 분명하다. 메타정보 플랫폼 분야에서 의미 있는 기업을 보유한 몇 안 되는 국가 중 하나인 만큼, 그 위치를 충분히 활용해 전략적으로 중요한 플랫폼의 플랫폼 영역으로 진출해야 한다. 나아가 앱스토어, 운영체제, 클라우드 분야에서도 세계적인 기업들이 국내에서 나올 수 있도록 유도할 필요가 있다. 여기에 금융이 선도적인 역할을 할 수 있다. 이를 위해 정부는 금융 플랫폼에 대한 규제보다는 전략적으로 육성할 수 있는 진흥정책을 도입할 필요가 있다.

서론

플랫폼을 정의하는 방법은 다양하다. 플랫폼은 기술적 관점, 경제학적 관점, 경영 및 비즈니스 관점에서 정의할 수 있다. 기술적 관점에서 플랫폼은 운영체제(OS), 프로그램 언어 관련 라이브러리 또는 그래픽 사용자 인터페이스 등의 하드웨어 구조 또는 소프트웨어 체제를 말하는 경우가 많다. 모두 응용 소프트웨어가 작동되도록 하는 컴퓨터 시스템으로서 특징이 있다. 경제학적 관점에서 플랫폼은 중개자(intermediaries), 매칭(matching)이 일어나는 공간이다. 여기서 이용자, 조직, 이해관계자들 간에 네트워크와 거래관계가 형성된다. 그리고 이를 뒷받침하는 정보시스템 환경 등도 포함한다. 경제학적 관점에서 대표적인 플랫폼은 가격에 의해서 수요와 공급을 매칭하는 시장이다. 경영 및 비즈니스 관점에서 플랫폼은 개방적인 인프라와 이에 대한 관리 및 운영을 위한 지배구조다. 여기서 구성원 간 상호작용이 발생하는데, 플랫폼에서 재화, 서비스, 자산 등이 거래되면서 가치를 창조한다(Parker et al., 2016).

한편, 주요 기관이나 국가에서 플랫폼의 정의는 다음과 같다. 유럽연합 집행위원회(European Commission)는 인터넷 플랫폼을 '가치를 창출하기 위해서 중개 기능을 수행하는 양면시장 또는 다면시장'으로 정의하고 있다(EC, 2020). 경제협력개발기구(OECD)는 '인터넷을 통해 상호작용을 가능하게 하는 서비스'로 플랫폼을 정의한다. 프랑스의 「디지털공화국법」에 의하면 인터넷 공공 통신서비스를 전문적으로 제공하는 자를 온라인 플랫폼 운영자로 정의한다. 여기서 인터넷 공공 통신서비스는

'알고리즘을 이용하여 인터넷의 콘텐츠, 재화, 서비스를 분류하고 목록을 작성하는 서비스나 재화, 서비스, 사람 등을 연결하는 역할'을 한다. 「독일 경쟁법」 제18조(3a)에서는 다면시장 개념을 설명하면서 '플랫폼 사용자들 간 상호작용을 가능하게 하거나 용이하게 하는 시스템'으로 정의하고 있다. 일본의 디지털 플랫폼 사업자 규제 세부 규칙[1]에 의하면 디지털 플랫폼은 '재화, 서비스, 경제 주체 등을 디지털 기술로 연결하는 시스템'으로 정의하고 있다.

플랫폼의 정의는 조금씩 다르고 다양하지만 플랫폼의 중요성에 대해서는 이견이 없다. 현재 가장 성공적이고 가치가 높은 회사는 모두 플랫폼이다. 미국의 GAFA(구글, 애플, 페이스북, 아마존), 중국의 BAT(바이두, 알리바바, 텐센트) 등이 대표적이다. 그 결과 플랫폼 전략이 기업의 가치를 높이기 위한 중요한 수단으로 등장하기도 했다. "플랫폼 전략이란 일종의 다면시장을 형성하여 참여자들이 서로 보완적인 효용이나 가치를 누릴 수 있도록 하는 방법이다(A platform strategy is an approach to entering a market which revolves around the task of allowing platform participants to benefit from the presence of others)"(Church, 2017). 플랫폼 참여자들이 누리는 가치가 다른 참여자들의 가치와 상호 의존적이므로 플랫폼 전략은 기존의 경쟁 전략과 다른 특성을 가질 수밖에 없다. 특히 초기에 닭과 달걀의 문제와 같은 순환논리를 극복하는 스마트한 아이디어를 찾는 것이 매우 중요하다.

이 장은 온라인 플랫폼을 구분하는 새로운 방안을 논의하고 이를 바탕

---

[1] https://now.k2base.re.kr/portal/trend/mainTrend/view.do?poliTrndId=TRND0000000000037496&menuNo=200004&pageUnit=10&pageIndex=9.

으로 금융 플랫폼에의 시사점을 도출한다. 물론 온라인 플랫폼을 구분하는 기존의 문헌이 많이 존재하는 것은 사실이다. 김창욱 등(2012), 이금노 등(2016), 노규성(2014) 등은 매우 좋은 예다. OECD의 경우 인터넷 매개자(internet intermediary) 역할을 하는 플랫폼에 대해 ① 인터넷 접근권 및 서비스 제공자(유/무선), ② 웹호스팅과 데이터 처리 및 콘텐츠 전송업자, ③ 인터넷 검색엔진 및 포털 사업자, ④ 전자상거래 중개업자, ⑤ 결제시스템 제공자, ⑥ 참여형 네트워크 플랫폼으로 유형을 분류했다(Perset, 2010). 그리고 OECD(2019)는 기능을 중심으로 인터넷 플랫폼 유형을 제시했다. 유럽연합 집행위원회는 「Commission Staff Working Document: Online Platforms」(EU, 2016)에서 비즈니스 모델을 중심으로 ① 마켓플레이스와 e커머스 플랫폼, ② 모바일 생태계와 앱 유통 플랫폼, ③ 인터넷 검색 서비스, ④ 소셜미디어와 콘텐츠 플랫폼, ⑤ 온라인 광고 플랫폼으로 인터넷 플랫폼을 유형화했다. 독일의 경우는 효율적인 상품거래(efficient product transactions), 상품 관련 커뮤니티(product community), 상품 애호가(product aficionados), 온디맨드 오프라인 서비스(on-demand offline services), 온라인 서비스(online service), 개인 간 오프라인 서비스(peer-to-peer offline services) 등으로 구분하고 있다.

플랫폼의 가장 큰 특징은 안정적인 핵심(stable core)과 이질적인 보완재 공급자(complementors) 간 상호 의존성, 그리고 여기에서 파생적으로 거래되는 재화나 서비스들이다(Baldwin and Clark, 2000). 플랫폼은 여러 분야에 존재하면서 시장과 사업의 성격을 모두 갖는다.

첫째, 플랫폼은 시장의 기능을 수행한다. 거래를 원활히 하는 장소를 제공한다는 점에서 시장과 비슷하다. 그러나 플랫폼은 시장보다 훨씬 더 적극적인 역할을 수행하는데, 예를 들어 중개자(go-between) 기능을 수행하고 수요와 공급에 개입하고 관리한다.

둘째, 플랫폼은 그 자체가 시장과 같은 인프라를 넘어서 사업적 성격이 있다. 플랫폼을 경영하는 주체가 있고 통제권을 행사한다. 그러나 플랫폼의 규모나 특히 범위를 플랫폼 자체가 온전히 제어할(control) 수 없다는 점에서 일반 사업과 다르다.

셋째, 플랫폼의 가치는 플랫폼에서 생산되는 재화나 서비스를 통해서 결정되는 것은 물론, 플랫폼을 둘러싼 생태계(ecosystem)에 의해서도 결정된다. 따라서 플랫폼 운영자는 플랫폼의 기술적, 경제적 특성에 기반한 시장 전략과 함께 플랫폼 생태계의 지속가능한 발전을 위해 이해관계자들을 포섭하는 비시장적 전략도 필요하다.

이러한 측면에서 플랫폼은 시장-조직 하이브리드, 조직의 조직(organization of organizations), 메타조직(meta-organization)으로 규정된다(Kretschmer et al., 2020). 이는 규제기관 등 이해관계자 입장에서도 중요할 수 있다. 플랫폼 자체를 하나의 회사나 조직으로 보고 이를 규제의 대상으로 삼는 것도, 아니면 플랫폼을 하나의 시장으로 보고 접근하는 것도 그 한계가 있기 때문이다. 그뿐만 아니라 플랫폼 간 경쟁과 플랫폼 내 경쟁을 모두 고려해야 한다.

그럼에도 불구하고 기존 금융산업에서 주로 통용되는 핀테크 플랫폼 구분과 빅테크 프레이밍은 이러한 시장의 특성을 갖는 플랫폼 내 경쟁(예: 매칭)과 조직의 특성을 갖는 플랫폼 간 관계(예: 플랫폼 간 위계구조)를 고려하지 않고 있다.

기존 분석체계는 크게 세 가지 문제점이 있다. 첫째, 플랫폼 간 관계를 고려하지 못했다. 예를 들어 진정한 빅테크라고 할 수 있는 '플랫폼의 플랫폼(platform of platform)'을 별도로 분석할 만한 방식을 제시하지 못해 이들이 가진 산업구조적 특성을 파악하는 데 한계가 있다. 이는 플랫폼이 시장이면서도 조직 특성이 있고, 서로 특수한 방식으로 경쟁하는 것을 고려하지 않은 것이다. 특히 플랫폼의 플랫폼이 가진 강력한 권력, 예를 들어 아키텍처 제어에 관한 권력(architecture control)을 반영하지 않았다.

둘째, 지나치게 기존 산업과의 구분 혹은 구색(assortment) 위주의 구분으로 플랫폼의 기술과 근본적인 비즈니스 모형에 관한 특성을 무시하는 경향이 있다. 전통 기업의 경우 산업의 가치사슬(Porter, 1985)이라는 전통적인 흐름을 따라 업스트림 기업 또는 다운스트림 기업과 시장을 통해 관계를 맺거나 내부시장이나 내부조직(Chandler, 1962)을 통해 가치를 창출한다. 반면 플랫폼은 독특하게도 다양한 관계들의 네트워크상에서 가치를 창출하는 상호 관계(value-creating interaction)를 조율한다(Boudreau and Hagiu, 2009; Cusumano and Gawer, 2002). 즉, 서로 얽혀 있는 산업이나 회사의 가치사슬 간 관계를 조율하거나 아예 디자인하는 것이다. 플랫폼의 가치사슬이 여러 가치사슬을 중층적으로 포함하고 있는 셈이다. 단순히 상품이나 산업 위주로 플랫폼을 구분하는 것은 이상 논의한 플랫폼의 특성을 제대로 반영하지 못한다. 특히 기존 국내 온라인 플랫폼 기업의 핀테크 사업을 빅테크의 금융산업 진출로 이해하는 한계를 보이고 있다.

셋째, 기존 분류기준은 플랫폼 규제에 활용하는 데 한계가 있다. 플랫폼 간 경쟁에서는 표준을 누가 설정하느냐가 중요한데 이러한 표준 경쟁은 아키텍처 제어를 위한 경쟁이라고 볼 수 있다. 그뿐만 아니라 플랫폼의 플랫폼의 경우 아키텍처 제어를 이용하여 다운스트림에 있는 플랫폼들을 규제할 수 있다. 이러한 플랫폼 간 위계를 고려하지 않은 규제는 플랫폼 간 경쟁과 관계를 다분히 왜곡할 우려가 있다. 이러한 우려는 특히 규제산업인 금융에서 심각할 수 있다.

　이 장은 위에서 언급한 문제점들을 다음과 같은 방식으로 보완한다. 첫째, 플랫폼 간 관계, 특히 위계에 주목하여 플랫폼을 구분한다. 그 과정에 기존 플랫폼 구분을 특수한 형태로 포함한다. 둘째, 단순 산업 구분 혹은 구색 위주의 구분에서 탈피하여 시장으로서 플랫폼의 특성인 매칭(matching) 방법 등 다양한 변수를 도입하여 플랫폼을 구분한다. 셋째, 시장으로서 플랫폼, 조직으로서 플랫폼의 특성을 모두 고려하여 플랫폼을 구분한다. 따라서 플랫폼을 단순히 시장으로 보거나, 하나의 회사로서만 보는 경향이 있는 규제의 위험성을 경고하고 대안을 제시한다.

　분석 결과, 온라인 플랫폼은 그들 간의 관계에 따라 콘텐츠/서비스, 메타정보, 앱스토어, 운영체계, 클라우드 등 인프라 플랫폼으로 구분된다. 콘텐츠/서비스와 메타정보는 매칭 플랫폼, 앱스토어와 운영체제는 플랫폼의 플랫폼으로 볼 수 있다. 매칭 플랫폼은 다시 매칭의 방법과 대상에 따라 총 네 가지로 분류된다. 매칭 방법은 {가격 기반, 비가격 기반}, 매칭 대상은 {재화, 가치사슬}로 구분하여 이들의 조합에 따라 네 가지 유형이 형성된다. 플랫폼의 플랫폼과 클라우드의 경우, 사실상 두세 개 업체가 장악하고 있어 세부 분류는 의미가 없다. 국내 플랫폼들은 가장 경쟁이 치열한 콘텐츠/서비스 분야에 집중되어 있다. 하지만 한국은 미국, 중국과 더불어 메타정보에서도 의미 있는 기업들을 보유한 몇 안 되는 국가이기도 하다. 한국은 메타정보에서의 상대적인 강점을 살려서 국익에 중요하면서도 소수 업체들이 절대적인 영향력을 행사하고 있는 '플랫폼의 플랫폼' 영역과 '클라우드' 영역 분야에 진출하여 진정한 빅테크를 육성하는 전략을 고려할 수 있다.

개방형 시스템의 계층 분류

개방형 시스템의 통신과 관련된 계층분류는 통신 네트워크 7계층, 즉 OSI-7계층(Open Systems Interconnection Reference Model 7 Layer)으로 거슬러 올라간다(IEEE, 2013). 1974년 조직된 국제표준화기구(ISO, International Organization for Standardization)는 1980년에 개방형 시스템들 간 통신을 위해 네트워크 모델을 제시했다. 개방형 네트워크 구조상 일부 공급업체가 통신을 독점적으로 소유하지 못하기 때문에 다양한 기술 및 표준을 통합하고자 하는 목적에서 설계되었다.

OSI-7계층은 각 계층마다 수행하는 특정한 책임, 통제 기능, 데이터 포맷 구문 등이 정해져 있다. 첫째, 물리 계층(physical layer)은 실질적인 전송에 해당하는 계층으로 물리적 중간매체를 통해 전기적인 신호를 어떻게 전송하는가를 규정한다. 둘째, 데이터 링크 계층(data link layer)은 데이터를 프레임화하여 에러를 제어하고 동기화하는 등 원활한 데이터 전송을 위해 흐름을 제어한다. 셋째, 네트워크 계층(network layer)은 송신 쪽에서 수신 쪽까지 데이터를 전달하기 위해 논리 링크를 설정하고, 상위 계층 데이터를 적은 패킷으로 분할한 후 네트워크 단위로 전송한다. 넷째, 전송 계층(transport layer)은 하위 네트워크 서비스와 상위 사용자 서비스 간에 중개를 하면서 전체 메시지를 전달하며 오류를 탐지하고 정정하며 패킷 순서를 정하는 등 다양한 역할을 한다. 다섯째, 세션 계층(session layer)은 통신 중인 대화를 설정하고 동기화하는 기능을 담당한다. 여섯째, 표현 계층(presentation layer)은 데이터 포맷을 네트워크 표준 형식에 맞게 변환하여 전송한다. 일곱째, 응용 계층(application layer)은 응용 프로그램 수준에서 네트워크에 접근하도록 하는 기능을 담당한다. OSI-7계층 분류는 개방형 시스템의 통신을 유형화하고 분류하는 프레임워크로 상당 기간 활용되었으며, 여기에서는 온라인 플랫폼의 속성에 따라 상하관계를 구분하는 데 참조한다.

온라인 플랫폼 분석 프레임워크

그림 9.1 최상위 플랫폼 분류

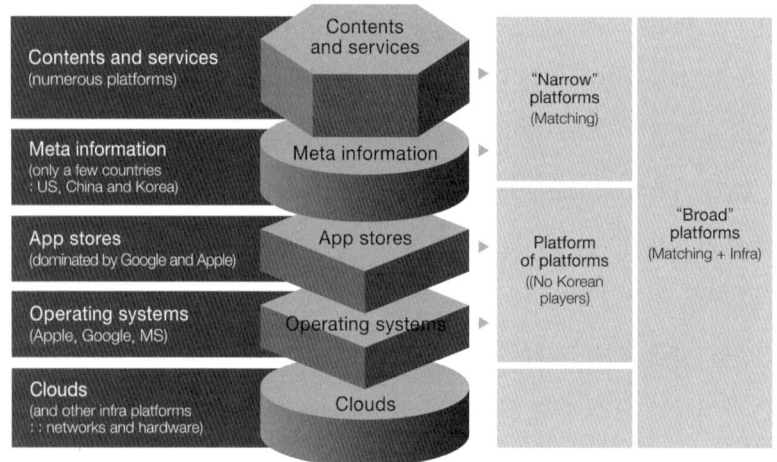

[그림 9.1] 최상위 플랫폼 분류(the level one platform categories)는 플랫폼을 가장 높은 수준(most abstract level)에서 분류한 결과를 보여준다. 이러한 "최상위" 플랫폼 분류는 크게 콘텐츠와 서비스, 메타정보, 앱스토어, 운영체계, 인프라(클라우드, 네트워크, 하드웨어 등) 등 다섯 개의 레이어(layer)로 이루어진다. 이는 OSI-7계층을 확장하여 적용한 개념이다.

OSI-7 계층은 컴퓨팅 시스템 및 통신구조 간 위계를 고려하고 다양한

표 9.1 OSI-7 계층과 최상위 플랫폼 분류 비교

OSI-7계층		최상위 구분	
응용 계층	커뮤니케이션 파트너 매칭	콘텐츠 및 서비스	가격 및 비가격 알고리즘을 통한 이해당사자 매칭
표현 계층	응용 계층 사이의 맥락(context) 표현	메타정보	콘텐츠 및 서비스 수준에서 애플리케이션 표현
세션 계층	애플리케이션 관리, 조절	앱스토어	애플리케이션 나열, 관리, 조절
전송 계층	데이터 전송 및 호스트 간 커뮤니케이션 조절	운영체제	시스템에서의 데이터 흐름 조절, 중개 서비스 제공
네트워크 계층	컴퓨터(node)에 플랫폼 서비스 제공, 데이터 전송 과정 조절		프로그램에 플랫폼 서비스 제공, 하드웨어 및 소프트웨어 관리
데이터링크 계층	컴퓨터 자원에 접근, 네트워크 참여자 연결 및 조정, 데이터 전송 자원 관리	인프라	컴퓨터 자원 공유 및 접근 관리
물리 계층	인프라		IT 인프라를 서비스로 제공

통신 시스템의 상호 운용성을 장려하기 위한 추상적인 개념이다. 특히 OSI-7계층은 데이터의 흐름을 기준으로 추상적인 계층을 구분했다. 한편, 플랫폼 역시 생태계 내의 상호 운용성이 중요한 전략이라는 점, 특히 온라인 플랫폼의 경우 데이터와 컴퓨팅 시스템 기반이라는 점, 그리고 무엇보다 데이터 기반 학습과 네트워크 효과가 플랫폼의 비즈니스 모델과 성과를 결정한다는 점은 주목할 만하다(Hagiu and Wright, 2019, 2020a, 2020b). 이를 노식으로 표현히면 [표 9.1]과 같다. OSI-7계층과 이 연구의 최상위 플랫폼 분류 간의 논리적 관계를 설명한다.

[표 9.1]에서 물리 계층과 데이터링크 계층을 하나로 묶어서 인프라로, 네트워크 계층과 전송 계층을 하나로 묶어서 운영체제로 연결했다. 그 이유는 소수 업체들이 운영체제와 클라우드 및 인프라를 압도적으로 지배하고 있어서 그 이하로 세분하는 것이 큰 의미가 없기 때문이다. 물론

표 9.2 최상위 플랫폼 분류별 설명

최상위 플랫폼 분류	설명
콘텐츠 및 서비스	무형자산, 유형자산, 인간/동물 등 생명체를 이해관계자들끼리 매칭하면서 가치를 창출하는 플랫폼. 좀 더 일반적으로 다양한 구색의 재화나 서비스를 매칭하는 시장디자인(Roth, 2015)을 통해 최종사용자(end user)에게 직접적으로 가치를 창출함
메타정보	최종사용자에게 필요한 콘텐츠와 서비스 플랫폼에 대한 게이트웨이 혹은 정보를 제공하는 것을 주목적으로 하는 플랫폼. 검색, 광고 등에 관한 플랫폼, 웹포털 등이 대표적임
앱스토어	앱스토어(또는 앱 마켓플레이스)는 컴퓨터 소프트웨어인 애플리케이션(applications)을 디지털 형식으로 배포하는 플랫폼.
운영체계	운영체제(OS)는 시스템 소프트웨어. 따라서 운영체제는 컴퓨터 하드웨어, 소프트웨어 리소스를 관리하고 컴퓨팅 시스템의 프로그램들에 공통적으로 적용되는 서비스를 제공함
인프라	클라우드 컴퓨팅은 컴퓨터 시스템 리소스를 주문형(on-demand) 혹은 구독형으로 제공함. 데이터 스토리지, 컴퓨팅 파워를 대표적으로 제공함. 클라우드 컴퓨팅을 통해 기업은 고정적인 IT 인프라 비용을 크게 줄임.

지배적인 회사들이 내세운 기준에 의해 구분할 수 있으나(사실상 회사에 따른 구분), 이는 구분의 실익이 없고 학술적인 의미도 크게 없다고 판단했다. 최상위 플랫폼 분류에 대한 설명은 [표 9.2]에 정리했다.

예를 들어 이 분류를 활용하여 [표 9.3]에서 제시한 바와 같이 구글이나 알리바바와 같은 플랫폼은 여러 레이어에 걸쳐 있다는 것을 분석할 수 있다.

따라서 본 프레임워크는 플랫폼을 분류함과 동시에 기존 플랫폼을 서비스 수준이나 세부 플랫폼들의 집합으로 분해할 수도 있다. 이를 바탕으로 거대 플랫폼들의 비즈니스 모델을 비교하고 그 진행 방향을 추론하는 데 활용할 수도 있다.

첫 번째 레이어인 콘텐츠/서비스 플랫폼에는 가장 경쟁이 치열하고

표 9.3 구글과 알리바바의 서비스 분류 예

최상위 플랫폼 분류	구글, 알리바바
콘텐츠 및 서비스	알리바바 쇼핑, 알리바바 동영상 서비스 플랫폼(TBO), 유튜브 등
메타정보	구글 검색, 알리바바 검색, 구글과 알리바바의 광고 플랫폼 등
앱스토어	구글 플레이 스토어, 알리바바 오픈 플랫폼
운영체계	안드로이드, 크롬 OS, 알리 OS(AliOS)
인프라	구글 클라우드, 알리바바 클라우드(阿里云) 등

다양한 플레이어들이 존재한다. 콘텐츠/서비스 레이어의 플랫폼은 수요와 공급을 매칭하며 가치를 창출한다. 따라서 일종의 시장으로 볼 수 있다. 어떻게 시장을 디자인하느냐에 따라 경쟁력이 결정되는 경우가 많다(Roth, 2015).

두 번째 레이어인 메타정보는 콘텐츠/서비스에 관한 정보를 다루고 있다. 광고, 검색, 포털처럼 '정보의 정보'를 다룬다. 여기에도 여러 가지 형태의 플랫폼이 존재한다. 그러나 '의미 있는 메타정보 플랫폼'을 보유한 국가는 미국, 중국, 한국에 불과하다. 메타정보 플랫폼 역시 공급자와 수요자를 연결, 매칭하는데 이 과정에서 정보 사용의 효율성을 높여 가치를 창출한다. 메타정보의 대표적인 예는 광고와 검색이다. 따라서 구글 애즈(Google Ads)와 같은 온라인 광고 플랫폼이나 검색엔진, 포털 등을 메타정보 플랫폼의 대표적인 예로 볼 수 있다.

세 번째 레이어인 앱스토어와 네 번째 레이어인 운영체제는 '플랫폼의 플랫폼'이다. 따라서 콘텐츠/서비스 플랫폼과 메타정보 플랫폼에 큰 영향력을 행사할 수 있다. 다운스트림의 플랫폼(그림에서는 상위 계층의 플랫폼)을 사용하기 위해서는 실질적으로 이들을 거쳐야 하기 때문이다.

진정한 빅테크라고 할 수 있는 플랫폼의 플랫폼이 가진 가장 중요한 특징은 강력한 두세 개 업체가 해당 영역을 압도적으로 지배하고 있다는 점이다. 앱스토어의 경우 사실상 구글과 애플이 양분하고 있다. 운영체제의 경우 역시 구글과 애플의 영향력이 절대적이고, 그 외에 마이크로소프트와 화웨이 등이 있다. 구글은 크롬 OS와 안드로이드를 각각 PC 환경과 모바일 환경에서 운영체제로 제공하고 있는데 크롬 OS는 시장 점유율이 가장 높은 자사의 크롬브라우저를 활용하여 오히려 운영체제를 번들로 판매 하는 전략을 취하고 있는 셈이다. 이는 기존 업체들이 운영체제에 브라우저를 번들링하는 전략에 대비된다. 그리고 구글과 애플이 앱스토어에서 강력한 힘을 발휘할 수 있는 이유 역시 운영체계를 장악하고 있어 앱 생태계 확산과 참여를 쉽게 할 수 있기 때문이다.

가장 기반이 되는 플랫폼(upstream platform)은 클라우드, 네트워크, 하드웨어 등 인프라 플랫폼인데 이들은 다자간 매칭을 주로 수행하는 좁은 의미의 플랫폼에 포함되지는 않는다. 그러나 그 영향력이 매우 크고 특히 클라우드의 중요성이 부각되고 있다. 사실 클라우드 저장과 컴퓨팅은 이미 창업 생태계와 대다수 앱의 인프라로 좁은 의미에서의 플랫폼의 역할인 매칭까지도 하고 있다. 클라우드 컴퓨팅 역시 AWS, MS 애저, 구글 클라우드 등 소수 업체들이 사실상 지배하고 있다. 참고로 미국 국립표준기술연구소(NIST)는 클라우드 컴퓨팅을 아예 플랫폼용 서비스(platform as a service, PaaS)로 정의하여 클라우드가 왜 플랫폼의 플랫폼인지를 명확하게 설명하고 있다.

위에서 설명한 최상위 플랫폼 분류가 시사하는 점은 매우 크다. 국내에서 가장 강력한 플랫폼이라고 할 수 있는 카카오나 네이버도 위 구분에 의하면 그 영향력은 구글, 애플, 아마존 등 미국의 GAFA나 중국의

BAT에 비할 바가 아니다. 한국도 업스트림, 즉 플랫폼의 플랫폼과 클라우드에 진출해야 진정한 플랫폼 강국이라고 할 수 있을 것이며, 플랫폼 생태계에서 주도권을 확보하는 것이 가능할 것이다. 다행히 한국은 메타정보에서 '의미 있는 플랫폼'을 가진 소수의 국가 중 하나라는 점에 주목할 필요가 있다. 콘텐츠와 서비스 레이어의 플랫폼도 잘 발달되어 있다. 따라서 이러한 강점, 특히 메타정보 플랫폼에서의 강점을 살려 플랫폼의 플랫폼과 클라우드 영역으로 진출하는 것이 시급하다.

카카오와 네이버 모두 자사의 클라우드 서비스를 성공시키기 위해서 사활을 걸고 있는데 이 역시 필연적인 현상으로 해석된다. 플랫폼 산업구조에서 하위 계층에 해당하는 앱스토어와 운영체계, 클라우드는 산업 전체의 근간을 이루고 있다. 따라서 이를 통해 시장지배력을 강화할 경우 산업 전체에서 발생하는 경제적 잉여의 상당 부분을 가져갈 수 있다. 플랫폼은 콘텐츠 및 서비스 제공자와 이용자를 매칭하는 시장의 역할을 하는 한편, 이러한 참여자들을 두고 다른 플랫폼과 경쟁하는 플랫폼 경제 내의 사업자 역할을 함께 수행하고 있다. 특히 플랫폼 산업구조의 계층에서 볼 수 있듯, 플랫폼 사업자는 하위 플랫폼, 즉 플랫폼의 플랫폼에 콘텐츠 및 서비스 제공자로서 참여하게 된다. 앱스토어와 운영체계를 통해 시장을 조성하고 관리하는 하위 플랫폼 사업자는 플랫폼 경제의 운영 표준 체계를 만들고 관리하는 주체로서, 이들의 권한은 상위 플랫폼 사업자를 비롯하여 다른 콘텐츠 및 서비스 제공자와의 계약 관계에서 협상의 우위를 점할 수 있는 근거가 된다. 만약 충분한 경쟁이 일어나지 않을 경우 하위 플랫폼 사업자는 경제 내 독점적 지위를 통해 더 큰 경제적 잉여(economic surplus)를 획득할 수 있다.

정책적 시사점도 크다. 플랫폼 자체가 국가의 중요한 경제적, 정치적,

안보적 차원의 자원이 되고 있다는 점을 감안할 필요가 있다. 그렇다면 경쟁력 있는 빅테크, 즉 플랫폼의 플랫폼과 클라우드를 보유하는 것은 점점 더 중요해질 수밖에 없다. 따라서 국내 플랫폼들에 대한 지나친 규제나 탄압보다는 업스트림으로 진출하도록 유도하여 진정한 빅테크가 탄생할 수 있도록 지원해야 할 것이다. 한편 해외 기업들이 운영하는 플랫폼의 플랫폼이나 클라우드에 대한 경계와 감시도 국익 관점에서 중요하다.

필자는 최상위 플랫폼 분류를 세분한 것을 차상위 플랫폼 분류(level two categories)라고 부른다. 차상위 플랫폼 분류는 콘텐츠/서비스 레이어 구분에 특히 의미가 있다. 앱스토어 이하 플랫폼의 플랫폼과 클라우드 등은 두세 개 업체가 지배하고 있으므로, 해당 회사들 이름 자체를 차상위 플랫폼 분류로 보는 것이 논리적이면서도 편리하다.

결론 및 향후 연구과제

이 장에서 플랫폼 간 관계 특히 위계에 집중하여 플랫폼을 크게 다음과 같이 분류한다.

1. 콘텐츠/서비스 플랫폼
2. 메타정보 플랫폼
3. 앱스토어 플랫폼
4. 운영체계 플랫폼
5. 클라우드 등 인프라 플랫폼

콘텐츠/서비스 플랫폼과 메타정보 플랫폼은 모두 매칭(matching)을 주요 기능으로 한다. 그러나 대부분의 콘텐츠/서비스 플랫폼은 메타정보 플랫폼을 통해서 정보를 수집하고 접근하는 경향이 있어서 메타정보 플랫폼은 콘텐츠/서비스 플랫폼보다 더 인프라에 가깝다고 할 수 있다. 메타정보 플랫폼은 의미 있는 플레이어를 보유한 국가가 미국, 중국, 한국 정도에 불과하다. 이는 한국 금융산업 발전에 기회로 볼 수 있다. 한편 앱스토어 플랫폼, 운영체계 플랫폼, 클라우드 등 인프라 플랫폼은 플랫폼의 플랫폼이라고 할 수 있다. 해당 영역은 미국과 중국의 소수 기업들이 지배하고 있고, 각각 미국 정부와 중국 정부에 견제와 동시에 지원을 받고 있다. 이 장의 분류체계에 의하면 이들 진정한 빅테크 업체들이 정부의 견제와 지원을 동시에 받고 있는 점은 전혀 놀랍지 않다. 다른 플랫폼들과 차원이 다른 권력을 가진 플랫폼의 플랫폼이며 그 정치적, 경제적, 사회적 영향력이 상당하기 때문이다. 다만 이러한 현실을 무시하고 해외 규제를 국내에 도입하여 국내 플랫폼 업체들을 규제하려는 시도는 경계해야 할 것이다.

이러한 연구는 금융산업에 큰 시사점을 갖는다. 특히 금융 플랫폼에 대한 빅테크 프레이밍과 관련 규제에 시사점을 준다. 예를 들어 본 연구에 의하면 플랫폼을 하나의 카테고리로 묶어서 규제 법안을 설계하는 방식은 성냥화될 수 없다. 어느 플랫폼이 다른 플랫폼들의 중첩된 형태로 존재할 수 있으므로 플랫폼 종류별로 세심한 규제가 필요한데, 이는 결국 플랫폼 차원이 아니라 플랫폼의 서비스별 세부 내용과 행위를 기반으로 규제를 설계해야 할 필요성을 시사한다. 특히 국내에는 존재하지도 않는 플랫폼의 플랫폼, 즉 빅테크 기업을 핀테크와 금융산업에서 상정하는 것은 논리적으로 오류가 있고, 오히려 빅테크를 발굴하고 금융 경쟁력을 키워야 하는 국내 실정에 맞지도 않는다.

국내 플랫폼 기업들은 미국과 중국을 제외하고 메타정보에서 유일하게 글로벌 플랫폼들과 작게나마 경쟁하고 있고 이를 바탕으로 플랫폼의 플랫폼으로 진출해야 하는데, 앱스토어 등 플랫폼의 플랫폼이 갈수록 영향력이 확대되면 국내 기업들은 해당 위치마저 상실할 가능성이 있다. 이미 모바일 검색, 동영상 검색에서 이러한 위기가 현실화되고 있는 실정이다.

그렇다면 금융 플랫폼 강국이 되기 위한 한국의 전략은 명확하다. 메타정보 플랫폼에서 의미 있는 업체를 보유한 몇 안 되는 국가로서 이를 충분히 활용하면서, 이를 바탕으로 플랫폼의 플랫폼에 진출해야 할 것이다. 그래서 앱스토어, 운용체계, 클라우드 등에 세계적인 업체들이 국내에서 나올 수 있도록 해야 할 것이다. 그렇다면 정부도 규제보다는 글로벌 경쟁력이 있는 진정한 빅테크, 즉 플랫폼의 플랫폼을 양성하기 위한 진흥정책이 필요하다.

한편, 국내에서는 네이버, 카카오 등의 핀테크 사업을 빅테크의 금융산업 진입으로 프레이밍하는 경우가 많다. 본 연구에 의하면 국내 기업 간 빅테크 프레이밍을 사용하는 것은 논리적 근거는 물론 실익도 없다. 국내 플랫폼 기업과 빅테크 기업 간에는 구조적 차이가 있기 때문이다. 실제로 네이버, 카카오는 진짜 빅테크인 애플, 아마존, 구글 등과 비교하여 기업규모, 거래액, 자금조달력, 시장장악력 등에서 큰 차이가 존재한다. 알리바바, 텐센트처럼 거대한 자국 시장도 없다. 네이버, 카카오는 작은 국내 시장에서 상위 사업자 지위를 갖고 있지만 그마저도 해외 빅테크 등에 위협받고 있다.

예를 들어 네이버는 검색시장에서 구글에 빠른 속도로 시장을 잃고 있다. 전자상거래 시장에서는 쿠팡과 치열하게 경쟁하고 있다. 일명 '빅테크'에 토스가 포함되는지도 불분명하다. 토스는 금융 이외의 IT 서비스를 하고 있지 않지만, 규모 면에서는 네이버파이낸셜과 카카오페이 또는 카카오뱅크 만큼 커서 일각에서는 '빅테크'에 포함하고도 있다. 사업 형태도 다양하다. 카카오와 달리 네이버파이낸셜은 인터넷은행 라이선스를 따지 않고 플랫폼 모델을 구축하여 기존 금융사와 제휴 모델을 확장하고 있다. 이를 빅테크로 통칭할 수는 없다. 물론 소규모 핀테크 기업의 지원을 위한 구분이 필요할 수는 있다. 그러나 논리적으로나 실무적으로나 네이버, 카카오, 토스 등은 빅테크가 아니라 핀테크 기업의 하나로 구분하는 것이 더 적절하다.

물론, 빅테크에 요구되는 알고리즘 편향, 플랫폼 종속, 불완전판매 등에 대한 우려가 있다. 이는 빅테크만이 아니라 모든 핀테크, 금융기업 등 금융 플랫폼업을 하는 기업들에 요구되어야 한다. 산업에서 지배적 사업자의 우월적 지위 남용 등은 공정위 영역으로서 현존 규제로 충분히 견제해야 한다. 특히 진짜 빅테크 기업들의 독점력과 세금 이슈 등을 잘 점검하여 국내 금융 플랫폼들이 기울어진 운동장에서 경쟁하지 않도록 해야 할 것이다.

참고문헌

김보라·박현선·김상현. 2021. 크라우드펀딩 참여와 구전의도에 대한 실증적 분석: 플랫폼 신뢰를 중심으로. ≪정보시스템연구≫, 30(2), 1-27.
김창욱·강민형·강한수·윤영수·한일영. 2012. 기업생태계와 플랫폼 전략. SERI 연구보고서.
노규성. 2014. 『플랫폼이란 무엇인가』. 커뮤니케이션북스.
신선영·서창교. 2020. 플랫폼 정부 연구의 탐색적 분석. ≪정보시스템연구≫, 29(1), 159-179.
이금노·서종희·정영훈. 2016. 온라인플랫폼 기반 소비자거래에서의 소비자문제 연구. 소비자연구원.
이병준. 2021. 법체계 측면에서 유럽연합 디지털 서비스법과 플랫폼 규제의 특징. ≪유통법연구≫, 8(1), 43-79.
이태희·전성민. 2021. 국내 모바일 게임 및 인앱 결제 수수료 적정성에 대한 탐색적 연구. ≪한국전자거래학회지≫, 26(3), 55-66.
최창수. 2020. "디지털 플랫폼에 대한 주요국 규제체계의 비교법 연구-독점규제법을 중심으로." ≪저스티스≫, 177, 325-354.

Armstrong, M. 2006. "Competition in Two-Sided Markets." *The RAND journal of economics*, 37(3), 668-691.
Baldwin, C. Y., and Clark, K. B. 2000. *Design Rules: The Power of Modularity*. MIT Press.
Belleflamme, P., and Peitz, M. 2019. "Platform Competition: Who Benefits from Multihoming?" *International Journal of Industrial Organization*, 64, 1-26.
Bollen, D., Knijnenburg, B.P., Willemsen, M.C., and Graus, M. 2010. September). "Understanding Choice Overload in Recommender Systems." In Proceedings of the fourth ACM conference on Recommender systems, 63-70.
Chesbrough, H. 2003. "The Logic of Open Innovation: Managing Intellectual Property." *California management review*, 45(3), 33-58.
Church, Z. 2017. "Platform Strategy, Explained." MIT Management Sloan School Newsroom. Retrieved from mitsloan.mit.edu website: http://mitsloan.mit.edu/newsroom/articles/platform?strategy?explained/.
E. U. 2012. "Beyond Nudges: Tools of a Choice Architecture." *Marketing Letters*, 23(2), 487-504.
EC. 2020. Digital Markets Acts and Digital Services Acts, 2020. and Digital Future) House of Representatives, US Government, Investigation on Competition on Digital

Markets.

Economist. 2021. The Three Unknowns of the Modern Ad Age, https://www.economist.com/business/2021/10/30/the-three-unknowns-of-the-modern-ad-age.

Eisenmann, T., Parker, G., and Van Alstyne, M. W. 2006. "Strategies for Two-Sided Markets." *Harvard business review*, 84(10), 92.

EU. 2016. Regulatory Environment for Platforms, Online Intermediaries, Data and Cloud Computing and the Collaborative Economy, EU.

Evans, D. S., Hagiu, A., and Schmalensee, R. 2008. *Invisible Engines: How Software Platforms Drive Innovation and Transform Industries*, p.408. The MIT Press.

Gu, G., and Zhu, F. 2021. "Trust and Disintermediation: Evidence from an Online Freelance Marketplace." *Management Science*, 67, 794-807.

Hagiu, A., and Wright, J. 2019. "Controlling vs. Enabling." *Management Science,* 65(2), 577-595.

_____. 2020a. "Data-Enabled Learning, Network Effects and Competitive Advantage." In Working paper.

_____. 2020b. "When Data Creates Competitive Advantage." *Harvard Business Review*, 98(1), 94-101.

IEEE .2013. OSI: The Internet That Wasn't. https://spectrum.ieee.org/osi-the-internet-that-wasnt Johnson, E. J., Shu, S. B., Dellaert, B. G., Fox, C., Goldstein, D. G., Häubl, G., … and Weber, *International Journal of Industrial Organization,* 64, 1-26.

Katz, M. L., and Shapiro, C. 1994. "Systems Competition and Network Effects." *Journal of economic perspectives*, 8(2), 93-115.

Kretschmer, T., Leiponen, A., Schilling, M., and Vasudeva, G. 2020. "Platform Ecosystems as Meta-Organizations: Implications for Platform Strategies." *Strategic Management Journal*, n/a(n/a). https://doi.org/10.1002/smj.3250

Li, H., and Zhu, F. 2021. "Information Transparency, Multihoming, and Platform Competition: A Natural Experiment in the Daily Deals Market." *Management Science*, 67(7), 4384-4407.

Mell, P., and Grance, T. 2011. "The NIST Definition of Cloud Computing." Technical Report 800-145. National Institute of Standards and Technology: U.S. Department of Commerce. doi:10.6028/NIST.SP.800-145.

OECD. 2019. An Introduction to Online Platforms and their Role in the Digital Transformation, OECD.

Parker, G. G., Van Alstyne, M. W., and Choudary, S. P. 2016. *Platform Revolution: How Networked Markets are Transforming the Economy and How to Make Them Work for*

You. WW Norton & Company.

Pauwels, K., and Weiss, A. 2008. "Moving from Free to Fee: How Online Firms Market to Change Their Business Model Successfully." *Journal of Marketing,* 72(3), 14-31.

Perset, K. 2010. The Economic and Social Role of Internet Intermediaries, OECD.

Porter, M. E. 1985. *Creating and Sustaining Superior Performance. Competitive Advantage,* Free Press.

Rochet, J. C., and Tirole, J. 2006. "Two-Sided markets: a Progress Report." *The RAND journal of economics*, 37(3), 645-667.

Roth, A. E. 2015. *Who gets what-and why: The New Economics of Matchmaking and Market Design*. Houghton Mifflin Harcourt.

Schmidt, E., Work, B., Catz, S., Chien, S., Darby, C., Ford, K., ... and Moore, A. 2021. National Security Commission on Artificial Intelligence (AI). National Security Commission on Artificial Intellegence.

Shapiro, C., and Varian, H. R. 1999. *Information Rules: A Strategic Guide to the Network Economy*, Harvard Business School Press, 173-225.

Shelanski, H., Knox, S., and Dhilla, A. 2018. Network Effects and Efficiencies in Multi-Sided Markets. *Rethinking Antitrust Tools for Multi-Sided Platforms*, 189.

Thaler, R. H., Sunstein, C. R., and Balz, J. P. 2013. Choice Architecture. In The Behavioral *Foundations of Public Policy*, pp. 428-439. Princeton University Press.

Vakeel, K. A., Malthouse, E. C., and Yang, A. 2021. "Impact of Network Effects on Service Provider Performance in Digital Business Platforms." *Journal of Service Management*, 32(4), 461-482.

Yoo, Y., Boland Jr, R. J., Lyytinen, K., and Majchrzak, A. 2012. "Organizing for Innovation in the Digitized World." *Organization science*, 23(5), 1398-1408.

Zhu, F., and Furr, N. 2016. Products to Platforms: Making the Leap. *Harvard business review*, 94(4), 72-78.

Zhu, F., and Iansiti, M. 2012. "Entry into Platform-Based Markets." Strategic Management Journal, 33(1), 88-106.

10장

결론

강형구

요약

글로벌 금융은 대단히 역동적인 환경 속에 있다. 기술과 금융이 결합하면서 그 어느 때보다 산업이 빠른 속도로 발전하고 있다. 이는 국내 금융산업이 파괴적 혁신을 당할 위험도, 파괴적 혁신의 주체가 될 기회일 수도 있다. 특히, 글로벌 경쟁력에 아쉬움이 있는 국내 금융산업을 중심으로 아시아, 적어도 동북아의 핀테크 허브가 될 수 있는 기회가 될 수도 있다.

따라서 한국은 금융과 핀테크의 미래를 형성할 중요한 교차점에 서 있다고 볼 수 있다. 한국은 풍부한 기술 인프라와 디지털에 익숙한 국민을 바탕으로 핀테크 플랫폼이 번성할 수 있는 비옥한 토양을 갖추고 있다. 하지만 모든 혁신이 그렇듯 한국에서 핀테크의 부상은 도전과 기회를 동시에 가져다준다. 한국 핀테크 플랫폼들은 전 세계를 지배하는 거대 기술 기업, 즉 빅테크들의 위협을 받고 있다. 비즈니스 모델, 사업구조, 규모 면에서 현재는 경쟁하기 힘든 상황이다. 그러나 정보 비대칭과 같은 오랜 문제를 완화하고 전통적인 은행 부문에 활력을 불어넣을 수 있는 잠재력이 있음은 물론, 국내 금융산업의 발전을 위해서도 한국 핀테크 플랫폼들의 발전은 필수적이다. 한국 핀테크 플랫폼의 진화는 기술 발전의 증거일 뿐만 아니라 보다 포용적이고 효율적이며 탄력적인 금융 생태계를 향한 광범위한 사회적 변화를 반영하고 있다. 이 글에서는 이 책의 결론으로서 한국 핀테크의 다각적인 면모를 요약하고, 혁신의 시대에 핀테크의 강점과 도전 과제, 지속가능한 성장을 위한 필수 과제를 살펴본다. 특히, 한국 핀테크 플랫폼들에 대한 부적절한 빅테크 프레이밍, 핀테크 플랫폼의 잠재력, 거시경제 및 경기변동에 대한 시사점, 동일기능 동일규제 프레이밍 검토, 금융시장 안정성 및 시스템 위험 등을 중심으로 주요 논지를 요약한다.

한국 핀테크 플랫폼에 대한
빅테크 프레이밍의 문제점

1. 정의와 규모: 빅테크의 본질

'빅테크'라고 하면 구글, 애플, 아마존, 마이크로소프트와 같은 초거대 기술 기업들을 일컫는다. 미국이나 중국에 본사를 둔 이 기업들은 전 세계에 진출해 있으며 시가총액도 막대하다. 이들 기업의 방대한 네트워크와 플랫폼은 수십 억 명의 사용자에게 도달하여 여러 산업에 걸쳐 독보적인 영향력을 발휘한다. 이러한 거대 기술 기업의 규모와 영향력은 다른 어떤 기업도 따라올 수 없는 수준이며, 글로벌 기술 기업 간의 계층 구조의 최상위 자리를 확고히 하고 있다.

반면, 국내 핀테크 플랫폼은 혁신과 시장 침투 측면에서 상당한 진전을 이루었다. 하지만 앞서 언급한 대로, 거대 기술 기업의 글로벌 확장에 비하면 그 범위와 영향력이 지역적으로 한정되어 있고 미미한 수준이다. 규모 면에서 비교가 되지 않는다. 예를 들어 네이버, 카카오는 진짜 '빅테크'인 애플, 아마존, 구글 등과 비교하여 기업규모, 거래액, 자금조달력, 시장장악력 등에서 한참 뒤처져 있다. 알리바바, 텐센트처럼 거대한 자국 시장이 있는 것도 아니다. 네이버, 카카오는 국내와 같이 작은 시장에서 활동하며 상위 사업자 지위를 갖고 있지만, 이마저도 해외 빅테크에 위협받고 있는 상황이다. 네이버는 검색시장에서 구글에 빠른 속도로 잠식 당하고 있고, 전자상거래 시장에서는 쿠팡 등 산업 내 경쟁자들과 치열하게 경쟁하고 있다. 2021년 기준 주요국 핀테크 산업 발전

순위에서도 1위는 미국, 2위는 영국이 차지하고, 중국이 전년도 21위에서 15위로 급상하는 반면, 한국은 전년도 18위에서 26위로 하락했다.

2. 의존성: 기반 인프라

또 다른 두드러진 점은 한국 핀테크 플랫폼은 빅테크 기업이 구축한 인프라에 대한 의존도가 높다는 점이다. 예를 들어 한국 시장에서 주목 받고자 하는 핀테크 모바일 애플리케이션은 애플이 운영하는 앱스토어나 구글이 운영하는 구글플레이를 주요 유통 채널로 고려해야 한다. 즉, 이러한 거대 기술 기업이 정한 규칙, 수수료, 구조를 준수해야 한다. 마찬가지로 핀테크 플랫폼의 상당 부분은 백엔드 운영을 위해 아마존의 AWS 또는 마이크로소프트의 애저(Azure)와 같은 클라우드 서비스에 의존할 수 있다. 대부분 iOS나 안드로이드 등 빅테크의 운영체제에 의존해야 하는 한계점도 있다. 이러한 의존성 때문에 국내 핀테크 플랫폼은 국내 일부 성공에도 불구하고 빅테크 기업의 행위에 규제를 당할 수밖에 없는 환경에 있다.

국내 애플페이 현황을 살펴보면 최상위 플랫폼 사업자의 영향력을 확인할 수 있다. 현대카드와 애플페이 간 거래 조건이 밝혀지지 않았으나, 업권은 카드 수수료 수준으로 0.15%를 예상하고 있다. 수수료를 따로 부과하지 않는 삼성페이와 비교해도 카드사에게 적잖이 부담이 되는 수준이다. 그런데 운영체계 플랫폼으로서 중요한 소비자 접점을 쥐고 있는 애플에 국내 카드사들이 유의미한 협상력을 보일 수 있을지 불분명하다. 애플페이의 국가별 수수료도 천차만별이다. 미국은 건당 최고 수수료 0.15%, 중국과 이스라엘은 각각 0.03%, 0.05%가 부과되고 있다. 이에 더하여 애플페이는 국내 간편결제사와 달리 전자금융보조업자로서 사업을 전개하며 관련 법령상 안전성 확보 및 이용자 보호에 대한 책임·의무 없이 금감원의 검사·감독 대상에서도 빠졌다. 오히려 애플페이와 협력하는 국내 카드사에게만 애플페이 관련 수수료 부담 전가 금지, 소비자 보호 방안 마련 등의 책임을 부여했다. 진짜 빅테크를 상대로 규제를 완화하는 역차별이 발생하는 것이다. 이러한 구조적인 차이를 무시하고 글로벌 거대 기술 기업들과 국내 금융 플랫폼들을 빅테크라는 하나의 개념으로 프레이밍하는 것은 국익, 안보, 산업발전 측면에서 많은 문제를 야기할 수밖에 없다.

3. 독립성: 핀테크 기술과 사업의 종속 가능성

현재 상황은 기술적으로 국내 핀테크 플랫폼들이 글로벌 빅테크보다 구조적으로 불리한 상황임이 사실이다. 그러나 한국 핀테크 플랫폼이 이러한 패러다임에 도전하거나 심지어 이 패러다임에서 벗어날 수 있는 잠재력을 인식하는 것이 필수적이다. 한국은 항상 기술발전의 선두에 서왔으며 핀테크 분야도 마찬가지다. 핀테크 산업이 성숙해짐에 따라 국내 기업들이 독자적인 인프라를 개발하여 빅테크에 대한 의존도를 낮출 기회가 생길 수 있다. 이는 로컬 클라우드 솔루션, 대체 앱 배포 플랫폼 또는 자체(native) 운영체제 개발 등을 통해 이루어질 수 있다.

특히 초거대 인공지능의 시대에 클라우드, 운영체제, 앱스토어 등 사업 모델이 급변할 것으로 생각된다. 이는 국내 핀테크 플랫폼들에도 기회다. 네이버, 카카오, 토스 등 국내 선두 핀테크 플랫폼들이 이러한 변화에서 한국의 금융산업 발전에 기여할 필요가 있다.

핀테크 플랫폼의 잠재력

한국 핀테크 플랫폼들은 정보 비대칭성과 거래비용을 줄이고, 신파일러(thin filer)와 중소기업을 위한 금융 포용성을 촉진할 가능성이 풍부하다.

1. 정보 격차 해소: 정보 비대칭성 해소

한국의 핀테크 플랫폼은 데이터 분석, 인공지능, 머신러닝을 활용하여 소비자 행동과 신용도에 관한 통찰을 제공하는 데 있어 상당한 진전을 이루었다. 이러한 기술력은 대출기관이 대출자에 대한 종합적인 정보가 부족했던 금융시스템의 고질적인 문제인 정보 비대칭성을 줄인다. 핀테크 플랫폼에서는 이커머스 거래, 모바일 사용 패턴, 소셜미디어에서의 행동 등 비전통적인 데이터를 활용하여 개인 또는 중소기업의 재무 상태를 보다 총체적으로 파악할 수 있다.

2. 거래 간소화: 비용 효율적인 접근 방식

한국 핀테크 플랫폼의 디지털 우선 접근 방식은 본질적으로 물리적 인프라 및 수동 프로세스와 관련된 비용(overhead)을 최소화한다. 이러한 플랫폼은 대출 승인부터 자금 이체까지 다양한 금융서비스를 자동화함으로써 거래비용을 획기적으로 절감할 수 있다. 이는 최종사용자의 수수료 절감으로 이어질 뿐만 아니라 프로세스를 신속하게 처리하여 금융서비스가 신속하고 효율적으로 제공되도록 보장한다.

3. 금융 포용성 옹호: 신파일러와 중소기업을 위한 혜택

한국 핀테크 플랫폼의 가장 칭찬할 만한 측면 중 하나는 금융 포용성에 대한 헌신이다. 기존 금융기관은 신용 기록이 부족한 개인인 '신파일러(thin filer)'를 금융 상품에 대한 고위험군으로 간주하고 이들을 외면하는 경우가 많았다. 마찬가지로 중소기업은 많은 경제의 근간임에도 불구하고 물적 담보의 부족과 엄격한 기준 때문에 대출이나 기타 금융서비스를 받기 어려운 경우가 많았다. 대안 데이터(alternative data) 소스를 활용해 신용도를 평가할 수 있는 한국의 핀테크 플랫폼은 이러한 소외계층에게 새로운 기회를 열어주었다. 핀테크 플랫폼은 이들에게 맞춤형 금융 상품을 제공함으로써 금융소외계층이 없도록 노력하고 있다.

4. 중소기업 성장을 위한 촉매제: 추가 서비스

국내 핀테크 플랫폼은 단순한 금융서비스 제공을 넘어 중소기업에 특화된 부가가치 서비스를 제공하는 방향으로 진화하고 있다. 통합 회계 솔루션과 재고 관리부터 디지털 마케팅 도구까지, 핀테크 플랫폼은 중소기업의 성장을 촉진하는 종합적인 생태계 역할을 하고 있다. 이렇게 중소기업이 직면한 고유한 과제를 해결하고 경쟁이 치열한 시장을 탐색할 수 있는 도구를 제공함으로써 국내 기업 환경에 활력을 불어넣는 데 중추적인 역할을 하고 있다.

국내 핀테크 플랫폼은 글로벌 빅테크 기업들의 규모에는 미치지 못하고 있다. 그러나 그 가치 제안인 국내 금융 환경에 대한 혁신과 금융 포용성에 주목할 필요가 있다. 특히 기존 금융시스템과 차별화된 방식으로 비효율성과 격차를 해소함으로써 한국 금융의 미래를 보다 포용적이고 효율적이며 진보적으로 재편하고 있다.

경기변동과 거시경제학적 측면

핀테크 플랫폼, 특히 국내 핀테크 플랫폼은 소프트 담보(soft collateral) 또는 네트워크 담보(network collateral)에 대한 고유한 사업 모델을 활용하고 있다. 이는 기존 물적 담보 채널을 통한 경기변동 확대 채널 또는 전파 채널의 부정적인 영향을 잠재적으로 완화할 수 있다.

1. 전통적인 은행업과 핀테크: 담보 접근 방식

전통적인 은행 시스템은 정보 비대칭성과 대리인 문제 해결을 위해 주로 부동산, 기계 또는 기타 유형자산과 같은 하드 담보(hard collateral)에 의존하여 대출을 확보해 왔다. 이러한 형태의 담보물은 은행에 확실한 보안을 제공하지만, 경기침체기에는 가치가 급격히 하락하기 쉽다. 이는 다시 은행의 신용창출을 줄이고, 담보 처분을 어렵게 하면서 경기침체를 가속화한다. 반면, 국내 핀테크 플랫폼은 이에 대한 대안을 제공한다. 유형자산에만 의존하는 대신 풍부한 소프트 담보 또는 네트워크 담보 자산을 활용하고 있다.

2. 네트워크 담보의 힘

네트워크 담보에는 방대한 비유형자산이 포함된다. 핀테크 플랫폼은 빅데이터와 머신러닝을 활용하여 차입자의 행동에 대한 통찰을 확보함으로써 기존 은행에서는 볼 수 없는 패턴을 통해 신용도를 평가할 수 있다. 또한 도덕적 해이로 인해 플랫폼에서 대출자를 차단할 수 있다는 위협(threat of ban) 자체가 사기 행위에 대한 억지력으로 작용한다. 그러나 가장 강력한 네트워크 담보 형태는 아마도 신뢰와 평판이라는 사회적 자본(social capital)일 것이다. 서로 연결된 디지털 플랫폼의 세계에서 리뷰, 피드백, 거래 내역을 통해 축적된 대출자의 평판은 소중한 자산이 된다. 이러한 자산은 하드 담보와 달리 경기침체에 따라 가치가 하락하는 것이 아니라 시간이 지나고 꾸준한 성과를 통해 구축된다. 그뿐만 아니라 하드 담보와 소프트 담보 간에는 상관관계가 완벽하지 않아서 경기 변동 시에 하드 담보 가치의 하락에 대한 완충 및 헤징 역할을 수행할 수 있다.

3. 일반적인 시장 행동에 대한 내성

네트워크 담보의 가장 큰 장점 중 하나는 기존 금융시스템에서 만연한 불완전판매나 군중심리와 같은 시장 행태에 대해 상대적으로 면역이 되어 있다는 점이다. 네트워크 담보 가치는 시장역동성과 직접적으로 연결되지 않기 때문에 핀테크 플랫폼은 자산가치의 급격한 하락으로 인한 도미노 효과에 덜 민감하여 경기침체기에도 보다 안정적인 대출을 보장할 수 있다. 이는 경기변동을 완화할 수도 있다.

4. 경제 안정화를 위한 정책 도구로서의 핀테크

정부는 핀테크 플랫폼의 강점과 역량을 이용할 수 있다. 특히 경기침체기나 불황기에 핀테크를 정책 수단으로 활용할 수 있다. 예를 들어 코로나19 당시 어려움을 겪고 있던 중소상공인을 위해 미국 정부는 급여보호 프로그램(Paycheck Protection Program, PPP)이라는 정책을 도입했었는데, Erel and Liebersohn(2020)에 따르면, 은행 접근성이 낮고, 소득이 낮으며, 소수인종이 더 많은 지역일수록 핀테크를 활용해 PPP를 지원받은 경우가 더 많은 것으로 나타났다. 즉, 핀테크가 기존의 금융서비스를 재분배하기보다는 전반적인 공급을 늘리고, 특히 취약계층에 대한 포용적 효과를 냈다는 것이다. 국내 정책서민금융 상품인 '햇살론 뱅크'의 경우에도 토스뱅크를 통해 한 달 만에 약 1만 5000명의 중저신용자와 저소득층 고객에게 1151억 원을 공급했다. 경제의 근간이지만 경기침체기에 취약한 중소기업은 이러한 시너지 효과를 통해 막대한 혜택을 누릴 수 있다. 핀테크 플랫폼을 통해 소액대출, 보조금 등의 형태로 지원함으로써 정부는 보다 신속하고 목표에 맞는 구제를 보장할 수 있다. 플랫폼의 이러한 데이터 중심 접근 방식은 실시간 통찰을 제공하여 도움이 절실한 사람들을 신속하게 지원함으로써 경기침체로 인한 가혹한 영향을 잠재적으로 완화할 수 있다.

본질적으로 국내 핀테크 플랫폼은 담보에 대한 혁신적인 접근 방식을 통해 대출에 대한 새로운 관점을 제시할 뿐만 아니라 경기 사이클의 변동에 대처할 수 있는 강력한 메커니즘을 제시한다. 핀테크는 정부의 이니셔티브와 연계하여 경제 안정화에 중추적인 역할을 수행함으로써 기업, 특히 중소기업이 어려운 시기에도 활력을 유지할 수 있도록 지원할 수 있을 것으로 판단한다.

동일기능 동일규제 프레이밍의 문제점

핀테크 플랫폼과 전통 금융기관의 경쟁 및 보완 관계의 맥락에서 "동일한 기능에 동일한 규제가 적용되어야 한다"라는 기계적 주장에 대하여 살펴볼 필요가 있다.

1. 기능적 유사성 그 이상: 핀테크 서비스의 고유한 특성

과연 기존 금융과 핀테크 플랫폼은 동일한 기능인가? 핀테크 플랫폼이 제공하는 서비스는 언뜻 보기에는 기존 금융기관의 서비스와 유사해 보이지만, 그 본질적인 특성과 실행 방식은 현저하게 다르다. 핀테크 플랫폼은 수많은 사용자 요구를 충족하는 광범위한 생태계와 서비스가 잘 작동하도록 보조적인 금융서비스를 원활하게 통합하는 경우가 많다. 예를 들어 핀테크 플랫폼은 소셜네트워킹 앱 내에서 P2P 결제를 허용하거나 이커머스 플랫폼 내에서 소액대출을 촉진할 수 있다. 이러한 서비스는 독립형 서비스가 아니라 기존 서비스와 생태계에 통합되어 플랫폼의 기본 기능을 강화한다. 이와는 대조적으로 전통적인 금융기관은 각 서비스가 고유한 주요 기능으로 구분되어 있다.

2. 독립형이 아니라 보완형: 핀테크의 상호 보완적 역할

많은 플랫폼이 제공하는 핀테크 서비스는 기본 비즈니스 모델을 보완하는 경우가 많다. 예를 들어 디지털 지급결제 시스템을 도입한 이커머스 플랫폼은 은행이 되려고 하는 것이 아니라 본업의 거래를 원활하게 하기 위한 것일 뿐이다. 이 구분은 매우 중요하다. 이 경우 금융 거래를 촉진하는 기능은 비슷해 보일 수 있지만, 비즈니스 모델과 가치 제안 등 근본적인 측면에서 생태계 내에서의 맥락과 역할은 기존 금융시스템과 크게 다르다.

3. 동일위험 동일규제: 보다 미묘한 접근 방식의 필요성

'동일기능 동일규제'라는 주장의 주요 함정 중 하나는 복잡한 금융서비스 환경을 기계적으로 단순화한다는 것이다. 보다 적절한 규제 접근 방식은 기능의 유사성에 관계없이 각기 다른 주체가 제기하는 고유한 위험을 고려하는 것이다. 디지털 우선 접근 방식을 채택하는 핀테크 플랫폼은 오프라인 은행과 다른 사이버 보안 위험을 초래할 수 있다. 반대로, 레거시 시스템과 대규모 자본을 보유한 기존 은행은 민첩한 핀테크 스타트업과 관련 없는 시스템 위험을 초래할 수 있다. 따라서 "동일한 위험에는 동일한 규제가 적용되어야 한다"라는 원칙은 진화하는 금융 환경에 적응할 수 있는 보다 맞춤화된 위험 중심 접근 방식을 제공할 것으로 보인다.

결론적으로, 디지털 플랫폼과 새로운 사업 모델(business model)이 지배하는 시대로 전환함에 따라 규제 프레임워크도 함께 진화해야 한다. "동일한 기능에는 동일한 규제를 적용해야 한다"라는 식의 낡은 원칙을 고수하면 혁신을 저해하고 새로운 위협으로부터 소비자와 경제를 적절히 보호하지 못할 위험이 있다. 대신 위험 중심 접근 방식을 통해 규제가 민첩하고 관련성이 높으며 현대 금융 생태계에 맞게 적절히 조정되도록 보장해야 한다.

요약하면, 핀테크 플랫폼과 기존 금융기관의 표면적인 기능은 유사할 수 있지만, 근본적인 사업 모델, 의도, 위험은 다양하다. 최근 규제 접근 방식은 이러한 미묘한 차이를 인식하고 위험 중심 패러다임으로 전환하여 혁신과 보안이 함께 번창할 수 있도록 해야 한다.

금융시장의 안정성과 시스템 위험

핀테크가 금융시장에 불안정성과 시스템 리스크(system risk)를 야기할 수 있다는 우려가 존재한다. 하지만 현재 국내 핀테크 플랫폼의 모델을 살펴보면 이러한 우려를 불식할 수 있는 몇 가지 측면을 확인할 수 있다.

1. 한국 핀테크의 역할: 중개자 모델

국내 핀테크 플랫폼은 주로 중개자 역할을 수행하며 금융 수요와 공급을 연결하는 역할(market making 또는 matching)에 집중하고 있다. 기존 은행과 달리 핀테크 플랫폼은 부분 준비금 제도나 기타 신용 증식 메커니즘을 통해 무에서 신용을 창출하지 않는다. 기존 금융과 비교하여 필요한 자산 규모도 훨씬 적다. 대신 대출자와 투자자를 연결하는 조력자 역할을 한다. 이 모델은 대출 또는 금융 상품이 플랫폼의 투자자 또는 대출자가 제공한 실제 자금으로 완전히 뒷받침되기 때문에 신용창출과 관련된 위험을 오히려 줄인다.

2. 정보 비대칭성 감소: 안정성의 기둥

금융시장 불안정의 주요 원인은 한쪽이 다른 쪽보다 더 많은 또는 더 나은 정보를 보유하는 정보 비대칭성과 대리인 문제에서 비롯된다. 국내 핀테크 플랫폼은 이 문제를 해결하는 데 앞장서고 있다. 데이터 분석, 머신러닝, 기타 첨단 기술을 활용하여 잠재적 대출자에 대한 보다 명확한 정보를 제공할 수 있게 되었다. 이러한 투명성은 부실 대출의 가능성을 줄이고 정보에 입각한 의사결정 프로세스를 촉진하여 시장 안정에 기여한다.

3. 위험요소: 전통적인 뱅킹과 신용창출

핀테크 플랫폼이 금융시장에서 중요한 역할을 하고 있지만, 시스템 리스크와 시장안정성에 대한 더 큰 책임은 여전히 전통적인 은행에 있다. 이러한 기관은 신용을 창출할 수 있는 힘이 있는데, 이러한 능력은 과도한 레버리지와 과도한 위험 감수 가능성을 수반한다. 과거의 금융위기는 잘못된 대출 관행, 부적절한 리스크 평가, 대차대조표 불일치 등 전통적인 금융기관의 실수에 뿌리를 둔 경우가 많았다. 따라서 시스템 리스크에 대한 우려는 이러한 전통적인 기관과 관행에 더욱 밀접하게 연관된다.

결론적으로, 빠르게 진화하는 핀테크 세계에서 금융 안정성과 시스템 리스크에 대한 우려가 상존하고 있지만, 현재 국내 핀테크 플랫폼이 채택하는 모델은 안정성과 투명성을 강조하는 것으로 보인다. 이러한 플랫폼은 시장형성자(market maker) 역할을 하며 정보 비대칭성을 줄이는 데 주력함으로써 금융 생태계에 긍정적으로 기여하고 있다.

파괴적 혁신

클레이튼 크리스텐슨(Clayton Christensen)이 처음 소개한 파괴적 혁신의 개념은 기존 시장구조를 파괴하는 혁신, 그리고 그 과정에서 시장 리더를 대체하는 혁신의 개념을 중심으로 전개된다. 한국 금융권에서 파괴적 혁신은 매우 유용한 개념이다.

1. 현재 환경: 파괴적 혁신에 대한 취약성

전 세계적으로 기술 발전의 속도가 빨라지면서 금융 부문을 포함하여 파괴적 혁신에 영향을 받지 않는 산업은 없다. 전 세계적으로 전통적인 은행 시스템과 금융기관은 핀테크 혁신의 영향을 직접 목격했다. P2P 대출 플랫폼부터 디지털 전용 은행에 이르기까지, 이러한 신규 진입자들은 충족되지 않은 소비자 니즈를 공략하여 기존 플레이어의 지배력에 도전하고 있다. 한국 금융권도 이러한 도전에서 자유로울 수 없으며, 대응에 소극적일 경우 혁신의 주도자가 되기는커녕 도태자로 전락할 수 있다.

2. 파괴적 혁신자의 역할 수용

파괴적 혁신의 리스크를 완화하기 위해 한국 금융권은 전략적 접근 방식의 패러다임을 전환할 필요가 있다. 혁신에 대해 방어적으로 대응하는 것이 아니라 적극적으로 혁신을 추구하고 창출해야 한다. 파괴적 혁신가의 사고방식을 도입하면 현재 금융 환경의 틈새를 선제적으로 파악하고 혁신적인 솔루션을 고안하여 외부 파괴자가 발판을 마련하기 전에 배포할 수 있다. 이러한 선제적 접근 방식은 시장 리더십을 확보할 뿐만 아니라 끊임없이 진화하고 적응력을 갖춘 문화를 조성한다.

3. 핀테크 플랫폼: 전략적 헤지

국내 핀테크 플랫폼의 성장과 발전을 장려하는 것은 두 가지 목적이 있다. 첫째, 핀테크 플랫폼은 글로벌 트렌드의 잠재적 파괴 가능성에 대해 자연스러운 헤지 역할을 한다. 핀테크 플랫폼은 민첩한 구조와 기술 중심의 기반을 바탕으로 변화하는 소비자 니즈에 빠르게 적응할 수 있어 한국 금융 생태계가 글로벌 혁신의 선두에 설 수 있도록 지원한다. 둘째, 핀테크 플랫폼은 새로운 아이디어, 모델, 서비스를 확장하기 전에 실제 환경에서 테스트할 수 있는 실험장 역할을 할 수 있다.

4. 협업 시너지: 전통과 현대의 만남

가장 효과적인 전략 중 하나는 기존 금융기관과 신흥 핀테크 플랫폼이 결합하는 협업 환경을 조성하는 것이다. 전통 금융기관의 신뢰, 자본, 인프라와 핀테크 플랫폼의 민첩성, 혁신, 기술력 등 양쪽의 강점을 모두 활용함으로써 한국 금융권은 강력하고 탄력적인 생태계를 구축할 수 있다. 이러한 시너지 효과는 다양한 소비자층과 니즈를 충족하는 혁신적인 상품과 서비스의 공동 창출로 이어질 수 있다.

본질적으로 오늘날의 불확실하고 급격한 기술 환경에서는 파괴적 혁신의 위험과 기회가 항상 존재한다. 파괴자의 역할을 수용할 수 있는 핀테크 플랫폼을 더 넓은 금융 생태계에 전략적으로 통합함으로써 한국 금융산업은 외부의 혼란을 헤지할 수 있을 뿐만 아니라 글로벌 금융 분야에서 리더십과 혁신을 위한 길을 지속적으로 모색할 수 있다고 판단한다.

맺음말

한국의 핀테크 환경은 글로벌 거대 기술 기업들에 비해 위협적인 환경에 노출되어 있으나, 혁신적인 잠재력의 가능성을 내포하고 있다. 앞서 살펴본 바와 같이 핀테크 플랫폼은 단순한 기술 혁신이 아니다. 정보 비대칭성부터 중소기업, 신파일러와 같은 금융소외계층에 대한 금융 포용성 강화에 이르기까지 오래된 금융 문제를 해결하는 데 중요한 촉매제 역할을 한다. 유연성과 민첩성을 바탕으로 중개자 역할을 수행하며 수요와 공급을 연결하여 시스템 리스크를 차단할 수 있다. 또한 소프트 담보, 네트워크 담보, 사회적 자본 등 고유한 사업 모델을 바탕으로 거시경제 위험과 경기변동을 헤징하고 혁신적인 대출 솔루션을 제공하는 실용적인 도구로 자리매김하고 있다.

그러나 한국 금융산업은 파괴적 혁신의 정신을 스스로 구현하여 파괴적 혁신의 대상이 아니라 파괴의 주체로 남아야 한다. 핀테크 플랫폼의 성장을 장려하는 것은 국내 번영을 위한 전략적 조치이자 파괴적 혁신 위험의 헤징이며 또한 글로벌 금융 혁신을 주도할 수 있는 기회이기도 하다.

급변하는 금융 환경에서 핀테크 플랫폼에 대한 한국 금융시장의 이해관계자들은 적극적이고 능동적인 자세를 가질 필요가 있다. 이는 금융에서의 미래 지향적인 비전을 제시할 것이다. 그뿐만 아니라 국가가 기술, 금융, 정책을 통합하여 미래를 위한 탄력적이고 포용적이며 혁신적인 생태계를 구축하는 방법에 대한 모범이 될 수 있을 것으로 보인다.

저자 소개

강형구
한양대학교 경영대학 파이낸스 경영학 교수·한양대학교 창업지원단 부단장·2024년 한국재무관리학회 회장

머신러닝 기반 핀테크 기업 한다파트너스를 창업해서 엑시트까지 한 사업가이기도 하다. 한양대학교 컴퓨테이셔널파이낸스공학과(주임교수, 2022 가을 첫 신입생), 블록체인 융합대학원, 블록체인 연구원(센터장)으로도 참여하고 있다. 한편 금융감독원 금융감독위원회 자문위원(총괄분과, 금융IT분과), 디지털자산거래소 공동협의체 DAXA, Digital Asset eXchange Alliance 자문위원으로도 활동하고 있다.

서울대학교 경제학과를 졸업했고 버지니아주립대에서 경제학 박사과정을 수료했으며 듀크대 푸쿠아 경영대학에서 박사학위를 받았다. 공군 장교 근무 후 리먼브러더스 아시아본부 퀀트전략팀, 액센츄어 등에서 재무와 금융에 관한 교육 및 프로젝트를 수행했다. 하버드대학교 에드먼드 J. 사프라 윤리학 센터(Edmond J. Safra Center for Ethics)의 리서치 펠로우를 역임하기도 했다. 금융 관련 다양한 위원회와 컨설팅 활동을 수행 중이다.

주 연구 분야는 기계학습(계량경제학), 금융 혁신, 자원배분과 전략에 대한 프로세스, 빅데이터 기반 행동재무 등이다. 창업금융, 인공지능, 채권, 금융공학 등을 강의하고 있다.

김솔
한국외국어대학교 경영대학 교수

광주과학고등학교를 졸업하고 KAIST 경영대학에서 경영공학 학사, 석사, 박사학위를 받았다. 삼성SDS 금융컨설팅실과 서울여자대학교를 거쳐 2008년부터 한국외국어대학교 경영대학에 재직 중이다. 한화자산운용, 한솔케미칼의 사외이사, 기획재정부, 고용노동부, 예금보험공사 등의 자산운용위원회 위원을 맡고 있다.

주된 관심 분야는 파생금융상품, 금융위험관리, ESG, 핀테크 등이며 《전략 경영 저널(Strategic Management Journal)》, 《파생금융상품 저널(Journal of Futures Markets)》, 《금융위험관리 저널(Journal of Risk)》 등 다수의 국내외 학술지에 논문을 게재했고 『통일, 기업에 기회인가 위기인가: 통일 시대의 기업경영』 등 금융 및 자본시장과 관련된 다양한 저서를 출간했다. 김앤장법률사무소, 국민연금, 한국거래소, 고용노동부, 예금보험공사, 여러 자산운용사와 증권사 등의 자문 활동을 수행했다.

2016년 한국파생상품학회 우수논문상, 2017년 한국경영학회의 매경신진학자논문상, 2022년 한국거래소 증권파생논문상을 수상했다. 국제 학술지인 *Journal of Derivatives and Quantitatvie Studies* 편집위원장, 그리고 한국파생상품학회 회장을 역임했다.

김우진
서울대학교 경영대학 교수

서울대학교 사회과학대학 경제학과를 졸업했으며, 미국 일리노이대학교UIUC에서 재무금융 박사학위를 받았다. 현재 서울대학교 경영대학 학생부학장 및 ESG경영 최고위과정 주임교수를 맡고 있다. 법무부 상법특별위원회 위원, 금융투자협회 자율규제위원, 삼성준법감시위원회 위원, (주)풀무원 사외이사로 활동하고 있다. 주요 연구분야는 기업 재무, 기업집단 소유지배구조 및 거버넌스 등이다. ≪금융경제학 저널(Journal of Financial Economics)≫, ≪재정학 리뷰(Review of Financial Studies)≫, ≪기업금융학 저널(Journal of Corporate Finance)≫, ≪은행과 재무 저널Journal of Banking and Finance)≫, ≪재무 관리(Financial Management)≫, ≪금융 시장 저널(Journal of Financial Markets)≫, ≪선물 시장 저널(Journal of Futures Markets)≫ 등 해외 유수 학술지에 다수의 논문을 게재한 바 있다. 2023년 제53회 매경 이코노미스트상을 수상했고, 학계 진출 이전에는 산업자원부(행시 40회)에서 근무한 바 있다.

류혁선
KAIST 경영대학 교수

서울대학교 경영학과를 졸업했고 KAIST 경영과학 석사 및 경영공학(금융공학전공) 박사과정을 수료했고 성균관대학교에서 경영학 박사학위와 법학 박사학위를 받았다. 증권사 Prop. Book 운영역으로 자본시장에서 활약했고 미래에셋증권 경영서비스부문 대표, 투자솔루션 부문 대표, 글로벌 부문 대표 등 최고경영자로서 금융투자업의 실무를 경험했다. 그 후 유타대학교 퀴니 법학대학(University of Utah S.J. Quinney College of Law)에서 방문연구교수(Visiting Research Scholar)로서 선진국(미국, 영국, 일본 등)의 자본시장관련 법제를 연구하여 책을 집필한 바 있다. 귀국 후 KAIST 경영대학으로 옮겨 금융공학 이론 및 투자전략·위험관리 등 투자 관련 강의는 물론, 금융법·창업과 법 그리고 경영통계분석 등 다양한 분야의 강의를 통해 학생들과 지식과 경험을 공유하는 즐거움을 누리고 있다. KAIST 경영대학 우수교수상을 수상한 바 있다.

현재 한국증권법학회 부회장, 한국파생상품학회 부회장, 한국지급결제학회 수석부회장, 한국증권학회 금융제도자문 위원장, 한국재무관리학회 이사 등을 역임하고 있다.

안수현
한국외국어대학교 법학전문대학원 원장·교수
이화여자대학교에서 법학학사, 법학석사학위를 받았고 서울대학교에서 상사법으로 법학박사학위를 받았다. 현재 한국외국어대학교 법학전문대학원 교수로 재직 중이다. 회사법과 금융법을 주전공으로 연구하고 있으며 최근 디지털·데이터 시대에 부응해 다양성·형평성·포용성을 기업문화로 정착시킬 수 있는 기업·금융법제 마련을 위해 연구하고 있다. 주요 저서로 『신세계회사법』(2021, 공저), 『금융소비자보호』(2022, 공저) 등이 있다.
은행법학회 회장, 한국경제법학회 회장을 역임하고, 금융위원회 금융발전심의위원, 금융감독원 제재심의위원, 법무부 상법개정위원 등을 역임한 금융법과 기업 지배구조 및 ESG분야의 전문가다.

윤민섭
디지털자산거래소 공동협의체 정책본부장
성균관대학교에서 법학전공으로 학사학위를 받았고 동대학원에서 석사학위와 박사학위를 받았다. 한국소비자원 정책연구실 책임연구원, 한국금융소비자보호재단 연구센터장 등을 거쳐 디지털자산거래소 공동협의체 DAXA의 정책본부장을 맡고 있다. 국무총리실의 소비자정책위원회 금융분야 전문위원, 금융위원회 금융발전심의회, 혁신금융심사위원회, 금융산업경쟁도 평가위원회 및 적극행정위원회 등의 위원을 역임했다.
현재 한국증권법학회, 은행법학회, 상사판례학회, 한국금융소비자학회, 기업법학회 등 이사로 봉사하고 있다. 《증권법연구》, 《경제법연구》, 《상사판례연구》, 《기업법연구》 등 다수 학술지에 논문을 게재했다. 자본시장법, 전자금융거래법 및 금융소비자보호법 등 금융법을 전문분야로 하고 있으며 핀테크 및 가상자산 생태계에 관한 연구에 관심을 가지고 있다.

이효섭
자본시장연구원 금융산업실 실장
포항공과대학교에서 수학과 컴퓨터공학을 전공했고 KAIST 경영대학에서 경영공학(재무) 박사학위를 받았다. (주)펜타시큐리티 소프트웨어 개발자를 거쳐 자본시장연구원 선임연구위원으로 재직하고 있으며 자본시장연구원 금융산업실 실장을 역임하고 있다. 국민연금기금 위험관리성과평가위원, 금융감독원 금융감독자문위원을 맡고 있다. 《한국증권학회지》, 《양적 재무(Quantiatative Finance)》, 《아시아 태평양 금융 연구 저널(Asia Pacific Journal of Financial Studies)》 등 다수의 학술지에 논문을 게재했다. 금융산업의 디지털 혁신, 금융회사 지배구조, 자산배분 및 위험관리 분야 연구에 관심을 갖고 있다.

정준혁
서울대학교 법학전문대학원 교수
서울대학교 법대를 졸업했고 동 대학원에서 석사와 박사학위를 받았고 미국 컬럼비아 대학교에서 법학 석사학위 LL.M를 받았다. 변호사로서 10여 년 동안 수많은 인수합병 M&A 거래를 수행했다. 법률 온라인 잡지 ≪리걸타임즈≫ 인수합병 분야 올해의 변호사, ≪한국경제신문≫ M&A 파워 변호사, 톰슨 로이터 'Asian Legal Business의 40 under 40'에 선정됐고 Chambers & Partners와 Legal 500에서 한국을 대표하는 인수합병 전문가 중 한 명으로 선정됐다.
2020년 서울대학교 법학전문대학원 교수로 부임한 후 회사법, 금융법, ESG, 스타트업 분야에서 활발한 연구를 진행하고 있다. 한국증권법학회 우수논문상과 한국기업거버넌스대상 혁신가상(학술부문)을 수상했다. 최근 진행되는 여러 자본시장 법제도 개선 작업에 참여했고, 여러 정부 부처에 자본시장, ESG, M&A, 핀테크, 대기업집단 규율 등과 관련한 자문을 제공하고 있다.

최재원
서울대학교 경제학부 교수
서울대학교 전기전자제어공학부를 졸업하고 미국 프린스턴대학교에서 금융공학 석사학위를 받았고 2009년 뉴욕대학교 스턴스쿨에서 경영학 재무 전공 박사학위를 받았다. 일리노이대학교 경영대학과 연세대학교 경영대학 조인트 교수로 재직했으며, 현재는 서울대학교 경제학부 교수로 재직 중이다. 시타델(Citadel LLC), 미국연방준비은행 등 국제기구와 헤지펀드에서 컨설턴트로 활동하기도 했다. 재무경제 및 금융 분야 톱 저널에 다수의 학술논문을 출판했다. 윌리엄 샤프(William Sharpe) 최우수논문상, 한미재무학회 최고학술상 매경 이코노미스트상 등을 수상했다. 현재 최고권위지인 ≪재무연구리뷰(Review of Financial Studies)≫ 편집장을 맡고 있다.

한울아카데미 2513

핀테크가 강한 나라

ⓒ 강형구·김솔·김우진·류혁선·안수현·윤민섭·이효섭·정준혁·최재원, 2024

지은이 │ 강형구·김솔·김우진·류혁선·안수현·윤민섭·이효섭·정준혁·최재원
펴낸이 │ 김종수
펴낸곳 │ 한울엠플러스(주)

편집책임 │ 조수임

초판 1쇄 인쇄 │ 2024년 2월 29일
초판 1쇄 발행 │ 2024년 4월 8일

주소 │ 10881 경기도 파주시 광인사길 153 한울시소빌딩 3층
전화 │ 031-955-0655
팩스 │ 031-955-0656
홈페이지 │ www.hanulmplus.kr
등록 │ 제406-2015-000143호

Printed in Korea.
ISBN 978-89-460-7513-9 93320 (양장)
      978-89-460-8303-5 93320 (무선)

* 책값은 겉표지에 있습니다.
* 무선제본 책을 교재로 사용하시려면 본사로 연락해 주시기 바랍니다.
* 이 책에는 Kopub돋움체, Kopub바탕체가 사용되었습니다.